Dan Woolley | Jennifer Schuchmann
Lebendig begraben

Dan Woolley | Jennifer Schuchmann

Lebendig begraben

Wie ich unter
Erdbebentrümmern
nur knapp dem Tod entkam

 BRUNNEN
Verlag Giessen · Basel

© der deutschen Ausgabe: 2012 Brunnen Verlag Gießen
www.brunnen-verlag.de
Umschlagmotiv: © Rick Loomis / Los Angeles Times;
iBird / shutterstock
Umschlaggestaltung: Ralf Simon
Satz: DTP Brunnen
Druck: GGP Media GmbH, Pößneck
ISBN 978-3-7655-1260-5

Gewidmet meiner Frau Christy.
Sie lehrte mich Mut
und gab mir einen Grund zu lieben.
Ich bin dein – für immer und ewig.
Und meinen Söhnen, Joshua und Nathan.
Ihr erfüllt mich mit Stolz und Hoffnung für die Zukunft.

Lob für „Lebendig begraben"

In den zusammengestürzten Tiefen des verheerenden Erdbebens auf Haiti, ohne jegliche Vergewisserung gerettet zu werden, erlebte Dan Woolley den für uns wohl schlimmsten Albtraum. Mit diesem eindrucksvollen Bericht seiner Glaubensreise nimmt er den Leser mit auf diesen entsetzlichen Leidensweg und lässt ihn jeden Moment unter Haitis Erdbebentrümmern miterleben. Um das Herz zu beruhigen, kann das Weiterlesen nicht schnell genug gehen. Dan entkam diesem staubigen, dunklen Grab in vielerlei Hinsicht lebendig – und mit einer entscheidenden Botschaft, die uns alle betrifft. Lassen Sie sie sich nicht entgehen!

Wess Stafford, Präsident des Kinderhilfswerks Compassion International

Die Welt verfolgte die Geschichte Dan Woolleys, die von Mut, Verlust und schließlich von Überwindung erzählt. Nun wird uns die volle und unverfälschte Wahrheit seines Kampfes für ein Leben in Fülle offenbart. Dies ist ein beeindruckendes Beispiel davon, wie Gott im Schutthaufen unseres Lebens aktiv wird. Man schlägt das Buch nicht unverändert wieder zu.

Chris Fabry, Autor von „Junikäfer, flieg"

Inhalt

Vorwort

Manch einer wird sich vielleicht fragen, warum ich mich entschieden habe, von meinem Überlebenskampf und meiner Rettung aus den Trümmern Haitis zu erzählen. Besonders da viele Geschichten der von diesem Erdbeben Betroffenen nicht glücklich enden – zumindest nicht aus menschlicher Perspektive. Ich kann nicht so tun, als würde ich verstehen, warum Gott meine Rettung möglich gemacht hat. Und obwohl ich mich gemeinsam mit meiner Familie unbändig darüber freue, empfinde ich doch schmerzlich die Kluft zwischen meinem Erleben und dem Leiden anderer. Meine Geschichte ist wahrhaft bittersüß, und jeden Tag betraure ich den Verlust derer, die diesen tragischen Tag nicht überlebt haben.

Ich erzähle meine Geschichte, weil Gott mir inmitten dieser Ausweglosigkeit begegnet ist – seine Kraft traf auf meine Schwachheit. Diese Begegnung veränderte mich für immer, und ich glaube, dass sie anderen Hoffnung geben kann. Wie ein Maler sich dazu hingezogen fühlt, seinen Pinsel auf die Leinwand zu setzen, und ein Tänzer zu tanzen beginnt, wenn Musik spielt, fühle ich mich dazu verpflichtet, meine Erlebnisse in Worte zu fassen und die Gnade Gottes zu bezeugen – desjenigen Gottes, der mit mir in der Tiefe meines Verderbens war.

Allein zur Verherrlichung Gottes bin ich erschaffen worden, und dies ist der einzige Grund für dieses Buch. Ich bete dafür, dass Sie in Zeiten der Not wie auch in Zeiten der Lebensfülle nach unserem unerschütterlichen Gott rufen.

Die Erinnerung ist ein tückischer Freund; sie ist der Zeit, einem alternden Geist, äußeren Einflüssen und sogar den Grenzen der individuellen Wahrnehmung untertan. Obwohl ich versucht habe, meine Erlebnisse wahrheitsgemäß wiederzugeben, gestehe ich ein, dass meine Einschätzungen und mein Erinnerungsvermögen auch von Dunkelheit, starken Emotionen und meiner geschwächten Gesundheit beeinträchtigt wurden. Die Minuten oder Stunden, während derer ich verwirrt und nur begrenzt aufnahmefähig war, habe ich versucht, mithilfe der Erinnerungen anderer zu berichtigen, die diese Situationen miterlebt haben. In manchen Fällen habe ich es mir erlaubt, meine Verwirrung als Teil der Geschichte weiterleben zu lassen (mit dezenten Andeutungen), sodass der Leser diese gemeinsam mit mir erleben kann und teilhat an den Momenten meiner Trauer und Angst. Ich habe mich bemüht, tatsächliche Gespräche durch Dialoge wieder aufleben zu lassen; dennoch gibt es für mich keine Möglichkeit, die Richtigkeit jedes Wort zu belegen.

Einzelne Fakten habe ich in meinem Buch vorsätzlich verändert. Zum Schutz ihrer Privatsphäre habe ich die Identität Einzelner verschleiert – darunter auch Personen, mit denen meine Frau Christy gesprochen hat –, indem ich ihre Gespräche unterschiedlichen Menschen zugeschrieben habe. Um die Aussprache für meine Landsleute zu vereinfachen, änderte ich die Schreibweise meines Mitverschütteten Luckson in Lukeson.

Viele haben mich gefragt, was ich durch diese Erfahrung gelernt habe. Die Antwort darauf verändert sich ständig. Meine diesbezügliche Meinung vom 15. Januar unterschied sich von der, die ich im April hatte, und wiederum von der vom Juli 2010, als ich gerade die letzten Änderungen an meinem Buch vornahm. Die Erfahrungen, von denen ich im letzten Kapitel schreibe, repräsentieren ein Zeitfenster. Sogar jetzt scheint das, was ich erlebt habe, so neu und unverarbeitet, dass die Lehre, die ich daraus ziehe, mit der Zeit sicherlich weiter in mir reifen wird. Sie können an diesem Entdeckungsprozess unter folgendem Link teilhaben: www.Earthquake-Survivor.com.

Letztlich habe ich mehr als je zuvor in meinem Leben erkannt, wie flüchtig unsere Zeit hier auf Erden ist. Wenn es auch nur ein Abschnitt in diesem Buch ist, der Sie berührt, setzen Sie Ihre Gedanken in die Tat um. Noch heute! Lassen Sie es nicht zu, dass die Zeit oder der Gang des Lebens Sie von Ihrer Entschlossenheit abbringen. Investieren Sie zu hundert Prozent in die Beziehungen, die Ihnen am meisten bedeuten. Lassen Sie Ihr Herz von Gott verändern. Empfangen Sie seine Gnade. Für jeden Mut zur Veränderung, zu dem Sie sich in diesem Leben berufen fühlen, soll diese Geschichte als Katalysator dienen, der Sie zum Handeln bewegt. Leben Sie diesen Tag, diesen Moment, diesen Atemzug in vollem Zielbewusstsein.

SOLI DEO GLORIA

1

Auf Haiti lebendig begraben

Blut und Staub kann ich ausspucken. Die Angst aber bleibt.

Begraben unter sechs Stockwerken Schutt – dem, was vom Hotel Montana übrig geblieben ist –, halte ich mich an der Erkenntnis fest, dass ich ein Erdbeben erlebt habe. Ich habe überlebt! Zugleich bin ich mir dessen bewusst, dass ein Wunder – mehrere Wunder – geschehen müssen, um dieser schwarzen Gruft lebendig zu entkommen und die Hoffnung aufrechtzuerhalten, jemals wieder meine Familie zu sehen. Und dabei bin ich mir noch nicht einmal sicher, ob ich wirklich an solche Wunder glaube!

In dieser vollkommenen Dunkelheit kann ich rein gar nichts erkennen. Der Staub in meiner Nase tötet jeglichen Geruchssinn ab, außer für Beton. Die Haare auf meinen Armen sind verklebt von Schutt und Staub. Als ich mir über das Gesicht streiche, sammelt sich eine Paste aus Schweiß und Dreck in meiner Hand. Mein Körper ist schwach und wie zerborsten. Der feine Staub erschwert die Augenlider. Es wäre so einfach, die Augen zu schließen und langsam in einen todbringenden Schlaf zu versinken. Es gibt jedoch einen Grund, der mich wach hält und motiviert: Ich muss leben, um wieder bei meiner Familie zu sein. Wie wird meine Frau Christy reagieren, wenn sie hört, dass ich auf Haiti verschüttet wurde? Wenn ich daran denke, dass sie und unsere Jungs von dem Erdbeben erfahren, dreht sich mir der Magen.

Ich brauche einen Ort, an dem ich mir in Ruhe darüber Gedanken machen kann, was als Nächstes zu tun ist. Doch der Boden des Hotelaufzugs, auf dem ich sitze, ist bedeckt von Betonstücken und Bauschutt. Der Versuch, mich auszustrecken, scheitert daran, dass meine Körpergröße den Durchmesser der Fahrstuhlkabine über-schreitet und meine Füße die gegenüberliegende Wand berühren. Also versuche ich meinen Körper in die Diagonale zu bringen, um mich so auszustrecken. Ich halte meine Beine auseinander, um zu verhindern, dass die Knie sich berühren. So schmerzt die Beinwunde etwas weniger. Ich hatte gehofft, dass Stillsitzen die Schmerzen re-duzieren würde, aber jeder Herzschlag in meiner Brust erzeugt ei-nen weiteren intensiven pochenden Schmerz in meinem Bein. Um meine Kopfwunde zu behandeln, positioniere ich einen zusammen-geknäuelten Socken als eine Art Druckverband zwischen meinem Kopf und der Wand. Mein dichtes Haar fühlt sich klebrig und warm an – kein gutes Zeichen. Die Wunde blutet offenbar noch immer.

Ich werde müde, habe aber Angst einzuschlafen. *Was passiert, wenn ich ohnmächtig werde?* Schlaf stellt für mich eine ernstzuneh-mende Bedrohung dar. Vor allem, wenn ich eine Gehirnerschütte-rung habe oder in einen Schockzustand verfallen sollte. Selbst im besten Fall bedeutet Schlaf einen Kontrollverlust über die Umstän-de. *Ich habe ein Erdbeben überlebt, ich werde jetzt nicht im Schlaf ster-ben.* Ich taste nach meinem iPhone und stelle den Wecker auf 20 Minuten. So werde ich nicht lange schlafen, falls ich einnicke.

Ein Gedicht von Dylan Thomas geht mir durch den Kopf. Ich hatte es einmal während meines Studiums gelesen, jedoch seit Jah-ren nicht mehr daran gedacht. „Geh' nicht sanft zur Ruh' in die gute Nacht. Wüte! Wüte gegen das Ersterben des Lichts."

Genau dies werde ich tun. Ich werde gegen alles wüten, was mich davon abhalten könnte, zu meiner Familie zurückzukehren. Ich ma-che eine Inventur meiner Besitztümer: Ich habe meine Kamera, das iPhone, meinen Pass, ein Notizbuch und ein, zwei Kugelschreiber. Es ist nicht viel. Ich frage mich, ob es für mich überhaupt möglich sein wird zu überleben. Und noch viel wichtiger ist die Frage, was mit meiner Frau Christy geschieht, wenn ich es nicht schaffe.

Kurz nach unserer Hochzeit wurde bei Christy eine klinische Depression diagnostiziert. Nach fast sechs Jahren konnten wir die

Krankheit mithilfe von Therapien und Medikamenten unter Kontrolle bringen und zehn gesunde Jahre in einer glücklichen Ehe verbringen. Und doch war Christy und mir bewusst, wie schnell sie wieder in den schwarzen Abgrund der Depression zurückfallen konnte. Es brauchte nur einen tragischen Schicksalsschlag, etwa den Verlust eines unserer Elternteile oder wenn unseren Söhnen etwas zustieße. Mit Gottes Hilfe hatten wir das Tal ihrer Krankheit gemeinsam durchschritten, nur hatten wir nicht bedacht, was geschehen würde, wenn ich nicht mehr für sie da sein konnte.

Während ich so in der Dunkelheit saß, musste ich mir eingestehen, dass die Lage nicht besonders gut aussah. Ich schlief nicht, also stellte ich meinen Wecker erneut, daraufhin etwas später wieder und später nochmals. Auf diese Weise verschaffte ich mir die Möglichkeit, meine Situation alle zwanzig Minuten neu einzuschätzen und bewusst zu überdenken. Ich war mir nicht sicher, ob ich durchhalten würde, bis Rettungskräfte mich fanden. Bei den schlimmsten Katastrophen dieser Art in den USA waren ein oder zwei Gebäude zur gleichen Zeit eingestürzt, jedoch nie eine ganze Stadt. Wenn dort Menschen verschüttet werden, sind professionelle Helfer – Polizisten, Feuerwehrmänner und speziell ausgebildete Such- und Rettungstrupps – binnen weniger Minuten vor Ort. Sie können von ihren einsatzstarken Fahrzeugen, guter Ausrüstung, langjährigem Training und ihrem Erfahrungsschatz Gebrauch machen. Für Notfälle entwickeln sie Strategien, Ausweich- und Aktionspläne.

Aber ich war nicht in den USA. Ich war auf Haiti verschüttet, einem der ärmsten Länder der Welt. Hier können die Menschen von *nichts* Gebrauch machen. Ich lag unter den Trümmern des zusammengestürzten Hotels, in dem ich gewohnt hatte. Gefangen im Fahrstuhl, der die ungefähre Größe einer kleinen Duschkabine besaß. Trotz dieser Situation wusste ich, dass es großes Glück war, noch am Leben zu sein. Ich musste davon ausgehen, dass mein Kollege David sofort umgekommen war.

Mir war bewusst, dass jede meiner Entscheidungen von nun an Konsequenzen mit sich trug, die entweder Leben oder Tod bedeuteten. Und doch hatte nur eine davon ewig währende Relevanz: *Konnte ich in allem, was nun geschehen würde, auf Gott vertrauen?* In dieser Dunkelheit, meinen Kopf gegen die Wand gepresst, weinte ich. Nicht meinetwegen, sondern wegen Christy und unserer Söhne.

Wie würde ihr Leben sein, wenn ich starb?

2

In lebhafte Farben getaucht

Dienstag, 12. Januar 2010, 9:15 Uhr (Ortszeit)

Port-au-Prince, Haiti

„Guten Morgen, Dan", rief Ephraim aus dem Geländewagen, als er vor unserem Hotel haltmachte. „Bist du bereit, zur Kirche zu fahren?"

„Ich bin startklar und sehr gespannt", antwortete ich, während ich David, dem Aufnahmeleiter, half, unser Gepäck im Kofferraum zu verstauen.

In der Planungszeit für die Reise nach Haiti hatte ich mit Ephraim einige Monate lang korrespondiert. Ich war also nicht überrascht, als er am Montag bei unserer Ankunft am Flughafen auf uns wartete. Ich erkannte auf Anhieb sein strahlendes Lächeln, das unter seinem Strohhut aufleuchtete, den ein mit einem farbigen Schriftzug bedrucktes Hutband zierte. Nachdem er unser Gepäck in seinen Geländewagen verladen hatte, brachte uns Ephraim zum Compassion-International-Büro in Port-au-Prince. Dort verbrachten wir den Tag zusammen mit den Mitarbeitern vor Ort.

Obwohl Ephraim und ich beide Angestellte von Compassion waren, hätten wir unterschiedlicher nicht sein können. Er war einer der größten Haitianer, die ich je kennengelernt hatte. Sein stämmiger Körperbau ließ mich mit meiner Durchschnittsgröße winzig erscheinen. Und im Vergleich zu seiner glänzend dunklen Hautfarbe verblasste mein olivfarbener Teint. Als ich am Montag erfuhr, dass Ephraim uns für die restliche Woche begleiten sollte, freute mich das sehr. Trotz der äußeren Gegensätzlichkeit fühlten wir uns durch unser gemeinsames Vorhaben schnell verbunden.

Nachdem ich hinter David ins Auto gestiegen war und es mir auf meinem Sitzplatz bequem gemacht hatte, schien Ephraims übersprudelnd angenehme Art sogleich den Geländewagen zu durchfluten. Ich freute mich auf die Ereignisse, die uns an diesem Tag erwarteten. Wir planten, in einer etwas außerhalb der Stadt gelegenen Kirche ein neues Hilfsprogramm von Compassion zu besuchen. Danach stand ein Hausbesuch bei einer Mutter an, die daran teilnahm.

Auf dem Beifahrersitz neben Ephraim saß Johnnie, ein haitianischer Übersetzer, der bei Compassion und mehreren anderen Nichtregierungsorganisationen in Port-au-Prince aushalf. Johnnie war ebenfalls groß und hatte dunkle Haut, etwas dunkler als Ephraim; er war jedoch sehr schlank. Während Ephraim keinen bestimmten Anlass brauchte, um zu lachen – er lachte über alles und jeden –, hatte Johnnie einen ausgesuchten Humor. Er nutzte seine Sprachbegabung, scherzte mithilfe eloquenter Wortkunst und lenkte die Konversation so, dass sich andere unablässig amüsierten. Johnnie und Ephraim glichen einem klassischen Slapstick-Comedy-Duo: ein Komödiant und sein Kumpan. So wurden David und ich blendend unterhalten. Die beiden schienen wirklich gerne zusammenzuarbeiten.

• • •

Als wir zur Kirche hinauffuhren und das Auto auf dem Geröllparkplatz abstellten, fiel mir die triste, graue Fassade des einstöckigen Betonbaus auf. Ich fragte mich, was sich wohl dahinter verbarg. Voller Eifer stiegen wir aus dem Geländewagen, um schnell mit der Arbeit beginnen zu können. Ephraim schlug seine Tür mit einer Wucht zu, die den Wagen zum Schaukeln brachte. Obwohl seine Körpergröße eine einschüchternde Wirkung hatte, war seine Ausstrahlung keinesfalls beunruhigend. Als er uns das Hilfsprogramm erläuterte, spiegelte sich in seinem Gesicht die Freude wider, die er für seine Arbeit empfand. Wir sollten es im Inneren der Kirche kurz darauf selbst erleben.

„Als Erstes werde ich euch dem Pastor vorstellen", sagte er, während er auf die Tür zuging. In Anbetracht seiner Riesenschritte schien der Versuch, mit ihm Schritt zu halten, vergebens. Ephraim verspürte eine vernehmbare Dringlichkeit, wenn es um den Dienst von Compassion ging. Immer wenn er von den schwierigen Lebensumständen auf Haiti erzählte, erwähnte er gleichzeitig die positive Veränderung, die Compassion für Mütter und Kinder bewirkte, die in dieser Armut gefangen waren. Er kannte die Mühsal des Lebens auf Haiti und hatte sich entschieden, dieser Realität die Stirn zu bieten. Er tat dies, indem er voller Freude den Bedürftigsten diente.

Ich schätzte Ephraim auf Mitte fünfzig. Er hatte jedoch eine jugendliche Lebensenergie, die ihn viel jünger erscheinen ließ. Sein ansteckendes Lächeln füllte das ganze Gesicht aus, und das herzhafte Lachen ließ seinen Körper erbeben. Er war wie ein riesengroßer Teddybär, der nur darauf wartete, jemanden in den Arm zu nehmen.

Ich half David, seine Videokamera und die restliche Ausrüstung aus dem Geländewagen zu laden. Dann beeilten wir uns, Ephraim einzuholen. „Lass uns noch einmal zusammenfassen, was du heute auf dem Plan hast", sagte David, während wir nebeneinanderher liefen. „Wir brauchen Aufnahmen, die das Child-Survival-Programm in Aktion festhalten. Ich glaube, wenn Menschen tatsächlich *sehen*, was Compassion hier macht, werden sie den Dienst unterstützen wollen."

Ich war zwar erst seit 18 Monaten im Hauptbüro von Compassion International in Colorado Springs beschäftigt, doch hatte ich schon viel gelernt und war beeindruckt. Compassion, 1952 gegründet, ist eine christliche Hilfsorganisation, die sich für Kinder in geistlicher, materieller, sozialer und gesundheitlicher Armut einsetzt. Die Betreuung ist langfristig angelegt und beginnt schon bei der Geburtsvorsorge. Sie bietet aber ebenso Ausbildungsmöglichkeiten für qualifizierte junge Erwachsene, die sich einen Universitätsplatz erkämpft haben. Aktuell werden weltweit mehr als eine Million Kinder in 25 Ländern von Compassion betreut. Die Organisation ist vor allem durch ihr Programm für Kinderpatenschaften bekannt geworden. Spender können im Briefwechsel persönlichen Kontakt mit den Patenkindern pflegen, die sie finanzieren. In den letzten Jahren haben auch neue Pläne wie das Child-Survival-Programm große positive Veränderungen ermöglicht. Als Webentwickler für Compassion war es mir ein Anliegen, diese neuen Programme auch online in den Vordergrund zu rücken, sodass unsere Spender erfahren konnten, wie wichtig ihre Geldgabe ist.

„Die meisten Spender werden niemals näher als 500 Kilometer an die Armut auf Haiti herankommen. Wenn sie aber auf ihrem Computer ein Video ansehen, das den Abstand zu einer Mutter, die Tag für Tag in dieser Armut verbringt, auf drei Schritte reduziert, dann haben wir unsere Aufgabe gut gemacht", sagte ich.

„Du brennst ganz schön dafür, stimmt's?", fragte David.

„Mir ist zu Ohren gekommen, dass du selbst ziemlich passioniert bist", antwortete ich, da ich wusste, dass er schon seit Langem in der Kinderhilfe arbeitete. Obwohl dieses unser erstes gemeinsames Projekt war, hatte David schon viele Male mit Compassion zusammengearbeitet. Ich hatte mir seine Arbeit angesehen und war tief beeindruckt – nicht nur von seiner Kreativität und seinem guten Kamerablick, sondern auch von seinem Wunsch, Kindern zu helfen. Er hatte in der Waisenhilfe und anderen Kinderschutzprogrammen gearbeitet und war dadurch für diesen Job besonders qualifiziert.

• • •

Die Holztür knarrte, als ich sie öffnete. Ich trat hindurch und gelangte sogleich in den Kirchenraum, in dem vierzig Mütter mit Babys und kleinen Kindern ihre Arme in die Luft hoben, sangen und im Takt der kreolischen Rhythmen klatschten. Manche der Frauen hielten ihre Augen geschlossen, während sie sich mit dem Gesicht zum Himmel gewandt in der Anbetungsmusik verloren. Andere hielten ihre Babys in einem Arm, während sie den anderen in die Luft streckten. Die meisten der Frauen trugen aus der Mode gekommene westliche Kleidung; ihre Garderobe bestand offensichtlich aus dem, was von Kleiderspenden vergangener Hilfseinsätze übrig geblieben war. Als Kontrast zum dunklen Interieur des Betonbaus und den robusten gräulichen Sitzbänken, die den Mittelgang einrahmten, schwang und wippte eine farbenfrohe Menge von Kleidern und T-Shirts im Rhythmus der Musik hin und her. Der Raum war lebhafter und festlicher, als ich ihn mir vorgestellt hatte, als ich noch in Colorado die Berichte über das Programm durchgegangen war.

„Ich werde die Beleuchtung überprüfen", sagte David, als wir unsere Ausrüstung im hinteren Teil der Kirche ablegten. Ich ließ ihn seine Anlage aufbauen und ging zu Ephraim und Johnnie hinüber, die in der gegenüberliegenden Ecke bereits mit dem Pastor im Gespräch waren.

„Vielen Dank, dass Sie hergekommen sind", sagte Pastor Yves und umarmte mich zur Begrüßung. Er sprach kein Englisch, also übersetzte Johnnie für ihn. „Wir sind froh, dass Sie hier sind, um unsere Geschichte zu erzählen."

Ich hoffte, dass ich das konnte.

In der Regel bestand meine Arbeit bei Compassion darin, bereits existierendes und von anderen produziertes Foto- und Filmmaterial online zu stellen und davon zu berichten, was Compassion an vielen Orten der Welt tat. Nun war ich das erste Mal selbst verantwortlich dafür, vor Ort außergewöhnliche Geschichten und Bilder einzufangen. In vier Tagen sollte ich Momente auf Film entstehen lassen, die

Spender dazu bewegen würden, sich für ihnen unbekannte Mütter und Kinder in einem fremden Land einzusetzen. Ich wusste, dass David mir dabei helfen würde, und dennoch war ich nervös, die eigentlichen Interviews zu machen and als Kreativdirektor über eine Auswahl von Bildern und Geschichten zu entscheiden. Es kam hierbei auf so vieles an, und ich spürte die Last der Verantwortung.

Ich blickte zu David hinüber und sah, dass er im Raum nach Quellen natürlicher Lichteinstrahlung suchte. Als er eine gut beleuchtete Stelle fand, legte er vorsichtig seine Taschen ab und richtete das Stativ auf die richtige Größe ein. Dann packte er die Ausrüstung aus, schob Batterien in die Videokamera und Mikrofone und legte eine leere Kassette ein. Sobald er den Sound und die Einstellungen überprüft hatte, ließ er mich durch ein Kopfnicken wissen, dass er startklar war.

Die Compassion-Child-Development-Programme werden durch die Arbeit örtlicher Gemeinden umgesetzt. Compassion bietet ein umfassendes Programm inklusive Materialien an, das die Gemeinden – angepasst an die individuellen Bedürfnisse ihrer Gemeinschaft und Umgebung – einsetzen können. Ich wollte vermeiden, dass extra für uns etwas inszeniert wurde, denn wir wollten das Programm exakt so einfangen, wie es vor Ort umgesetzt wurde.

„Bitte verändern Sie nichts. Wir wollen einfach nur beobachten", hatte ich den Pastor gebeten. Als der Gesang endete, kam die Verantwortliche des Child-Survival-Programms zu uns; für einen Moment hatte sie die Gruppenleitung einer ihrer Helferinnen übergeben. Wir stellten uns ihr vor, und nachdem sie uns ihre Erlaubnis erteilt hatte, griff ich zur Kamera und begann, die Frauen mit ihren Babys zu fotografieren. David signalisierte ich sogleich, dass er ebenfalls mit den Aufnahmen beginnen sollte.

Die Mütter saßen auf den Bänken und hörten der Helferin zu. „Hebt eure Babys hoch und sprecht mit ihnen. Sie sollen euch beobachten und antasten können. Auf diese Weise entwickeln sie sich emotional und sozial weiter." Viele der Frauen hatten so etwas noch nie gehört. In einem Land, in dem 80 Prozent der Familien in extremer Armut leben und mit weniger als 2 Dollar am Tag überleben müssen, werden Babys meist in einer Ecke des Hauses abgelegt, während ihre Mütter versuchen, sie bestmöglich zu versorgen. Interaktion mit Babys war etwas völlig Neues für diese Mütter. Ich versuchte unauffällig zu bleiben, was sich als weißer Mann in einer abgelegenen haitianischen Kirche voller Frauen und Kinder jedoch rasch als unmöglich erwies. Als die Kinder mich sahen, schauten sie neugierig über die Schulter ihrer Mütter oder lugten hinter deren Röcken hervor. Die mit Perlen geschmückten Zöpfe der Mädchen klimperten leise, als sie ihre Köpfe drehten, um mich besser sehen zu können.

„Denkt daran, euer Wasser zu filtern. So werden eure Babys nicht krank", fügte die Gruppenleiterin hinzu. Zwischen den Frauen schien sich eine Art Kameradschaft zu entwickeln, etwas, das sie zusammenschweißte. Ich richtete das Objektiv auf ihre Gesichter und versuchte, ihre Freude mit der Kamera festzuhalten. Die Leiterin lud eine kleine Gruppe zu sich nach vorne ein, um unter ihrer Anleitung ein Rollenspiel zu spielen. Ich war überrascht, dort auch ein paar Männer mitmachen zu sehen. Warum eigentlich nicht? Väter müssen schließlich auch neue Erkenntnisse gewinnen. Unter den Regieanweisungen der Leiterin spielten die Männer eine Szene, in der ein interaktiver Dialog entstand, ein scherzhaftes Wortgeplänkel zwischen der Gruppe und der Leiterin. Herzhaftes Lachen und gute Laune ging von ihnen aus. Die Frauen schienen sich geistig, seelisch und emotional in den Kurs einzubringen. Der ganze Ort war voller Leben und Energie.

Während ich sie fotografierte, versuchte ich die Kleinen zum Lachen zu bringen. Da ich ihre Sprache nicht kannte, probierte ich mithilfe einfacher Mimik und übertriebenen Gesten mit ihnen in Kontakt zu treten. Ein Junge beäugte mich vorsichtig. Er kaute an einer Süßigkeit, die riesig war und nicht in seinen Mund passte. Die Zuckersoße tropfte von seinen Lippen auf den Rock der Mutter. In einem Versuch, ihn zum Lachen zu bringen, tat ich, als würde ich einen großen Bonbon in meinen Mund stecken und ihn mit übertriebener Geste lutschen. Seine Augen wurden groß, und schnell versteckte er sich hinter dem Rock seiner Mutter. *Gut, dass ich meinen Lebensunterhalt nicht als Kinderfotograf verdienen muss.* Zum Glück arbeitete ich mit David. Er war ein Naturtalent und konnte Kinder jederzeit zum Lachen bringen. David beendete die letzten Aufnahmen rechtzeitig zum Ende der Gruppenseminare. Ich beobachtete, wie er seine Kopfhörer abnahm und sie über den hinteren Teil der Kamera hängte. Ein leichtes Lächeln auf seinem Gesicht zeigte mir, dass er mit seinen Aufnahmen zufrieden war. Sein khakifarbenes Oberteil und die Cargohose mit der grauen Gürteltasche schienen ihn optisch an die betonfarbene Umgebung anzugleichen. Er richtete seinen Blick aufmerksam auf die Situation, und in seinem Gesicht konnte man die Erfüllung erkennen, die ihm diese Arbeit brachte. David war keine Person, die Aufmerksamkeit suchte; er war jedoch so präsent in dieser Situation, dass man seine Gegenwart nicht übersehen konnte.

Zusammen suchten wir die Umgebung nach einem passenden Ort ab, an dem wir Interviews mit einzelnen Müttern führen konnten. Als wir einen guten Platz gefunden hatten, besorgte ich weiße Plastikstühle für die Mütter, während David sein Stativ herrichtete, die Videokamera darauf montierte und die Beleuchtung einstellte. Manche der Frauen kamen zusammen mit ihren Kindern. Eine nach der anderen setzte sich vor die Kamera, um sich interviewen zu lassen. Ephraim lehnte sich zufrieden zurück und überließ uns ganz unserer Arbeit. Johnnie dagegen machte viele Vorschläge und fühlte sich sichtlich wohl damit, im Mittelpunkt zu stehen. Ich gab ihm einen Interviewleitfaden; er unterhielt sich mit den Müttern und übersetzte deren Antworten, während wir filmten. So konnten wir feststellen, ob wir an die Information kamen, die wir suchten.

„Welche Hoffnungen und Ziele haben Sie für Ihr Kind?", fragte ich durch Johnnie. Die Augen der Frauen leuchteten auf, und sie lächelten, während sie die Fragen beantworteten.

„Ich wünsche mir für meinen Sohn einen guten Beruf und dass er Gott sein ganzes Leben lang liebt."

„Ich habe die Hoffnung, dass meine Tochter einen Schulabschluss macht. Das hat noch keiner in meiner Familie geschafft."

„Wenn mein Sohn erwachsen ist, soll er ein Architekt sein."

Ihre Antworten erstaunten mich, denn genau diese Träume hatte ich auch für meine Jungs. In Gebieten wie etwa Haiti, in denen extreme Armut herrscht, werden diese Träume selten wahr. Dennoch hatten diese Frauen Hoffnung. Durch die Hilfestellung, die Compassion leistete, war es ihren Kindern möglich, glücklich groß zu werden, einen Job zu finden und die Träume ihrer Mütter zu leben.

„Man muss die Mütter einfach persönlich erleben, um als Partner diesen Prozess unterstützen zu wollen", stellte ich fest.

„Ja, mir geht es jedes Mal so, wenn ich einen dieser Filme drehe", fügte David hinzu. Schließlich packte er seine Ausrüstung wieder zusammen, und ich ging zu Pastor Yves, um mich bei ihm für seine Hilfe zu bedanken. Ephraim und Johnnie unterhielten sich über örtliche Neuigkeiten und Politik, wobei ich nicht viel von dem verstand, was besprochen wurde. Während ich auf sie zuging, sah ich, wie sich Ephraims Gesichtsausdruck veränderte und die Freude daraus verschwand. Sein stetes Lächeln wurde dunkel überschattet. Er sagte etwas zum Pastor und betonte ein bestimmtes Wort mit solch einer Wucht, dass es mir kalt den Rücken hinunterlief.

„Was bedeutet *Rest-o-veck*?", fragte ich.

„Restavek", korrigierte mich Ephraim, „ist, wenn Eltern ihre Kinder verkaufen."

Johnnie sah meinen entsetzten Gesichtsausdruck. „*Restavek* ist ein kreolisches Wort. Es bedeutet ,bleiben' im Sinne von ,bei einer Familie bleiben', obwohl man nicht Teil der Familie ist", sagte Johnny.

„Meinst du wie ein Untermieter?"

„Nein – wie ein Sklave", sagte Ephraim. Sein Blick offenbarte tiefe Betroffenheit. „Nicht für Geld. Wenn die Mütter ihre Kinder verkaufen, tun sie dies, weil sie denken, ein anderer könnte ihnen ein besseres Leben bieten."

„Ist das nicht illegal?"

„Nicht auf Haiti."

Mithilfe von Johnnies Übersetzung erklärten mir der Pastor und Ephraim, dass Restaveks oftmals unterernährt sind, viele Arbeitsstunden leisten müssen und fast in jedem Fall sexuell misshandelt werden. Ein entscheidender Schritt in der Prävention von Restaveks ist frühes Eingreifen. Ich dachte an die Babys, die auf den Hüften ihrer Mütter wiegten, und an die Kleinkinder, die sich hinter ihnen versteckten. Die Mädchen mit den Zöpfen, den Jungen mit dem großen Bonbon, der nicht in seinen Mund hineinpasste. Die Hoffnung und Hilfe, die hier an die Mütter weitergegeben wurde, bedeutete, dass diesen Babys und Kleinkindern solch ein Schicksal erspart blieb.

Als ich mir die Aufnahmen, die ich von diesen Kindern gemacht hatte, ins Gedächtnis rief, wurde mir neu bewusst, warum die Arbeit von Compassion so wichtig war. Ich betete im Stillen zu Gott, dass er mir helfen möge, die Geschichten so zu erzählen, dass sie eine positive Veränderung für alle haitianischen Kinder zur Folge hatten.

• • •

Nach einer kurzen Autofahrt und einem langen Fußmarsch gelangten wir zu dem Haus von Missoul, einer der Mütter, die am Child-Survival-Programm teilnahmen. Als wir ankamen, drückte Missoul einen kleinen Teil des Stacheldrahtzauns herunter, der ihr Betonhaus umgab, damit Ephraim, Johnnie, David und ich darübersteigen konnten. Der Stacheldraht erschien mir nicht besonders kindersicher, und ich konnte mir nicht vorstellen, vor welcher Gefahr der Zaun die Familie schützen sollte. Missoul und ihre drei Töchter

waren daran gewöhnt, beim Herein- und Hinausgehen hindurch-
zuklettern, doch sie hielt ihn tief gesenkt, um ihre Gäste vor Verletzungen zu schützen. Ihre Bemühungen rührten mich. Sie ging als
Erste in das Haus hinein und setzte ihre jüngste Tochter auf den
Boden. Ihr Haus war klein, kleiner als eine durchschnittliche Küche
in den USA. Es war aus den üblichen Materialien eines haitianischen Slum-Hauses gebaut: Betonblöcke und ein zusammenge-
schnittenes Wellblechdach. Es sollte sie vor dem Wüten einer in
diesem Gebiet sehr wahrscheinlichen Naturkatastrophe schützen,
die ihnen große Angst machte: dem Hurrikan.

Missoul besaß nur wenige Möbel. Die einzigen Farben des Zim-
mers waren auf den zerrissenen Bettlaken zu sehen und an den aus-
gewaschenen Kleidern, die an in die Wand geschlagenen Nägeln
gehängt wurden, da es keine Kommoden gab. In einer Ecke war auf
dem Boden eine Feuerstelle, etwa einen halben Meter breit. Sie
diente der vierköpfigen Familie als Küchenherd.

Missouls älteste Tochter hatte ein breites Lächeln und einen
herzlichen Charakter, doch war es offensichtlich, dass sie unter
schweren geistigen Einschränkungen litt. Die Zweitälteste schien
ruhig und nie zu lachen. Sie offenbarte ebenfalls kognitive Schwierigkeiten, die aber nicht im gleichen Maße ausgeprägt waren. Die
dritte und jüngste Tochter schien dagegen nicht in das Bild ihrer
Familie zu passen. Ein Blick auf die zwei Jahre alte Micheleine zeigte, dass sie gesund und intelligent war. Lebhaft hielt sie meinem
Blick mit ihren wachen Augen stand. Sie interagierte mit anderen,
und es schien, als besitze sie mehr Leben und Energie als ihre zwei
älteren Schwestern zusammen. Augenscheinlich war diese Familie
sehr liebevoll, aber nicht frei von Problemen.

Die zwei älteren Töchter litten unter den Folgen von Missouls
Unterernährung und mangelnder Gesundheitsvorsorge während
der Schwangerschaften. Ich wusste, dass Missoul eine Fehlgeburt
erlebt hatte, und ich fragte mich, ob ich es wagen sollte, sie auf den
erlittenen Verlust anzusprechen.

Während ihrer vierten Schwangerschaft hatten Compassion-Mitarbeiter bei einem Routinebesuch in den Slums von ihr gehört. Sie wurde eingeladen, am Programm teilzunehmen, das in Pastor Yves' Kirche stattfand. Es beinhaltete eine ausgewogene Ernährung sowie medizinische Versorgung während und nach der Schwangerschaft mit ihrer dritten Tochter, Micheleine.

David packte seine Tasche aus und errichtete das Stativ, die Beleuchtung und die Kamera. Er filmte Missoul, und sie erzählte von ihrem Leben vor und nach dem Engagement von Compassion. Ihr ging es nicht nur gesundheitlich besser, sie bemerkte auch geistliche Veränderungen. Obwohl sie weiterhin so hart arbeitete wie zuvor, verspürte sie als Nachfolgerin Jesu eine neue Hoffnung für ihr eigenes Leben und ihre Familie. Sie hatte nun auch die Unterstützung von anderen Müttern in der Kirche.

Während wir miteinander sprachen, spielte Micheleine neben uns auf dem Boden. Die beiden anderen Mädchen hielten sich zurück, unsicher gegenüber den Fremden in ihrem Haus. Als das Kleinkind unruhig wurde, fand Missoul eine leere Coladose und ließ zwei kleine Steine hineinfallen. Sie hielt es dem kleinen Mädchen so hin, dass es danach greifen konnte. Micheleine streckte ihre kleine, gut genährte Hand aus und griff nach der Dose. Sie lachte über das Geräusch, das sie machte, wenn sie sie schüttelte. Als Missoul sich vornüberbeugte und durch das Haar des kleinen Mädchens strich, brachte ihre Zärtlichkeit mich zum Lächeln.

• • •

Missouls Gesicht wirkte sehr verlebt. Es war nicht einfach, ihr Alter einzuschätzen. Man konnte aber erkennen, dass sie in ihrem Leben durch viele Tiefen gegangen war. Ihr Gesichtausdruck war intensiv, fast hart. Die kantigen Falten wurden jedoch weich und schmolzen, wenn sie lächelte. Sie tat dies selten bei Fremden, aber oft bei Kindern.

Während Missouls letzter Schwangerschaft wurde sie im Rahmen des Compassion-Child-Survival-Programms mit Vitaminen versorgt und medizinisch betreut. Sie lernte dort, wie man sich selbst und sein Baby gut ernährt. Nach Micheleines Geburt führte Compassion die Betreuung durch die Kirchengemeinde fort, sodass sie lernen konnte, richtig für ihr Kind zu sorgen. Außerdem wurde es ihr ermöglicht, Micheleine impfen zu lassen. In Haiti kann etwas so Einfaches wie eine Impfung den Lebenslauf eines Kindes bedeutend verändern. Gute Gesundheit erhöht erheblich die Chancen, in der Zukunft eine Ausbildung zu erhalten und eine sinnvolle Arbeit zu finden. Dank des frühen Eingreifens hatte dieses Kleinkind die Möglichkeit, seiner Familie einmal aus der Armut zu helfen.

Der Gedanke ermutigte mich, dass mehr als 2500 haitianische Mütter und ihre Babys durch das Programm ähnlich versorgt wurden. Aber es gab noch viele Tausend, die diese Hilfe brauchten. Ich hoffte, dass Missouls Bereitschaft, von ihrer persönlichen Geschichte zu erzählen, mehr Menschen dazu anspornen würde, unseren Dienst zu unterstützen.

Während des Interviews glich David mit seiner Erfahrung meine Fehler im kreativen Bereich aus. So schlug er vor, dass wir in den Film Bilder von Missoul einfügten, die sie auf dem langen Weg von ihrem Haus zur Wasserquelle zeigte. Als er Missoul dafür Regieanweisungen gab, amüsierten sich die Nachbarn und scherzten mit ihr. Ich beobachtete, wie sie auf sie zeigten und ihr einen Namen zuriefen, der Ephraim zum Lachen brachte. Zu Johnnie blickend übersetzte er: „Filmstar!" David und ich schlossen uns dem Gelächter an.

● ● ●

„Haben wir's?" Er blickte mich fragend an.

„Wir haben es, David – wir haben die Geschichte! Alles, was jetzt noch dazukommt, ist eine Zugabe", sagte ich, als wir wieder im Geländewagen saßen. Am nächsten Tag wollten wir noch eine andere Mutter interviewen. Es war jedoch ein gutes Gefühl, dass wir, wie auch immer das nächste Interview verlaufen würde, das schon eingefangen hatten, wofür wir hierhergekommen waren. Als ich es mir für die 30-minütige Fahrt zurück nach Port-au-Prince im Autositz gemütlich machte, verließ mich langsam die Anspannung, die in den letzten Wochen an mir genagt hatte. Ich lächelte bei dem Gedanken daran, dass Gott sich entschieden hatte, mich hier und heute auf diese Weise zu gebrauchen, und ich konnte mir keinen besseren Weg vorstellen, meinen Glauben zu leben. Ich hoffte, dass Missouls Geschichte andere genauso beeindrucken würde wie mich.

Auf der Fahrt beobachtete ich, wie die Sonne Muster aus Licht und Farbe auf die baufälligen Häuser warf, die an den Berghängen standen. Es waren so viele, dass sie wie in einem riesen Jenga-Spiel aufeinandergestapelt wirkten: Wenn sich eines davon bewegte, würden alle hinabfallen. In diesen Slums lebte ein großer Teil der armen Bevölkerung Haitis. Wir fuhren an einzelnen Voodoo-Tempeln vorbei, die mich daran erinnerten, dass so viele Menschen verzweifelt nach Hoffnung suchten. Ich war nun nicht mehr in Colorado Springs.

Auf dem Weg zurück ins Hotel rief ich meine Frau Christy an. Wir waren finanziell schon immer knapp gewesen. Die Arbeit bei einer gemeinnützigen Organisation ist nicht so gut bezahlt wie in der Wirtschaft, und so hatten wir gemeinsam zusätzlich eine kleine Internetfirma gegründet. Unsere Rechnungen zahlten wir nun mit den Einnahmen aus Onlinewerbung. Christy sollte heute einen dieser Verdienstschecks abholen und in der Bank einlösen, sodass wir unsere Rechnungen rechtzeitig begleichen konnten. Sie hob nach dem ersten Freisignal ab.

„Hallo Schatz, wie geht es dir heute? Hast du den Scheck abholen und einlösen können?"

„Ja, das habe ich heute Morgen erledigt." Sie erzählte von den Kindern und den Plänen, die sie für den Tag gemacht hatte. „Ich erspare dir Details und berichte dir, wenn du wieder hier bist. Wie gefällt dir Haiti?"

„Ich wünschte, du wärst hier, um dies mit mir gemeinsam zu erleben und die Menschen hier kennenzulernen. Haiti ist ein tropisches Paradies, das unter Armut vergraben liegt. In diesem Land gibt es so viel Schönes, und die Menschen sind so fröhlich, dass es einfach wäre, wegzuschauen und ihre verzweifelte Lebenslage zu übersehen. Die Härte und der Schmerz, den Armut mit sich bringt, sind immer spürbar."

Während der Fahrt vorbei an der üppigen grünen Landschaft fühlte ich meine Aussage bestätigt. „David und ich fahren zurück zum Hotel. Wir sind ziemlich müde und werden uns wahrscheinlich ein paar Minuten ausruhen und danach zu Abend essen." Christy und ich verabschiedeten uns voneinander, und ich versprach, sie nach dem Essen anzurufen, wenn ich mehr Zeit hatte zu reden.

Als wir an den Randbezirk von Port-au-Prince gelangten, führten Ephraim und Johnnie ihren Dialog aus Scherzen und Geschichten weiter fort. Sie äußerten auch ihre Frustration in Bezug auf die Politik und Geschichte Haitis. Vom Rücksitz aus konnte ich Ephraims Augen im Rückspiegel sehen. Obwohl er immer Freude ausstrahlte, spiegelten seine Augen auch die tiefe Belastung wider, die das Leben inmitten dieser Armut mit sich brachte. Den ganzen Tag hindurch war er unser größter Cheerleader gewesen, mit purem Enthusiasmus für unsere Arbeit. Aber ich konnte immer wieder Enttäuschung in ihm sehen, besonders wenn wir an Kindern vorbeifuhren, die auf der Straße bettelten. Das Leben auf Haiti ist alles andere als einfach.

Ich nahm mein Zoomobjektiv und brachte es an meine Kamera an, die ich um den Hals hängen hatte. Als wir in die betonfarbene Stadt einfuhren, trafen Farbeindrücke auf mein geschultes Fotografenauge: das grelle Pink des T-Shirts einer Frau, die weichen Pastelltöne auf dem Pullover ihrer Tochter; ein lebhaft gelb gestreiftes Hemd eines kleinen Jungen; zu großen Haufen aufgeschichtete grüne Bananen und rote Kartoffeln an den Verkaufsständen am

Straßenrand; schwarze Schweine und braune Hunde, die durch das smaragdgrüne Gras wanderten.

Der größte Blickfang waren die auffälligen haitianischen Busse. Die sogenannten Tap-Taps sehen aus wie mit Graffiti bemalte Plakatwände auf Rädern, die die mitunter spannendste Kunst Haitis präsentieren. Die Busse waren mit Menschen überfüllt, die mit tropischen Farben bedruckte Röcke, Hemden und Kopftücher trugen.

Auf Haiti sind die meisten Häuser grau, und die Armut wirft ihre dunklen Schatten. Die Menschen widersetzen sich dieser Trostlosigkeit mit ihrer Kunst, ihrem Gesang und Gelächter. Die Umgebung mag grau sein, doch die haitianischen Träume sind in lebhafte Farben getaucht.

Wir bogen in die steile und kurvige Straße ein, die uns fast einen halben Kilometer lang zum Hotel führte, und ich hielt mehrmals den Atem an, während sich unser Auto scharf in die Kurven der Serpentinenstraße legte. Ich konnte die weißen Säulen und gestuften Terrassen erkennen, die sich an die Seite des Hotels Montana zu klammern schienen. Sie glänzten in der Nachmittagssonne. Die Freilichtlobby, der schattige Säulenvorbau und die tropischen Farben des Gebäudes waren eine willkommene Abwechslung von der tristen Architektur, die wir auf unserem Weg hierher gesehen hatten.

Ephraim bog in die Einfahrt des Hotels ein, parkte den Geländewagen und stellte den Motor ab. Er öffnete die Tür, und als wir ausstiegen, packte er zuerst David und dann mich und umarmte uns herzlich. *Wenn es eine Person gibt, die mich nach meiner Rückkehr an Haiti erinnern wird, dann ist es Ephraim.* Ich nahm mir vor, morgen Fotos von ihm zu machen.

„Danke, Jungs!", sagte David, als er seine Ausrüstung aus dem Kofferraum holte. Ich schaute auf meine Uhr. Es war 16:52 Uhr. „Wir essen heute im Hotel zu Abend und treffen uns dann wieder morgen früh hier. Sagen wir so gegen acht?", fragte ich Johnnie. Er sprach mit Ephraim, der meinem Vorschlag zustimmte.

Sie winkten und starteten wieder den Motor.

Ich schwang mir meinen Rucksack über die Schulter und folgte David in die Lobby. Als vielleicht schönstes Hotel Haitis wird das Hotel Montana als Kronjuwel von Port-au-Prince bezeichnet. Von der Terrasse aus genießt man einen umwerfenden Blick auf die Berge, die Küste und das Stadtzentrum von Port-au-Prince. Diese atemberaubende Aussicht ließ das Hotel fast luxuriös erscheinen, trotz der Armut, die sich nur unweit davon befand. In Zeiten politischer Unruhen war dies eine der wenigen sicheren Unterkünfte für ausländische Gäste.

Die Rezeption befand sich genau gegenüber des Eingangs. Die weißen Säulen und Kolonnaden reflektierten die helle Nachmittagssonne und ließen den gesamten Lobbybereich in Wärme und Licht erstrahlen. Wir gingen links an der Rezeption vorbei in Richtung des kleinen Fahrstuhls, doch in letzter Sekunde kehrten wir der Lobby den Rücken und entschieden uns für die Außentreppe, die direkt zu unseren Zimmern führte. So würden wir die warme karibische Luft einatmen und einen letzen Blick auf das Panorama erhaschen können.

Wir waren erst ein oder zwei Schritte auf die Außentreppe zugegangen, als das Hotel plötzlich anfing zu beben – so wie ein heftiger Donnerschlag ein Haus zum Wanken bringt. Hier schepperten jedoch nicht bloß die Fenster, die Wände fielen in sich zusammen, als wären sie zu Brei geworden. Ich glaube, ich hörte das Beben nicht so sehr, als dass ich es in meiner Brust *fühlte*. Es folgten weitere Explosionen, eine nach der anderen, nah und fern, wie ein Geräusch von Artillerie in einer Kriegsschlacht.

3

Mit dem Rücken zur Wand

Plötzlich kamen die lauten Explosionsgeräusche aus allen Richtungen. Ich fühlte mich wie in einem Kriegsgebiet, in dem alle Bomben auf uns gerichtet waren. Auf die Explosionen folgte das Getöse von zusammenstürzenden Mauern. Der sich aufbäumende Betonboden unter meinen Füßen nahm mir das Gleichgewicht, und ich hörte David schreiend bestätigen, was ich bereits wusste.

„Ein Erdbeben!"

Ich war in Kalifornien aufgewachsen und begriff noch vor David instinktiv, was gerade passierte. Adrenalin wurde in meinen Adern freigesetzt wie ein Airbag bei einem Autounfall. Jeder Muskel meines Körpers spannte sich. Auf die Schnelle entdeckte ich keinen Türrahmen, keinen Schreibtisch oder andere größere Möbelstücke, unter die ich mich hätte stellen können, also wählte ich den Treppenaufgang direkt vor mir. Ich stürzte mich der Treppe entgegen, hinaus ins Freie – und hoffentlich Sichere.

Die Intensität des Erdbebens war unglaublich. Die brutalen Stöße verdrehten die Hotelwände, rissen Säulen und tragende Balken nieder, sodass die Wände um uns herum einknickten und niederfielen. Als ich in Richtung Außentreppe sah, erblickte ich noch flüchtig den klaren, blauen Himmel, der durch den offenen Torbogen zu sehen war. Ich beobachtete, wie der Torbogen vor mir wankte, sich zu verbeugen schien, zusammenbrach und niederfiel. Ich schaffte es nicht bis nach draußen zur Treppe.

Augenblicklich hatte sich die farbenfrohe Lobby in ein schwarzes Loch verwandelt. Ich konnte nichts mehr sehen. *War ich tot?* Neben mir fiel etwas Schweres zu Boden. Ein abgebrochenes Stück Mauer drückte von hinten gegen meinen Rücken und Kopf, dorthin, wo eben noch keine Wand gewesen war. Ich fühlte einen Schmerz, der sich zwischen Kopf und Bein bewegte. Ich versuchte einen Schritt nach vorn zu gehen, doch es ging nicht. Mein linker Fuß war eingeklemmt, und der Versuch, ihn herauszuziehen, verstärkte nur den pochenden Schmerz, der mir bedeutete, dass ich noch lebte.

Angst oder vielleicht Galle kam in mir hoch. *War ich erblindet?* Ich drehte meinen Kopf und suchte überall nach Licht. Ich bewegte meine Hand vor meinen Augen, konnte sie jedoch nicht sehen. Feiner Staub bedeckte mein Gesicht und das Innere meiner Nasenlöcher und erinnerte mich an die Abrissarbeiten auf dem Bau, wo ich ehemals gearbeitet hatte. Es roch nach Zement.

Es roch nach Abriss.

Die Explosionsgeräusche wurden durch das Donnern der fallenden Betonplatten ersetzt. Sie zerbrachen, als sie sich aufeinanderschichteten. Ich hörte Schreie aus Orten, die ich nicht sehen konnte, und von Stimmen, die ich nicht kannte.

„Hilfe!"

„Ist da jemand? Ich brauche Hilfe!"

„David!", rief ich und fügte meine Stimme der Kakophonie hinzu. „Ich bin verletzt! Kann mir jemand helfen?" Ich konnte mich nicht konzentrieren, ich konnte nicht denken. Ich fürchtete um mein Leben. Das Beben und der Lärm der Zerstörung hielten viel zu lange an. Als es zu vibrieren begonnen hatte, war David zu meiner linken Seite gewesen, aber in dieser Dunkelheit konnte ich ihn jetzt nicht mehr sehen. Ich rief nochmals. „David?" *Herr, bitte hilf mir. Hilf mir, David zu finden.*

David reagierte nicht. Allein und in dieser Position eingeklemmt, geriet ich in Panik. Mein Atem beschleunigte sich; zugleich wurde das Atmen schwieriger. Der Staub in meiner Lunge ließ mich keuchen, und ich rang nach Luft. Ich hustete. Zwischen den Atemzügen rief ich weiter. Mir war schwindelig, aber ich hörte nicht damit auf. Ich konnte meine Schreie nicht mehr kontrollieren, vielmehr hatten sie mich im Griff. „Herr, bitte, hilf mir und David!"

„DAAAAAA – VID!"

Die Geräuschkulisse wurde schwächer, Geröll rieselte. Ich hatte blind geschrien und konnte meine eigene Stimme nicht mehr hören. Ich hörte auf zu schreien. *Hatte ich das Bewusstsein verloren?* Das konnte nicht sein. Obwohl ich vornübergebeugt war, stand ich noch, aber ich konnte den Rucksack auf meinen Schultern nicht mehr fühlen. *Er muss wohl abgerissen worden sein, als die Wände über mir zusammenfielen.*

Ich versuchte meine Umgebung einzuordnen. Meine Sinne waren in Alarmbereitschaft, sodass mein geschwächtes Sehvermögen mir noch dramatischer erschien. *War ich durch eine Verletzung erblindet, oder war es nur der Staub?* Ich tastete verzweifelt in jede Richtung um mich und versuchte, nach etwas, irgendetwas, zu greifen. Ich ertastete jedoch nur Luft und die eingestürzte Wand hinter meinem Kopf. „Ephraim! Johnnie? Ist dort jemand?"

Etwas in meinem Geist veränderte sich. Ich hatte verzweifelt nach Gott gerufen, nach irgendjemandem, der mir helfen würde. Doch jetzt kam eine Ruhe über mich. Die Panikgefühle und die Verzweiflung waren plötzlich nicht mehr da, und mir blieb nur noch ein dumpfes Grausen im Bauch. Es war schwer zu verstehen. Es bedeutete nicht, dass ich mich nicht fürchtete; ich hatte Angst. Aber es schien mir so, als ob Gott meine Gedanken ordnete, sodass ich mich konzentrieren konnte. Obwohl sich meine Muskeln entspannten, waren meine Gedanken so scharf und gespannt, wie mein Körper sich noch wenige Minuten zuvor angefühlt hatte, als ich in Richtung der Treppe gestürzt war.

Schmerzen durchfuhren meinen Hinterkopf, und als ich die Stelle befühlte, war meine Hand voller Blut. Es konnte eine ernste Verletzung sein; ich wusste aber, dass leichte Kopfverletzungen ebenfalls stark bluten konnten. Ich atmete kurz und flach. Mein Herz raste. Ich nahm diese Dinge jedoch aus einer losgelösten Perspektive wahr, als ob ich eine andere Person analysierte, die sich in einer Notsituation befand.

Ich musste mich an einen sichereren Ort begeben. Es würden Nachbeben kommen und manche sicher stark ausfallen.

Sich überhaupt von dieser Stelle wegzubewegen, würde nicht leicht werden. Mein Kopf pochte und mir war übel. *Denk nach. Du musst dich darauf konzentrieren, was du als Nächstes tun willst.*

Mein Bein war eingeklemmt, ich konnte aber nicht erkennen, woran es lag. Im Dunkeln fasste ich nach unten, ertastete ein etwa 15 bis 20 Zentimeter langes Betonstück und hievte es zur Seite. Dies öffnete einen Freiraum, sodass ich die anderen Betonbrocken und Holzstücke zur Seite räumen und ein Loch schaufeln konnte, das groß genug war um meinen Fuß zu befreien. Das war jedoch nicht so einfach, und ich verlor dabei meinen linken Schuh. Ich griff danach, aber er ließ sich nicht hervorziehen. Ich hatte schon einige Überlebensshows im Fernsehen gesehen und wusste daher, das Schuhe entscheidend wichtig dafür sein konnten, ein Erdbeben zu überleben. Also versuchte ich es noch einmal. Obwohl ich meine ganze Kraft einsetzte, konnte ich den Schuh nicht befreien. Als ich aufstand, fühlte ich, wie etwas an meine Brust stieß. Meine Kamera! Sie hing noch um meinen Hals. In der Dunkelheit konnte ich den Einschaltknopf ertasten und so das kleine Licht auf dem Display aufleuchten sehen. *Ich bin nicht blind!* Ich drückte den Kameraverschluss nach unten, und für den Bruchteil einer Sekunde blitzte das Autofokuslicht auf. *Das kann ich gut gebrauchen. Gott sei Dank!* Um mir einen Überblick zu verschaffen, betätigte ich das Licht und machte mir dann ein mentales Abbild von dem, was ich gerade gesehen hatte. Im Stockdunkeln war das nicht viel, aber es war besser, als blind zu sein.

Ich machte Gebrauch von meiner neuen Methode, im Dunkeln „sehen" zu können, und inspizierte meine Umgebung. Die Wand, die gegen meinen Rücken drückte, war eigentlich die Decke. Eine Teil von ihr war hinter mir herabgefallen, während ein anderer unsicher gegen die mir gegenüberliegende Wand gelehnt war und eine Art Pultdach formte. Dies hatte den Raum geschaffen, in dem ich jetzt hockte. Als ich mir das alles ansah, realisierte ich, dass ich den Trümmern nur um Zentimeter entkommen war. *Wie bleibt dieser kleine Raum bestehen, während sechs Stockwerke des Gebäudes darüber kollabiert sind?*

Jedes Mal, wenn ich meine linke Seite belastete, wurde der Schmerz unerträglich. *Mein Bein muss gebrochen sein.* Ich richtete die Kamera darauf, um die Verletzung zu untersuchen. Durch den Blitz konnte ich sehen, dass meine Khakihose blutgetränkt war. *Na schön, ich habe das Erdbeben überlebt, und nun könnte mich mein Bein umbringen.* Ich konnte nicht erkennen, wo es gebrochen war, also verlagerte ich so viel Gewicht wie möglich auf mein rechtes Bein und suchte nach einer stabilen Position, um meine Wunden zu behandeln.

Mit jedem Mal atmete ich mehr Staub ein. So viel, dass ich darauf herumkauen konnte. Ich hörte immer weniger Trümmer fallen, und auch die Hilfeschreie verstummten langsam. Die Bedrohung aber blieb. Ich musste an einen sicheren Ort gelangen. Wenn die Decke verrutschte oder die tragende Wand fallen sollte, war es möglich, dass beide herunterstürzten. Mithilfe des Kameralichtes versuchte ich erneut, meine Umgebung abzusuchen, doch ohne meine Brille konnte ich nichts erkennen, das mir weiterhelfen konnte. Während ich das Licht betätigte, bemühte ich mich, das im Gedächtnis zu speichern, was ich identifizieren konnte.

Einer der tragenden Balken der Decke lag vor mir. An seinem höchsten Punkt war er ungefähr einen Meter über dem Boden und lehnte dort an der Wand. Er war angeknackst und drohte zu zerbrechen. Das Ganze sah so aus, als könnte es jederzeit wegrutschen. In dieser Lobby gab es nichts, das sicher aussah. Noch vor dem Beben war die Lobbydecke eine riesige Betonplatte gewesen, gestemmt von Säulen, die wiederum das Gewicht von fünf weiteren Stockwerken trugen. Jetzt war alles zusammengestürzt, und ich befand mich darunter. Ich wusste, dass die noch bleibende Struktur jederzeit zusammenfallen konnte.

Mit der Kamera machte ich ein Foto von der Stelle, wo die herabgestürzte Decke auf die Wand traf. Als ich das Foto näher betrachtete, bestätigte sich meine Befürchtung. Sie zeigte Risse und Brüche und konnte leicht nachgeben, sollte die Belastung sich verschieben.

Ich ging in die Hocke und hielt die Kamera tief, um unter den gekippten Tragebalken hindurchzufotografieren. Als ich das Display betrachtete, entdeckte ich etwas, dass einer Dusche glich. *Das ergibt keinen Sinn.* Ich schaltete die Kamera aus, um nachdenken zu können. *Das ist keine Dusche, das ist der Aufzug!* Ich schaltete die Kamera wieder ein und sah mir die Aufnahme noch einmal genauer an.

Es war ganz sicher der Aufzug. Und die Fahrstuhlkabine befand sich nicht nur auf Ebene der Lobby, ihre Tür war sogar aufgeklemmt. *Was für ein Wunder!* Ich wusste zwar, dass Aufzüge bei einem Erdbeben unsicher waren, da sie fallen konnten, doch hier konnte der Aufzug nicht mehr tiefer rutschen. Die Fahrstuhlkabine war eine in sich geschlossene Box mit verstärkten Wänden, und der Aufzugsschacht teilte keine Wand mit der Lobby. Der Aufzug bot also den besten Schutz. Nicht nur vor fallendem Schutt, sondern auch, wenn die noch stehenden Wände des Hotels komplett zusammenbrechen sollten.

Es gab jedoch ein großes Problem. Um den Fahrstuhl zu erreichen, musste ich über einen Schotterhaufen und unter den angebrochenen Balken hindurchklettern. Obwohl der Balken einen stabilen Eindruck machte, konnte ich daran Risse erkennen, und ich wusste, dass sehr viel Gewicht auf ihm lag. Er konnte jederzeit entzweibrechen. Wenn er über mir kollabieren würde, wäre ich im besten Falle eingeklemmt. Schlimmstenfalls … Ich wusste, was das bedeutete. *Soll ich das Risiko eingehen und darunter hindurchkriechen?*

Wie ich mich auch entscheiden würde, ich musste jetzt handeln.

4

Vorbeben

April 1993

Azusa, Kalifornien

„Ich habe das Gefühl, mir etwas antun zu müssen."

Ihre Worte betäubten mich. Nichts hatte mich auf diesen Anruf meiner wunderschönen Verlobten mit den leuchtenden Augen vorbereitet. Ich bemühte mich zu verstehen, was sie da sagte.

Es war viel los. Der Uniabschluss kam in wenigen Wochen auf uns zu, und unsere Hochzeit würde kurz darauf folgen. Endsemesterprojekte, das Büffeln für die Abschlussklausuren und die Hochzeitspläne hatten uns beide auf Trab gehalten. Es war verständlich, dass Christy sich müde, gestresst, überwältigt und vielleicht ein wenig traurig fühlte, denn es standen große Veränderungen bevor.

Ich hatte schon seit einigen Wochen bemerkt, dass sie niedergeschlagen war. Ich dachte, es wäre nur ein emotionales Tief, das sich wieder verflüchtigen würde. Aber sich etwas antun wollen? Ich konnte mich in keiner Weise da hineinversetzen. Warum würde sie sich selbst Schaden zufügen wollen?

Ich würde nicht über mich sagen, dass ich ein naiver Optimist bin. In Bezug auf das Leben tendiere ich jedoch zu der Einstellung, dass das Glas „halb voll" ist. Ich ignoriere Probleme nicht, denke aber, dass die meisten lösbar sind. *Wie aber kann ich dieses Problem lösen?*

„Dan, ich habe Angst."

„Christy, halte durch. Ich werde gleich bei dir sein. Bist du in Sicherheit, bis ich ankomme?"

„Ja."

„Ich bin in zwei Minuten da!" Ich legte den Hörer auf, griff nach meinem Schlüssel und rannte über das Campusgelände.

Ich erinnerte mich an den Tag vor drei Jahren, an dem ich Christy Schroeder zum ersten Mal gesehen hatte. Sie war neu an der Azusa Pacific University, setzte ihre Führungsqualitäten aber schon auf dem Campus ein. Sie hatte mich gefragt, ob ich ihr helfen würde, ein Campusgebetstreffen für die Halloweennacht zu organisieren. Sie hatte das fröhlichste Lächeln. Wenn wir uns unterhielten, sahen ihre dunkelbraunen Augen so lebhaft in meine, dass es mir schien, als ob die Worte, die ich aussprach, nicht ausreichten; sie schien meine Gedanken durchdringen zu wollen. Ich fühlte mich geschmeichelt. Und es schadete natürlich auch nicht, dass sie süß war – sehr süß! Ihr schulterlanges Haar rahmte mit Ringellocken ihr helles Gesicht ein. Ich genoss ihre Aufmerksamkeit und freute mich darauf, mit ihr zusammen an diesem Projekt zu arbeiten. In den nächsten zwei Jahren wurden Christy und ich die besten Freunde und verliebten uns ineinander.

Christy drückte ihre Emotionen frei aus, und das liebte ich an ihr. Wenn es etwas zu feiern gab, wollte ich Christy dabeihaben. Wenn ich traurig war, war Christy mit mir traurig. Mit ihr konnte man bestens Gefühle teilen, weil sie mit ihrem sensiblen Herzen zu hundert Prozent mitfühlte. Mein emotionales Ausdrucksvermögen tendierte dazu, sehr kontrolliert zu sein, aber wenn ich mit Christy zusammen war, lebte ich durch ihre gute Stimmung auf. Ihre Tiefs brachten in mir eine beschützerische und fürsorgliche Seite hervor. Ich brauchte ihre emotionale Weite, um die Fülle zu erleben, die das Leben zu bieten hat.

Als ich den Platz vor dem Verwaltungsgebäude überquerte, versuchte ich die Situation für mich einzuordnen. Ich glaubte nicht wirklich, dass Christy sich etwas antun würde. Ich wollte daran glauben, dass dies nur ein weiteres Beispiel für den lebhaften Ausdruck ihrer Gefühle war. Aber Christy hatte mich noch nie zuvor auf diese Weise angerufen. Ich musste ihre Worte ernst nehmen; besonders wenn die Gedanken, sich selbst wehzutun, zu Schlimmerem führen sollten, wie etwa Selbstmordgedanken.

Ich wusste aus eigener Erfahrung, wie tragisch Selbstmord für die Hinterbliebenen ist. Er hatte meine Familie für immer verändert. Meine Tante und mein Großvater hatten beide Suizid begangen, und noch bevor ich zwei Jahre alt war, nahm sich auch meine Mutter das Leben.

Während ich aufwuchs, hörte ich distanzierte Andeutungen und Geschichten über meine leibliche Mutter, aber ich verstand nicht, warum sie gegangen war. Wir sprachen nicht darüber. Damals nannten wir die Krankheit meiner Mutter manische Depression (heute bipolare Störung). Aber ich war noch zu jung, um zu verstehen, was sie bedeutete, was die Ursache dafür war oder warum jemand überhaupt depressiv wurde.

Als ich die Umrisse von Christys Wohngebäude erkannte, realisierte ich, dass ich nicht wusste, wie ich ihr helfen konnte. Ich klopfte an ihre Tür und öffnete sie, ohne auf eine Antwort zu warten. Die Wohnung war dunkel. Die Nachmittagssonne war hinter den Campusgebäuden untergegangen und legte lange Schatten über das Studentenwohnheim. Christy hatte das Licht noch nicht angeschaltet. Sie saß auf dem Boden und trug alte Joggingklamotten. Ich hatte sie zuvor schon weinen gesehen, doch dieses Mal sah sie anders aus. Ihre sonst quirligen Locken waren zerzaust und hingen unbeholfen herab. Sie hatte nicht geduscht oder ihr Haar gewaschen. Schweiß und Tränen klebten die matten Locken an ihr Gesicht. Das schnurlose Telefon lag auf dem Boden neben einer leeren Box Taschentücher, und der Haufen benutzter Taschentücher zeigte mir, dass sie schon lange dort gesessen hatte.

Als sie zu mir hochblickte, sah ich, dass ihre Augen rot und geschwollen waren. Sie erschreckten mich. Hinter ihnen verbarg sich eine Art Angst, sogar Panik, die ich nie zuvor gesehen hatte. „Es ist alles in Ordnung, ich bin da." Langsam lief ich in die Mitte des Raumes und kniete mich zu ihr nieder. Sie legte ihre Arme um meinen Hals und presste sich gegen meine Brust. Ich drückte sie noch fester an mich, als ein heftiges Schluchzen ihren Körper durchfuhr. „Schhhh, es wird alles gut." Ich hielt sie fest und küsste sie. „Ich bin bei dir, Süße. Es ist alles in Ordnung." Nachdem die erste Welle des Schluchzens vorüber war, ließ sie nur noch leise Tränen auf meine Schulter fallen. Ich konnte immer noch fühlen, wie ihr Körper bebte, aber es schien so, als ob sie die Kontrolle zurückerlangte.

Ich war kein Therapeut. Ich hatte mich nie für solch eine Situation ausbilden lassen, also versuchte ich, an das zu denken, was ein Seelsorger vielleicht sagen würde. „Kannst du mir sagen, was du gerade fühlst?"

„Ich habe Angst, Dan. Solche Angst." Sie hielt ihr Gesicht noch immer an meine Brust gepresst, und ich musste genau hinhören, um ihre gedämpfte Stimme zu verstehen.

„Wovor hast du Angst, Schatz?"

„Ich male mir immer wieder aus, wie ich mir selbst wehtun kann." Sie sah zu mir auf.

Ihre braunen Augen zeigten Ängste, die sie nicht artikulieren konnte. Ängste, die ich nicht verstand. Ich wollte mich in ihren Augen versenken und nicht wieder auftauchen, bevor ich nicht all das Grausen davongejagt hatte. Ich wusste nicht, was ich als Nächstes sagen konnte, aber ich fühlte, dass ich weitersprechen sollte. „Hast du denn schon etwas versucht?"

„Nein."

Ich atmete langsam auf und wartete kurz, bevor ich fragte: „Was meinst du damit, wenn du sagst, du willst dir wehtun?"

„Ich weiß es nicht, ich habe einfach immer wieder diese schrecklichen Gedanken." Ihr Atem wurde langsamer und das Weinen weniger. Sie schien schneller auf mich zu reagieren und interagierte wieder mehr. Ich musste sie nicht an all den Stress erinnern, den sie momentan hatte und der ein potenzieller Grund für die Krise war, doch ich tat es trotzdem. Zur Hochzeitsplanung und der anstehenden Graduierung kamen noch ihre gesundheitlichen Probleme. Um ihre seltene Blutinfektion zu behandeln, hatte der Arzt ihr starke Medikamente verschrieben und ihr verboten, Milch- und Weizenprodukte sowie Früchte zu essen.

Sie plante und nahm an vielen der Jahresabschlussfeiern teil, konnte aber das meiste Essen nicht zu sich nehmen. Ihre Willensstärke war unglaublich, aber die strenge Diät hatte einen Einfluss auf ihre Stimmung, und sie konnte sich nicht entspannen und Spaß haben. Es beeinträchtigte sie auch körperlich. Sie nahm stark ab und bekam Haarausfall.

„Du bist so gestresst und müde gewesen."

„Ich weiß", sagte sie. Sie kringelte sich in Embryonalstellung in meinen Schoß, legte ihren Kopf an meine Brust und schloss die Augen.

„Du weißt, dass ich für dich da bin, ja? Du kannst mich jederzeit anrufen. Ich werde dir immer helfen, bei allem, was du gerade durchmachst."

„Ich weiß."

„Christy, ich werde nie zulassen, dass dir etwas zustößt."

„Uh-huh."

Ich nahm ihr das Versprechen ab, dass sie mit mir darüber sprechen würde, wenn sie jemals wieder solche Gedanken haben sollte. Falls ich nicht da sein sollte oder wenn sie ernsthaft darüber nachdachte, ihre beängstigenden Ideen in die Tat umzusetzen, sollte sie sofort Hilfe holen. Auch wenn es bedeutete, die 112 zu benachrichtigen. Sie stimmte zu.

Gegen den meinen gepresst, beruhigte sich ihr Körper wieder. Während sie sich auf meinem Schoß ausruhte, konnte ich ab und zu ein kleines Schniefen hören. Ich hatte das Gefühl, dass die Krise vorüber war.

Als ich mit meinen Fingern durch ihr feuchtes Haar strich, bildete sich ein Kloß in meinem Hals, und ich versuchte, ihn zurückzuhalten. Meine Brust zog sich zusammen, der Magen verkrampfte sich, und meine Tränen begannen ungehemmt zu fließen. Christy setzte sich auf und sah mich an. Ich vergrub das Gesicht in meinen Händen und weinte.

„Alles in Ordnung?" Sie versuchte mich zu beruhigen, doch ich konnte darauf nicht mehr reagieren. Unsere Rollen hatten sich vertauscht. Mein Weinen wurde zu unkontrollierbarem Schluchzen. Meine Brust bewegte sich auf und ab, die Nase lief, und es kümmerte mich nicht, ob mich jemand hörte. Es kam tief aus mir hervor, von einem Ort, an dem ich noch nie gewesen war. Ich war 23 Jahre alt und weinte wie ein Zweijähriger, der gerade seine Mutter verloren hat.

Endlich erlangte ich wieder genug Kontrolle, um zu sprechen. „Es tut mir leid. Es tut mir so leid. Ich weiß nicht, was das war", sagte ich, während ich versuchte, meinen Atem zu entspannen. Mein Kopf pochte, und in meiner Brust schmerzte es. Dann sagte ich das, was ich in Wirklichkeit die ganze Nacht schon hatte aussprechen wollen. „Ich habe solche Angst, dich zu verlieren. Bitte verlass mich niemals durch einen Selbstmord."

Christy strich mir übers Gesicht. Ihre Hand fühlte sich auf meiner verschwitzten Haut kühl an, und ich lehnte mich in der Umarmung an sie. Sie schaute mir tief in die Augen und fragte mich sanft: „Dan, etwas anderes bedrückt dich. Was ist wirklich mit dir los?"

Ich brauchte ein paar Minuten, um über meine Antwort nachzudenken. „Ich glaube, ich weine um meine Mutter." Christy hielt mich ein paar Minuten lang, und ich hörte langsam auf zu weinen.

Ich brauchte ein Taschentuch und stand auf, um ins Badezimmer zu gehen. Christy streckte ihre Arme nach oben, und ich half ihr hoch. Wir umarmten uns und liefen gemeinsam zum Badezimmer. Ich nahm mir ein Taschentuch und reichte ihr eines. Wir schnäuzten uns gleichzeitig sehr laut. Sie fing dabei an zu kichern, und auch ich lachte. Nebeneinander standen wir vor dem Spiegel und schnäuzten unsere roten Nasen. Ich konnte nur daran denken, wie unattraktiv wir beide aussahen mit unseren fleckigen und aufgequollenen Gesichtern. „Lust auf Essen?"

Sie lachte, und ich sah das Lächeln vor mir, in das ich mich verliebt hatte. Wir blieben zu Hause, bestellten uns etwas und verbrachten einen ruhigen Abend mit einem Film aus der Videothek. Bevor ich nach Hause ging, erinnerte ich sie an ihr Versprechen. „Wir sind ein Team. Wir werden es gemeinsam schaffen", sagte ich und presste meine Lippen gegen ihre. Meine anfängliche Angst war verflogen, und als ich ging, spürte ich, dass sie nicht in unmittelbarer Gefahr war. Ich war nicht qualifiziert, dies zu beurteilen, aber aus meiner Sicht schienen die Symptome eher extremer Stress, situationsbedingte Depression oder eventuell eine übersteigerte Fantasie zu sein. Wir hatten beide sehr viel geweint, und das war wahrscheinlich gut so. Jetzt würde es uns besser gehen. Sie hatte mir sogar geholfen, mit einer verborgenen Angst umzugehen, derer ich mir gar nicht bewusst gewesen war. Das Kapitel war damit zu Ende.

Ich sprach ein kurzes Gebet für Christy: „Lieber Vater, sei bitte bei ihr und beschütze sie."

Als ich aber meine Wohnung erreicht hatte, begann ich bereits an dem Zuspruch zu zweifeln, den ich mir selbst gegeben hatte. Bevor ich an diesem Abend einschlief, war mein letzter Gedanke: *Ich sollte besser ein Auge darauf haben.*

5

Lebensverändernde Entscheidungen

Dienstagnachmittag

Hotel Montana, Port-au-Prince

Nachbeben konnten jeden Moment eintreffen, und ich musste mich entscheiden: Blieb ich dort, wo ich war, riskierte ich, unter der Decke vergraben zu werden, falls sie weiter an der Wand herunterschlitterte. Mir gefiel aber ebenso wenig die Vorstellung, unter dem bereits angebrochenen Balken durchzuklettern. Ich stellte mir vor, wie er zerbrach und mich unter sich erdrückte. In jedem Fall befand ich mich in einer prekären Situation. Ich schaute noch einmal die Fotos auf meiner Kamera an und konzentrierte mich dabei besonders auf die Stelle, wo die herabgefallene Decke auf die Wand traf. Ich musste die Bilder nicht lange betrachten. Es sah eindeutig so aus, als könnte die Struktur jederzeit nachgeben. Ich musste mich von hier fortbewegen.

Da nur wenige Zentimeter zwischen dem Balken und dem Schutt darunter lagen, musste ich mich auf den Bauch legen und kriechen. Ich wusste, dass es kein Zurück gab, sobald ich mich auf den Weg machte. Ab dem Moment, in dem ich meinen Kopf unter den Balken schob, würde ich entweder heil durchkommen oder bei dem Versuch sterben. Mein kaputtes Bein durch den auf dem Boden liegenden Schutt zu ziehen, würde schmerzhaft und schwierig sein. *Was passiert, wenn ich stecken bleibe?* Ich schaute noch einmal auf die Nahtstelle von Decke und Wand und beschloss, dass es zu unsicher war, hierzubleiben. Ich wusste, dass es mein Ende bedeutete, wenn ich diesem Hohlraum nicht entkam. *Wenn ich schon sterbe, dann nur, wenn ich alles dafür gegeben habe, wieder zu meiner Familie zurückzukehren.*

Ich atmete einmal tief durch und ging in die Tiefe. Der Schmerz in meinem Bein ließ mich zusammenzucken. Ich schwang die Kamera auf meinen Rücken, ging mit dem Kopf unter den Balken und schob mich mit meinem rechten Bein nach vorn. Bäuchlings bewegte ich mich robbend auf Ellenbogen durch die kantigen Stücke aus Beton, abgerissenem Metall und Glas.

Der Schmerz schoss zuerst in meinen Rumpf. Obwohl ich zwei Hemden trug, ein schwarzes T-Shirt mit einem grauen Hemd darüber, konnte ich das scharfe Geröll spüren. Es riss an meiner Brust, während ich vorwärtskroch. Meine Arme waren bis dahin unverletzt gewesen, doch auch sie wurden jetzt in Mitleidenschaft gezogen. Mein linkes Bein brannte wie Feuer, als kleine Schuttstücke durch das Loch in der Hose hindurch neue Wunden rissen. Als ich mein verletztes Bein über den Boden zog, konnte ich sogar fühlen, wie kleinste Stückchen in die blutige Wunde drangen. Der zunehmende Schmerz kümmerte mich jedoch nicht so sehr. Er war eine gute Ablenkung. Für den Moment vergaß ich meine Angst, während ich meinen Körper zentimeterweise durch die Trümmer manövrierte.

In dieser Dunkelheit war es schwer einzuschätzen, wie weit ich gekommen war. Als ich vermutete, den Balken hinter mir gelassen zu haben, begab ich mich langsam auf die Knie. Ich ließ die Kamera aufblitzen und erkannte, dass ich mich nun in einem Raum ähnlich dem vorigen befand, nur dass dieser etwas größer war. Vor mir sah ich zwei Fahrstühle, und die Tür der linken Fahrstuhlkabine, die ich zuvor fotografiert hatte, war offen. Ich stand langsam auf. Durch den Schmerz in meinem linken Bein wurde mir schwindelig. *Etwas muss gebrochen sein.* Ich verlagerte das Gewicht auf meinen rechten Fuß und hüpfte auf einem Bein eilig durch die offene Tür in mein neues Heim.

Geschafft!

Als ich im Dunkeln umhertastete, bemerkte ich, dass die Fahrstuhlkabine in etwa die gleiche Größe wie eine Duschkabine haben musste. An der hinteren Wand des Aufzugs war auf Hüfthöhe ein Handgriff angebracht. Der Boden war mit Schutt bedeckt, großen und mittelgroßen Betonstücken und kleinen Steinen. Davon abgesehen konnte ich keine weiteren Gegenstände darin entdecken. Ich lehnte mich an die Wand, um wieder normal zu atmen, und fühlte augenblicklich die Vibrationen eines Nachbebens. Sie waren fast so heftig wie beim ersten Beben. Ich klammerte mich am Handgriff fest, um mein Gleichgewicht zu halten, fiel aber zu Boden, als die Erschütterungen stärker wurden. Etwas in der Lobby vor dem Aufzug kollabierte, dicht gefolgt von weiteren niederfallenden Trümmern. *Wie nah es schien!* Wäre ich dort draußen geblieben, könnte ich jetzt tot sein.

In den letzten paar Minuten war ich zweimal dem Tod sehr nahe gekommen. Mir kam ein Vers aus den Psalmen in den Sinn: „Gott ist meine Zuflucht und Stärke, ein bewährter Helfer in Zeiten der Not." *Danke, Vater, dass Du meine Zuflucht bist.*

● ● ●

Das Beben ließ nach, und ich schluckte den Angstkloß in meinem Hals hinunter, der mich zu ersticken drohte. Ich musste herausfinden, was ich als Nächstes tun konnte.

Mein iPhone!

Als ich in meine Hosentasche griff, erkannte ich die vertraute abgerundete Hülle meines iPhones. Ich zog das Telefon heraus. Es fühlte sich kühl und glatt an. Ich musste aufpassen, es nicht fallen zu lassen. Meine Hände zitterten, als ich nach dem Einschaltknopf suchte. Ich befühlte das Display und stellte fest, dass es keine Risse hatte. Ich betete, dass es noch funktionierte, als mein Daumen den vertrauten runden Knopf fand und ihn drückte. Der Bildschirm leuchtete auf: 17:02, Dienstag, 12. Januar. Weniger als zehn Minuten waren seit dem Erdbeben vergangen. Ich prüfte den Netzempfang, obwohl ich nicht davon ausging, hier ein Signal zu bekommen. Ich versuchte, Christy eine SMS zu schicken, doch sie ließ sich nicht absenden. Kein Empfang. Ich stand auf, humpelte durch die Kabine und schwenkte das iPhone über meinem Kopf. Dort wo sich die Fahrstuhlkabine vom Schacht gelöst hatte, sah ich über mir eine etwa 30 Zentimeter weite Lücke. Als ich das Telefon dort hineinleuchten ließ, konnte ich erkennen, dass der Schacht nach oben hin um einige Stockwerke frei war. Ich hielt das iPhone in den Schacht, um zu sehen, ob ich dort ein Netzsignal bekam. Nichts. Ich legte das Telefon zur Seite. Zwar ging ich davon aus, dass nahezu alle Telefonmasten in Port-au-Prince zerstört waren, ich wusste aber auch, dass sie einige der ersten Dinge der Infrastruktur waren, die wieder aufgebaut würden.

In der Aufregung über das gefundene Telefon hatte ich meinem Bein keine Aufmerksamkeit geschenkt. Der Schmerz vermittelte mir aber, dass ich es zu sehr belastet hatte und es sehr stark blutete. Ich musste jetzt unbedingt meine Wunden versorgen. Während ich die größten Trümmerstücke zur Seite räumte, fand ich einen kleinen freien Fleck, auf den ich mich mit dem Rücken zur Wand setzen konnte. In dieser Position war es möglich, meine Beine innerhalb der Kabine voll auszustrecken.

Außerhalb des Aufzugs fielen weiterhin Trümmer nieder. Es hörte sich jetzt nicht mehr wie laute Explosionen an, sondern eher wie knarzende und ächzende Äste, die kurz davor sind, unter der Schneelast abzubrechen. Ich stellte mir vor, wie Bruchstücke der Stockwerke über mir durch den Aufzugschacht fielen und an Geschwindigkeit gewannen, bevor sie vor der Kabine auf den Boden prallten und meine Füße abhackten. Ich schärfte mir ein, mich zu jeder Zeit ausschließlich innerhalb der Kabine auszubreiten. Das Sitzen war nicht bequem. Ich spürte Geröll und Betonstückchen auf dem Boden unter mir. Als ich mich nach vorn beugte, um meine linke Socke auszuziehen, verzog ich vor Schmerzen das Gesicht. Sie war mit Blut vollgesogen. Mit dem Kameralicht suchte ich nach Verletzungen an meinem Fuß. Er war jedoch so voller Blut, dass ich nicht genau ausmachen konnte, wo sich die Wunde befand. Ich zog mein zerrissenes und blutverschmiertes linkes Hosenbein hoch und betrachtete meine Wunden. *Wie schlimm kann es noch werden?*

Mit dem Blitz der Kamera sah ich die weit klaffende Wunde an der Innenseite meines Beins. Sie verlief vom Knie bis kurz vor den Knöchel. Innerhalb des Einschnitts konnte ich eine knorpelige, gelbliche Substanz erkennen, die mich an Hüttenkäse erinnerte. *Oh, das sieht ja schlimm aus!* Ich hatte nicht gesehen, was mein Bein so schwer verletzt hatte, und fragte mich, ob der gebrochene Knochen das Bein von innen aufgeschlitzt hatte. Blut lief unkontrolliert aus der Öffnung heraus. Ich wusste, dass ich den Blutfluss mit Druck stillen musste. *Sollte ich einen Druckverband anlegen?*

Ich hatte ein Erdbeben überlebt und wollte jetzt nicht sterben, nur weil ich meine Wunden nicht ausreichend behandelt hatte. Ich wünschte mir, ich hätte mich besser an den Erste-Hilfe-Kurs von vor einigen Jahren erinnern können. Dann fiel mir ein: *Dafür habe ich doch eine App!*

Die Jungs bei der Arbeit hatten sich deshalb über mich lustig gemacht. Sie nennen mich Appaholic wegen all der Apps, die ich „für alle Fälle" herunterlade. Aber ich hatte mir wegen Christy eine Erste-Hilfe-App besorgt. Als Mutter ist sie immer vorbereitet. Sie hatte auch darauf bestanden, Erste-Hilfe-Sets für das Auto und mein Büro zusammenzustellen. Ich sah die Screens durch, bis ich die App fand. Dann suchte ich nach Informationen für den Umgang mit Wunden. Zum Glück funktionierte die App auch ohne Internet. Alle Infos waren schon auf das Telefon geladen, also ging alles ganz schnell: „Starkes Bluten: Konstant Druck ausüben." Ein Druckverband wurde hier nicht erwähnt.

Ich zog mein oberes Hemd aus und versuchte es in Streifen zu reißen, um diese um mein Bein zu binden. Das klappte jedoch nicht, und so wickelte ich das ganze Hemd darum in der Hoffnung, dass der Druck die Blutung stillen und die Brüche zusammenhalten würde. Doch ich brauchte etwas zum Fixieren. Ich erinnerte mich an einen isolierten Draht, den ich in der Ecke des Fahrstuhls gesehen hatte. Er war durch das Beben zum Vorschein gekommen. Ich tastete mit meinen Fingern und suchte mit dem iPhone-Licht in der Fahrstuhlkabine herum, bis ich den Draht gefunden hatte und aus der Wand herausreißen konnte. Dann wickelte ich ihn als Fixierung um das Hemd und betete, dass es funktionierte.

Dann fühlte ich wieder an meinem Kopf. Obwohl die Wunde noch blutete, schien es langsam weniger zu werden. Ich zog meinen rechten Schuh und die Socke aus. Die Socke faltete ich als Kompresse zusammen, dann zog ich den Schuh wieder an. Ich schob die Socke zwischen meinen Kopf und die Wand und presste meinen Kopf fest dagegen. So entstand Druck, ohne das ich etwas festhalten musste.

Es kamen weitere Nachbeben. Manche waren intensiv, manche weniger. In der Fahrstuhlkabine fühlte ich mich aber relativ sicher. Ich erkannte, dass einige Dinge zu meinem Vorteil waren. Ich hatte einen sicheren Schutzraum unter einem erdbebenzerstörten, ehemals sechsstöckigen Hotel gefunden. Ich hatte meine Wunden ausreichend behandeln können und stellte den Wecker auf meinem iPhone, um mich davor zu bewahren einzuschlafen. Ich wusste, dass Gott mich beschützte und mir half, klare Gedanken zu fassen. Und ich hatte auch Werkzeuge, die ich gebrauchen konnte. *Werden diese Dinge ausreichen?* Was, wenn die Nachbeben stärker würden? Ich hatte viel Blut verloren und machte mir Sorgen darüber, dass ich vielleicht bald nicht mehr so klar denken konnte. Die Trümmerstücke waren zum größten Teil bereits herabgefallen, und um mich herum wurde es still. Ab und zu konnte ich Stimmen in der Ferne hören. Ich versuchte, ihnen zu lauschen, aber ich konnte sie akustisch kaum verstehen.

Es war ein Trost, andere Stimmen zu hören, aber ich wünschte mir, dass eine davon Davids war. *Vielleicht ist er einfach nur ohnmächtig.* Ich ging die letzten Sekunden vor dem Beben in Gedanken durch und erinnerte mich, dass wir nah beieinandergestanden hatten, als die Wand auf uns herabfiel. Alles ging so schnell, aber ich war mir sicher, dass David zu diesem Zeitpunkt weniger als einen Meter von mir entfernt gestanden hatte. Mit mir zusammen war er in Richtung der Treppe gelaufen. Das bedeutete, dass er …

Ich schob den Gedanken beiseite und sagte mir: *Er wird nur ohnmächtig geworden sein.*

Herr, bitte rette David. Lass ihn ohnmächtig sein. Und was ihm auch immer passiert sein mag, beschütze bitte seine Familie. Als ich für sie betete, dachte ich an meine eigene Frau und Kinder.

Christy.

Ich dachte an ihr Lächeln und das Lächeln ihrer Augen. Auf dem College waren wir beste Freunde gewesen, bevor wir uns ineinander verliebten. Danach hatte ich nie daran gezweifelt, dass sie meine Seelenverwandte war. Zwar hielt ich meine Emotionen zurück, aber ich liebte es, dass Christy ihre Gefühle so ungehemmt ausdrückte. Wir teilten so viel: unseren Glauben, unsere Werte und eine gemeinsame Lebensperspektive. Wir liebten es, die Welt um uns herum zu entdecken und stundenlang über das zu reden, was wir darin erlebten. Obwohl Christys Depression die Ehe hätte zerstören können, schweißte uns die Krankheit nur noch mehr zusammen. Ich fühlte mich so gesegnet, sie als Frau zu haben. Es war zu lange her, dass ich über die Dinge nachgedacht hatte, die ich an Christy mochte. Ich wusste, dass sie die Distanz zwischen uns spürte. *Wie hatten wir das zulassen können?*

Ich stellte mir vor, wie sie zu Hause gemeinsam mit Josh wissenschaftliche Experimente durchführte. Josh ist unser Ältester, und obwohl er erst 6 Jahre alt ist, bin ich schon jetzt stolz auf den jungen Mann, der langsam aus ihm wird. Er ist schlau – zweifelsohne auch deshalb, weil Christy ihn zu Hause unterrichtet –, lustig, voller Energie und freundlich. Seinem Alter voraus, nimmt er auch viele geistliche Dinge wahr. Ich liebe es, dabei zuzusehen, wie er anderen helfen und Gott gefallen möchte. Ich dachte an sein dichtes, lockiges Haar und die großen, aufgeregten Augen, wenn er zu mir aufsah und sagte: „Papa, lass uns was zusammen bauen!"

Dann dachte ich an unseren dreijährigen Nathan. Obwohl vielen als Erstes seine blonden Ringellöckchen auffallen, fasziniert mich seine furchtlose Art noch mehr. Er geht auf jedes Erlebnis mit Körper und Seele ein. Sein Herz ist so groß wie er selbst. „Ich liebe dich so groß wie die ganze Weeeelt!", sagt er, während er mich mit seinen weichen Ärmchen fest drückt. Manchmal erdrückt er mich fast dabei. Er ist viel stärker, als er aussieht.

Ich vermisste meine Jungs, und ich vermisste mein Mädchen. Ich wusste auch, dass sie mich vermissten – wir brauchten einander. Als ich dort in meinem schwarzen Loch saß, den Dreck ausspuckte, der noch meinen Mund beschichtete, motivierte mich nur ein Gedanke: *Ich muss leben.*

6

Zum Sterben bereit

Dienstagabend

Hotel Montana, Port-au-Prince

Durch die Armut Haitis und die mangelnde Vorbereitung auf ein Erdbeben diesen Ausmaßes bedurfte es eines Wunders, um gerettet zu werden. Um meine Verletzungen zu überleben, brauchte ich ein weiteres. Obwohl ich mir diese Wunder verzweifelt herbeiwünschte, wusste ich, dass – je mehr Zeit verstrich – sie umso unwahrscheinlicher wurden. Ich hatte viel Blut verloren, es gab nichts zu essen und zu trinken, und die Nachbeben gingen weiter. Ich tat alles in meiner Macht Stehende, um den Tod hinauszuschieben, doch konnte ich nur wenig aus eigener Kraft tun. *Bin ich bereit zu sterben?*

Die Antwort lautete Nein.

Ich dachte an meine Familie, Christy und die Jungs. Ich hatte nicht das Gefühl, dass mein gemeinsames Leben mit ihnen schon zu Ende war. Ich fand auch nicht, dass meine Arbeit, meine Lebensaufgabe und andere Beziehungen in meinem Leben abgeschlossen waren.

Mein christlicher Glaube ist ein wichtiger, ein essenzieller Teil von mir. Obwohl die meisten meiner Bekannten mich äußerlich wahrscheinlich als stark gläubigen Christen einschätzten, realisierte ich, dass ich meinem Herzen in den letzten Jahren erlaubt hatte, Gott gegenüber kalt zu werden. In Anbetracht von Tod und Ewigkeit konnte ich mich selbst nicht belügen. Etwas in meiner Seele, im Kern meines Seins, war aus dem Gleichgewicht geraten, und das wusste ich.

Gott ist der Schöpfer des Universums, der Sterne, der Giraffen und der Rocky Mountains, die ich jeden Morgen auf dem Weg zur Arbeit sehe. Und doch war es lange her, dass ich ihm von ganzem Herzen Anbetung entgegengebracht und seine großen Taten bewundert hatte.

Ich glaubte, dass er mich aus einem bestimmten Grund erschaffen hatte, und ich nannte ihn Herr über mein Leben. Doch wie lange schon hatte ich eigene Pläne gemacht und die Angelegenheiten meines Lebens geregelt, ohne ihn einzubeziehen? Wie oft hatte ich nach seiner Führung und Leitung gesucht, ernsthaft darum gebeten und dann auf eine Antwort gewartet? Wer saß im Fahrersitz meines Lebens?

Wann war das letzte Mal gewesen, dass ich bewusst Zeit, und zwar mehr als wenige Minuten am Stück, im Gebet, mit Bibellesen und im Austausch mit anderen über das Wirken Gottes in unserem Leben verbracht hatte? Vermisste ich es überhaupt? Und wenn ich wirklich ein Nachfolger Jesu war, warum traf ich so oft Entscheidungen, die ihn nicht ehrten?

Wie viel meiner Lebensenergie – Zeit, Bemühungen, Gedanken, Beziehungen – war Gottes Plänen gewidmet? Ich führte ein ziemlich durchschnittliches, mittelmäßig christliches Leben. Mein Herz war lau – weder brennend für Gott, noch kalt gegen ihn. Ich fragte mich, ob Gott solche wie mich im Himmel empfing und willkommen hieß. Menschen wie mich, die Lippenbekenntnisse ihres christlichen Glaubens abgeben, aber dennoch nicht von ganzem Herzen hingegeben sind. Wenn ich schon seit einiger Zeit so lebte, als sei Gott nicht wirklich wichtig, wie würde er dann zu mir sagen können: „Gut gemacht, mein guter und treuer Diener"? Wenn ich wirklich glaubte: Mein Erretter liebt mich, sollte mein Leben dann nicht größer sein?

Ich kannte die Antwort auf diese Fragen nicht, aber ich wollte sicher kein Christ sein, der Jesus theoretisch, aber nicht wahrhaftig nachfolgt. Ich hatte nie so ein Mensch sein wollen. Ich wollte jemand sein, dessen Herz vollkommen im Einklang mit den Absichten Gottes ist. Eine Person, dessen natürliche Reaktion auf Gott, den Schöpfer, Anbetung, Gehorsam und ein tiefes Bedürfnis nach seiner Gegenwart ist. Eine Person, die durch Christi Tod am Kreuz motiviert ist, die Sünde im Leben zu bekämpfen und anderen aufopfernd zu dienen. Ich sehnte mich danach, mein Leben in einer beständigen Haltung der Andacht und Hingabe zu Gott zu leben und die Frucht dessen zu ernten.

Wie weit weg war ich nun von der Person, die ich einmal gewesen war? Sicher – ich glaubte noch, aber warum war da nur so wenig davon in meinem Herzen und in meinem täglichen Sein zu erkennen? Warum war ich auf vielen Wegen von Gottes Pfad abgekommen, nach all dem, was er für mich in all den Jahren getan hatte? Und warum brauchte ich ein Erdbeben und den Augenkontakt mit dem Tod, um dieses Problem zu erkennen?

Also betete ich. Ich betete intensiv und aufrichtig, meinem Herzensanliegen entsprechend. Ich gestand meine Sünden. Zu allererst, dass ich meine Liebe und Hingabe, einst die Grundlage meines geistlichen Lebens, vernachlässigt hatte. Ich legte Gott meinen Willen und meine eigenen Pläne für mein Leben hin und bat ihn, mich wieder zu der Person zu machen, die ganz die Seine war. Ganz gleich, was passieren würde. Und wenn dies Sterben bedeutete, so bat ich ihn, mich im Himmel aufzunehmen.

Ich drückte Gott meine Liebe und Dankbarkeit aus, dass er mich erschaffen und Jesus gesandt hatte, um für meine Sünden zu sterben, dass er mich als seinen Sohn angenommen hatte, und für all den Segen, der mir in meinem Leben zuteil geworden war.

Und dann ließ ich die Tränen fließen. Ich betete ihn an und pries den Gott, der die ungeheure Weite des Universums kannte und doch das Fallen eines Spatzen vernahm. Den Gott, der diesen Moment schon kannte, bevor ich geboren wurde. Und während ich betete und ihn lobte, hörte ich eine Stimme in mir, die sagte:

Du bist mein!

In diesem Moment realisierte ich, das Gott mir nachgegangen war. Er war mir bis unter die Trümmer dieses zusammengebrochenen Hotels gefolgt, weil er eine tiefere Liebesbeziehung zu mir haben wollte. Er wollte *alles* von mir. Frieden kam über mich. Ein Friede, den ich seit langer, langer Zeit nicht mehr erlebt hatte. Ich wusste, dass Gott meine Zukunft in seiner Hand hielt, ob im Himmel oder auf Erden.

. . .

Über eine längere Zeit an einer Stelle zu sitzen, wurde unerträglich. Aber jedes Mal, wenn ich meine Position änderte, wirbelte ich Staub auf und zog so neuen Dreck an, der sich mir anhaftete und dort niederfiel, wo ich zuvor sauber gemacht hatte. Ich hörte, wie andere nach Hilfe riefen, und schloss mich ihnen an. Ich atmete einmal tief ein und stieß ein „Hilfe! Hiiiiillfe! Ich bin verwundet!" aus. Wenn ich wollte, konnte ich richtig schreien.

„Wir sind hier drüben. Kannst du uns helfen?" Es klang so, als ob die Stimme von hinter der kollabierten Decke vor dem Aufzug kam.

„Nein, ich bin auch verschüttet."

„Wo bist du?", fragte er.

„Ich bin im Aufzug. Wo bist du?"

„Wir sind eingeklemmt..." Ich konzentrierte mich, aber ich konnte nicht jedes Wort verstehen, das er sagte. „... Lobby ... neben der Rezeption."

„Wie viele seid ihr?", fragte ich.

„Wir sind zu fünft ... in einer kleinen Lücke gefangen, die knapp einen Meter hoch ist ... Wir fürchten, uns könnte bald die Luft knapp werden. Ist noch jemand bei dir?"

„Nein, ich bin allein." Ich fragte mich, ob *mir* genug Luft blieb. Es schien, als ob ich in einem viel größeren Raum eingeklemmt war als sie, doch ich wusste auch nicht, wie schnell sich der Sauerstoff hier aufbrauchte. Der Gedanke zu ersticken oder anderen beim Ersticken zuzuhören, machte mir große Angst.

„Kannst du dich bewegen?", fragte mich die Stimme. „In der Lobby ist ein bisschen Platz, aber ich glaube, es ist nicht sicher, den Aufzug zu verlassen."

„Tu nichts, was dich in Gefahr bringt; aber wir hatten gehofft, dass du uns helfen kannst."

„Es tut mir leid, aber ich kann euch nicht herausholen. Ich bin durch Betonplatten komplett abgeschottet."

„Oh." Es entstand eine Pause, während er den anderen meine Antwort weitergab. „Hast du denn Licht?"

„Nein, es ist vollkommen dunkel."

Wieder konnte ich hören, wie er das den anderen weitersagte, und ich bemerkte, wie sie verstummten. Ich wusste, dass es nicht das war, was sie zu hören gehofft hatten. Es klang, als ob sie sich in einer dringlicheren Lage befanden als ich.

Nach einer langen Pause kehrte ich wieder zu meinen Gedanken zurück. Die Schilderung meiner Situation einer anderen Person gegenüber hatte den Frieden meiner Gebetszeit verdrängt und der Angst wieder freien Lauf gelassen. Obwohl ich mit Gott wieder im Reinen war, fühlte ich mich immer noch nicht bereit, mein Leben hier auf Erden hinter mir zu lassen. Ich wollte nicht, dass dies mein Ende war, und ich fragte mich, wie Gott sich um meine Familie kümmern würde, wenn ich es nicht schaffte.

Meine Besorgnis wuchs, und ich realisierte, wie angreifbar meine Gedanken waren und wie stark meine Verzweiflung schwankte. Dies war ein großes Problem, da ich wusste, dass meine geistige und emotionale Verfassung für meine Überlebenschancen entscheidend sein konnten.

Panik hatte oft falsche Entscheidungen und Fehler zur Folge.

Verzweiflung konnte auch meinen gesundheitlichen Zustand schwächen. Im Gegensatz dazu konnten Hoffnung und Kampfgeist meine Gedanken schärfen und mir Kraft verleihen. Ich musste gut auf mein Denken achten und bewusst daran arbeiten, Hoffnung zu bewahren.

Ich sang leise, um meine Nerven zu beruhigen.

„Wie heißt du?"

Es war wieder die Stimme des Mannes. Ich wusste nicht, ob er mich singen hören konnte oder ob er einfach die Konversation weiterführen wollte. „Ich bin Dan. Dan Woolley." Ich hörte, wie er den Namen für die anderen wiederholte, aber es klang so, als sagte er „Dan Healy".

„Mein Name ist Jim. Jim Gulley. Bist du verwundet, Dan? Ich führe eine Liste mit Namen und Verletzungen."

„Ich habe eine große Schnittwunde am Bein, und ich glaube, es ist gebrochen. Ich habe auch eine Wunde am Kopf, aber die ist nicht so schlimm, glaube ich. Was ist mit euch?"

„Wir sind zu fünft. Ich selbst, Rock, Ann, Clint und Sam. Drei von uns sind leicht verletzt. Aber Clint und Sam sind mit ihren Beinen eingeklemmt. Sie haben große Schmerzen." Jim erklärte mir, dass sie alle Amerikaner waren, die für zwei verschiedene Hilfsorganisationen arbeiteten: Interchurch Medical Assistance und United Methodist Committee on Relief. Sie hatten sich im Hotel zu einem gemeinsamen Abendessen verabredet. „Und dann ist da noch Sarla", sagte Jim. „Sie ist nicht im gleichen Raum wie wir, aber sie ist in unserer Nähe. Sie kann sich etwas bewegen. Wir hoffen, dass sie mit der Außenwelt Kontakt aufnehmen kann." Durch die Betonwände war seine Stimme stark gedämpft, und ab und zu ließen sie die Konversation verstummen. Es war schwer, alles aufzunehmen, was er sagte, doch es war ermutigend zu wissen, dass ich nicht vollkommen allein war. Ich hoffte, dass das die Chance, gerettet zu werden, erhöhte. Die anderen bei Jim konnte ich kaum verstehen, wenn sie sprachen. Ihre Stimmen resonierten nicht so sehr wie sein tiefer Bass, und manche klangen, wahrscheinlich wegen ihrer Verletzungen, geschwächt. Wenigstens konnte ich Jim hören.

Er schien das Sprachrohr zu sein, wiederholte für die anderen, was ich sagte, und erzählte mir wiederum, was sie entgegneten.

„Beschreib mir doch mal, wo du bist."

Ich erzählte Jim von der Lobby und wie die Decke und Wände eingefallen waren, sodass der kleine Hohlraum außerhalb des Aufzuges entstanden war. Dann beschrieb ich den Aufzug und wie sich der Schacht von der Kabine weggedreht hatte. „Vielleicht kann ich den Schacht hochklettern und sehen, wo er hinführt."

Ich konnte hören, wie Jim aufgeregt mit den anderen sprach, als er ihnen von dieser Möglichkeit erzählte. Ich versuchte mich zu entsinnen, was ich gesehen hatte, als ich in den Schacht geblitzt hatte.

„Ist das denn nicht gefährlich? Was ist mit deinem Bein?"

„Ich weiß noch nicht genau. Ich muss noch mehr darüber nachdenken."

Unsere Unterhaltung wurde durch ein weiteres Nachbeben unterbrochen. Obwohl dieses nicht so stark war wie das erste Beben, musste ich mich immer noch an die Kabinenwand stützen, um nicht das Gleichgewicht zu verlieren. Durch die Vibration schnellten auf dem Boden liegende Trümmerstücke gegen mein verletztes Bein und verursachten einen beißenden Schmerz. Ich hielt durch und biss die Zähne zusammen, bis die Erschütterungen nachließen.

Als sich alles ein wenig beruhigt hatte, dachte ich wieder darüber nach, den Aufzugsschacht hochzuklettern. Es war vielleicht möglich, aber es würde sehr gefährlich sein, besonders aufgrund meiner Verletzungen und der Schmerzen. Jim hatte recht mit seinen Befürchtungen. Für den Moment schob ich meine Spiderman-Fantasie, den Aufzugsschacht zu erklimmen, gedanklich beiseite. Die Vorstellung, einen Weg aus dieser schwarzen Gruft zu finden, würde ich jedoch nicht so schnell aufgeben.

7

Von oben herab

Die Beinverletzung war bei Weitem das Schlimmste, das ich in meinem Leben jemals erleiden musste. Die offene Wunde hatte ich mit meinem Hemd zusammengebunden, doch jetzt rieb der Stoff gegen das ungeschützte Fleisch, sobald ich mein Bein bewegte. Es befanden sich im Innern noch Geröllstückchen, und ich spürte, wie sie gegen die aufgescheuerte Muskulatur und das gerissene Gewebe schabten. Der Schmerz war kontinuierlich und nahm mit jeder Bewegung stark zu. Ich versuchte so lange wie möglich in einer Position zu verharren. Trotz der schweren Verletzung konnte ich besser mit dem Schmerz umgehen, als ich es vermutet hätte.

„Dan, was bringt dich nach Haiti?", fragte mich Jim.

Die Normalität dieser Frage brachte mich fast zum Lachen. Es war, als ob wir beiläufig und unter normalen Umständen in der Hotellobby aufeinandergetroffen wären.

„Ich arbeite für Compassion International im Child-Survival-Programm. Ich bin hierhergekommen, um Mütter und deren Kleinkinder zu filmen und so neue Videos für unsere Webseite zu erstellen."

Wir erzählten von unserer jeweiligen Arbeitsstelle und dem Dienst, den unsere Organisationen für die Armen leisteten. Ab und zu legte Jim eine Pause ein, um den anderen von den Einzelheiten unseres Gespräches zu berichten.

Ich erschrak, als plötzlich ein Geräusch die Stille zerbrach. *Was war das?*

„Hast du das gehört?", fragte ich Jim.

„Was gehört?"

„Ein Kratzen!" Ich hatte so ein Geräusch noch nie gehört. Es schien von über mir zu kommen, aber den genauen Ort konnte ich nicht bestimmen. Es schien, als rutschte etwas hin und her. Als ich mich näher darauf konzentrierte, erkannte ich darin jedoch nicht die Zufälligkeit, die ich von schlitterndem Geröll gewohnt war.

„Es hört sich fast so an, als ob jemand sich oder Betonstücke bewegt ..." Ich versuchte mir auszumalen, was diese seltsamen Geräusche wohl auslöste.

„... jemand oder etwas?" Ich verstand zwar nur den letzten Teil von dem, was Jim sagte, aber ich konnte mir schon denken, was es war. Mir ging das Gleiche durch den Kopf.

Versuchten die Rettungshelfer, uns auszugraben?

Seit dem Beben waren nur wenige Stunden vergangen. Um uns so schnell auszugraben, musste jemand wissen, dass wir hier waren und wo genau man nach uns suchen musste. Wer sollte das sein?

Ephraim! Und Johnnie! Sie hatten mich und David gerade am Hotel abgesetzt, als das Beben losging. Sie mussten gesehen haben, wie das Gebäude zusammenbrach. Versuchten sie uns auszugraben?

Wenn dies der Fall war, hatten wir eine reale Chance, gerettet zu werden. Es gab eine Pause gefolgt von Stille – als ob jemand auf den Klang meiner Stimme hörte. „Ephraim! Ephraim!" Ich rief lauter, doch es kam keine Reaktion. „Johnnie, Johnnie bist du es?"

„Dan, was ist los?" Es war wieder Jims Stimme.

„Es hört sich so an, als sei jemand über mir."

Die Arbeit ging weiter. Ich hörte mehrere laute, dumpfe Schläge, als ob jemand in meiner Nähe gegen Wände schlug.

„Denkst du, es könnte ein Rettungshelfer sein?"

„Ich weiß es nicht. Unser Fahrer und der Übersetzer haben uns kurz vor Einsetzen des Erdbebens vor dem Hotel abgesetzt. Ich kann mir vorstellen, dass sie es vielleicht sind."

Ich hob die Hände an meinen Mund und rief laut heraus, mit dem Ziel, meine Stimme in Richtung der Geräusche zu lenken. „Hallo! Ist da jemand?"

Ich hörte, wie jemand in einer mir unverständlichen Sprache antwortete.

„Ephraim? Ephraim, bist du das?"

Zu diesem Zeitpunkt war ich davon überzeugt, dass es ein Mensch war, der die Geräusche verursachte. Doch während sich meine Vermutung verfestigte, verlor ich gleichzeitig die Hoffnung, dass es *zwei* Personen waren.

„Sind es deine Freunde?", fragte mich Jim. Ich hörte die Hoffnung in seiner Stimme.

„Hilfe! Wir brauchen Hilfe!" Ich ignorierte Jims Frage, denn die Person, die sich da bewegte, schien sich in meiner unmittelbaren Nähe zu befinden.

„Kannst du mich hören?"

„Halloooo?" Die Stimme war definitiv die eines Haitianers, aber sie gehörte weder zu Ephraim noch zu Johnnie.

„Wir brauchen Hilfe", rief ich. „Bist du Rettungshelfer?"

Mir wurde schnell klar, dass, auch wenn der Mann in meiner Nähe Englisch sprach, ich mich einfach ausdrücken musste, um für ihn verständlich zu sein. „Kannst du uns helfen?"

„Nein."

„Bist du verschüttet?"

„Ja!"

Ich atmete langsam aus. Es war zwar ermutigend, von anderen Überlebenden zu hören, aber trotzdem enttäuschend für mich, weil dieser Mann nicht Ephraim war. Oder Johnnie. Und schlimmer noch, es war kein Rettungshelfer.

„Wie heißt du?", fragte er.

„Ich bin Daniel."

„Ha-llo, Dan-jell! Ich heiße Lukeson, ich arbeite Hotel. Wo bist du, Dan-jell?"

„Ich bin im Aufzug."

„Ich auch Aufzug! Ich komme zu dir."

Ich konnte nicht feststellen, wo Lukeson genau war. Er sagte, er war im Aufzug. War er im Schacht über mir? Oder im nebenliegenden Fahrstuhlschacht? Mein Orientierungssinn war in dieser Dunkelheit ziemlich durcheinandergeraten.

„Dan, wer ist das?" Ich konnte die Ungeduld in Jims Stimme vernehmen. Er hörte offensichtlich meine Seite des Dialogs mit, aber nicht das, was Lukeson sagte. Ich erklärte Jim, dass es kein Bergungsarbeiter, sondern ein Mitarbeiter des Hotels war, der, wie wir, durch das Erdbeben verschüttet worden war. „Oh." Meine eigene Enttäuschung klang als Echo in Jims einsilbiger Antwort wieder.

„Dan-jell?"

„Ich bin da, Lukeson."

„Du musst weitersprechen. Ich hören dein Stimme und zu dir kommen."

Seinen Bewegungen folgend, tat ich mein Bestes, um ihn zu mir zu lotsen.

„Nein, ich bin hier drüben." Oder: „Ich kann dich links von mir hören." In der Dunkelheit glichen meine Richtungsanweisungen jedoch einem Topfschlagen mit Hinweisen wie *warm* und *kalt*. „Wärmer, wärmer, heiß, glühend heiß! Kalt."

Ich machte mir Sorgen, dass er durch die Trümmer kletterte. Etwas unter ihm könnte verrutschen und eine Decke oder Wand zum Einsturz bringen.

„Sei vorsichtig, Lukeson!"

„Dan-jell, ich kann dein Stimme hören. Ich in dein Nähe sein, aber ich dich nicht finden."

Wenn er sprach, hörte es sich so an, als wäre er direkt neben mir, doch ich konnte nicht feststellen, wo er genau war. „Ich bin im Aufzug. Wo bist du?"

„Ich bin auch im Aufzug."

In diesem Moment verstand ich, dass Lukeson im Aufzug *neben mir* war und versuchte, aus seiner Kabine zu klettern, um zu mir herüberzukommen. Die lauten Geräusche kamen wahrscheinlich von seinen fehlgeschlagenen Versuchen hochzuklettern und wie er dabei wieder hinunterfiel.

Ich schlug Lukeson verschiedene Möglichkeiten vor, die er ausprobieren konnte. Doch er konnte seiner Kabine nicht entkommen. Wir waren wie Gefängnisinsassen in benachbarten Zellen. Einander zu sehen oder anzufassen war nicht möglich, doch es war ein Trost zu wissen, dass der andere da war.

„Jim, bitte schreibe Lukeson mit auf deine Liste."

„Das habe ich schon."

Lukeson und ich sprachen einige Minuten über meine Verletzungen, wo wir zum Zeitpunkt des Erdbebens gewesen waren und wie wir den Sicherheitsgrad einer Fahrstuhlkabine während der Nachbeben einschätzten. So wie ich es verstanden hatte, war Lukeson wohl die gesamte Zeit über in der Fahrstuhlkabine gewesen. Doch hatte er erst kürzlich angefangen, sich etwas zu bewegen. Ich vermutete, dass er ohnmächtig gewesen, durch die Unterhaltung zwischen mir und Jim aufgewacht war und dann versucht hatte, aus der Kabine zu entkommen. Glücklicherweise litt er an keiner Verletzung.

Nach einer längeren Pause unseres Gesprächs begann ich wieder zu beten. *Lieber Vater, Du hast mich daran erinnert, dass ich Dein bin und dass Du ein Vorhaben für mein Leben hast. Welche Aufgabe hast Du hier für mich an diesem zerstörten Ort? Wie kann ich in dieser Situation Dein Diener sein?*

Durch die Jahre habe ich gelernt, dass Antworten auf meine Gebete in unterschiedlicher Weise erfolgen können. Und manchmal kommen sie nicht sehr schnell, zumindest aus meiner Sicht. Während der frühen Jahre unserer Ehe und Christys Depression sehnte ich mich danach, Gottes Stimme zu hören. Aber oft erfuhr ich nur Stille. Während dieser Zeit betete ich mit dem Psalmisten des 13. Psalms:

Herr, wie lange wirst Du mich noch vergessen?
Wie lange hältst Du Dich vor mir verborgen?

• • •

In den Momenten, in denen ich doch Gottes Stimme hörte, war sie meist leise in meinen Gedanken vernehmbar. Sie tauchte als Gedanke auf, unterschied sich jedoch irgendwie von meinen eigenen; als ob ich die geistige Arbeit einer anderen Person heimlich mithörte. Und es war immer ein Gedanke, der mich in eine mit der Bibel einhergehende Richtung verwies.

Hier in diesem Aufzug sehnte ich mich, wie auch zu jeder anderen Zeit meines Lebens, so sehr nach Gottes Gegenwart und nach raschen Antworten auf meine Gebete. Also war ich sehr dankbar dafür, von Gott so schnell eine Antwort zu bekommen. „Die Menschen, die in deiner Nähe vergraben sind, leiden unter Schmerzen, haben Angst und brauchen jetzt meine Liebe. Teile meine Liebe mit ihnen."

Wie konnte ich Gottes Liebe mit anderen teilen, wenn ich hier in diesem Aufzug gefangen saß?

Ich konnte mit ihnen beten!

Ich rief zu Jim und den anderen: „Wollen wir gemeinsam beten?"

Viele Stimmen antworteten: „Ja."

„Vater", begann ich zu beten, „wir danken Dir für Deine Liebe für uns, auch in diesen schweren Umständen."

Ich war davon ausgegangen, dass ich laut beten würde, die anderen mir leise zustimmen oder am Schluss vielleicht ein *Amen* anfügen würden. Doch nach jedem Satz, den ich sprach, konnte ich hören, wie Jim und die anderen meine Worte wiederholten.

Mein Gebet war im Prinzip eine Wiederholung dessen, was ich schon gebetet hatte. Ich bat Gott um Vergebung für unsere Sünden und für Trost, Bewahrung und Heilung unserer Wunden. Ich lud ihn ein, als unser Erlöser bei uns zu sein, und dann beteten wir gemeinsam: *„Herr, wir bitten Dich um ein Wunder. Bitte, Herr, rette uns."*

Jim dankte mir, als ich geendet hatte. Es tröstete mich, dass Gott bei mir war, mich ermutigte und mich sogar auf diese einfache Weise gebrauchen konnte. Ich dachte an einen Vers aus 2. Chronik 16: „Denn des HERRN Augen schauen alle Lande, dass Er stärke, die mit ganzem Herzen bei Ihm sind."

Ich schloss mit meinem eigenen stillen Gebet und fügte es den anderen Bitten hinzu, die wir als Gruppe ausgesprochen hatten. *Herr, mach mein Herz vollkommen zu Deinem. Danke, dass Du mich stärkst und unterstützt und mein Leben erhalten hast. Und bitte errette mich!*

8

Reingewaschen

„Das war gut, Dan-jell. Das war sehr gut."

„Danke, Lukeson."

Ich überlegte, aus was für einem Hintergrund Lukeson wohl kam. *Herr, wie kann ich Lukeson helfen? Genau wie ich hat er wahrscheinlich Angst. Und die heutige Nacht ist vielleicht die letzte unseres Lebens. Was kann ich für ihn tun?* Ich hörte eine Stimme in meinem Kopf, die sagte: „Wenn ich aber erhöht sein werde, werde ich dafür sorgen, dass alle bei mir sind."

Einmal mehr war ich dankbar dafür, dass Gott so schnell antwortete und jetzt so klar zu mir sprach. Ich hatte diese Eingebung so verstanden, dass ich Lukeson von Jesus erzählen sollte. Letztlich brauchte Lukeson so sehr wie auch ich einen Erretter.

„Lukeson, bist du ein Nachfolger Christi?"

„Ich verstehen nicht."

Ich versuchte es noch einmal: „Gehst du in die Kirche?"

„Nein, ich nicht in Kirche, Dan-jell."

Aus seiner Antwort folgerte ich, dass er kein Christ war und nichts von Jesus wusste. Ich atmete tief durch und betete, dass Gott mir zeigte, was ich als Nächstes sagen sollte.

„Der Grund, warum wir zu Jesus gebetet haben, ist, dass Jesus uns liebt und uns erretten kann. Wusstest du, dass er in diesem Moment hier bei uns ist?"

„Wirklich?"

„Würdest du gerne mehr über Jesus erfahren?"

„Ja. Ja, würde ich gerne."

Ich erklärte, dass Jesus Gottes Sohn ist, und obwohl wir hier unter den Trümmern verschüttet waren, wusste Jesus, wo wir waren und dass wir Angst hatten.

„Gott liebt uns. Er hat uns erschaffen, um eine Beziehung, eine Freundschaft mit ihm zu haben. Aber die Sünde ist dazwischengekommen und hat uns von Gott getrennt."

„Sünde? Was ist Sünde?"

Während wir sprachen, bemerkte ich immer wieder, dass ich andere Wege der Kommunikation finden musste, um Lukeson verständlich zu machen, was ich sagen wollte. Während ich meine Worte vorsichtig wählte, half es mir, daran zu denken, wie ich diese Dinge meinen Jungs erklärte. Ich versuchte dabei, religiösen Jargon zu vermeiden und Gottes Wort einfach und klar darzulegen.

„Sünden sind die falschen Dinge, die wir tun. Zum Beispiel lügen, betrügen und unschöne Dinge tun, über die Gott nicht glücklich ist. Tust du manchmal falsche Dinge?"

„Natürlich!"

„Sünde ist der Grund, warum so viel Schlimmes in der Welt passiert. Deswegen gibt es Tod und Mord. Armut und Hunger. Durch Sünde ist die Welt zerbrochen – und deswegen gibt es Erdbeben, Wirbelstürme und andere Katastrophen."

Ich erklärte ihm, dass die Bibel sagt, dass der Preis unserer Sünden ewiges Leiden in der Hölle bedeutete. An einem Ort fern von Gott. Aber Gott sandte Jesus auf die Erde als Mann, der uns vor der Bestrafung retten konnte. Er bezahlte den Preis für unsere Sünden, als er am Kreuz starb, und dann zeigte er seine Macht über Sünde und Tod, indem er wiederauferstand. Er tat dies, um unsere Beziehung zu Gott wieder zu ermöglichen. Sein Tod ist ein Geschenk für uns. Wenn wir dieses Geschenk annehmen und unsere Sünden bereuen, müssen wir nicht mehr länger den Preis dafür zahlen. Jesus hat es schon für uns getan.

„Die wichtigste Lebensrettung ist für uns schon passiert, Lukeson."

„Okay, verstehe", sagte Lukeson. Obwohl er manchmal einhakte, wenn er meine Worte nicht verstand, war es offensichtlich, dass er hören wollte, was ich sagte.

„Wenn du Jesus Christus darum bittest, dich zu retten", fuhr ich fort, „bedeutet dies, dass du, auch wenn du in fünf Minuten sterben solltest, in Jesu Armen liegen und die Ewigkeit mit ihm zusammen im Himmel verbringen wirst."

„Wenn ich sterbe, gehe ich in Himmel und sehe Jesus?"

„Ja, das würdest du. Willst du gerne Jesus Christus als deinen Herrn und Retter annehmen?"

„Ja, Dan-jell. Das ich würde sehr gerne, wirklich."

„Dann lass uns zusammen beten."

Ich führte Lukeson durch ein einfaches Gebet, ähnlich dem, das wir gemeinsam in der Gruppe gebetet hatten. *„Lieber Jesus, danke, dass Du am Kreuz gestorben bist, um meine Sünden von mir zu nehmen."*

Ich hörte, wie Lukeson meine Worte wiederholte.

„Danke, dass Du wiederauferstanden bist und dass Du jetzt mit uns bist. Es tut mir leid, dass ich so viele falsche Dinge tue und sage. Bitte verzeih mir. Hilf mir, für Dich zu leben, Jesus. Für den Rest meines Lebens. Bitte gib mir ein neues Leben, und nimm mich in den Himmel auf, wenn ich sterbe. Ich gebe Dir mein Leben, Jesus. Amen."

„Amen."

„Das war's, Lukeson. Du bist jetzt Christ! Wenn du jetzt stirbst, wirst du in den Himmel kommen und Jesus sehen."

„Danke, Dan-jell."

Es war ein entscheidender Augenblick für ihn, und ich stellte fest, dass seine Entscheidung, für Gott zu leben, aufrichtig war. Dieser Moment veränderte für ewig sein Dasein und garantierte ihm immerwährendes Leben im Himmel. Ich spürte, wie überwältigende Freude in mir aufkam. Auch wenn das gesamte Gebäude über mir einstürzte und uns umbrachte oder wir in wenigen Tagen aus Mangel an Nahrung und Wasser sterben würden, bedeutete Lukesons Entscheidung, dass er mit Jesus im Himmel sein würde.

Aber es war auch ermutigend zu wissen, dass Lukeson sein Leben in Jesu Gegenwart weiterleben würde, wenn wir durch ein Wunder gerettet würden.

„Wenn du überlebst, wird Jesus an deiner Seite sein und dir helfen, den Weg deines Leben zu gehen. Er ist dein Erretter. Er möchte, dass du dein Leben ganz für ihn lebst."

Ich konnte hören, wie mein neuer Bruder in Christus weinte, und ich wusste, dass Lukeson verstanden hatte.

„Wie fühlt es sich an, Lukeson?", fragte ich.

Er antwortete in einer Mischung aus Kreolisch und Englisch. „Fühlt sich gut an. Sehr gut. Ich bin so glücklich – sehr glücklich."

Ich jubelte ebenfalls. Mein Herz war voller Demut, und ich war geehrt, dass Gott mir erlaubte, Teil von einem so bedeutenden Moment in Lukesons Leben zu sein. Ich fühlte, dass Gott Lukeson in seine Arme genommen hatte, und ich spürte, wie er auch mich umarmte und in seiner Liebe badete. Ich wärmte mich lange an diesem Gefühl.

Alle waren still. Nach einer Weile konnte ich meine Freude nicht mehr für mich behalten und entschied mich zu singen. Ich begann langsam: „Bleibend ist Deine Treue, o Gott, mein Vater, Du kennst nicht Schatten, noch wechselt Dein Licht." Allmählich wurde ich lauter, und als ich den Refrain sang, entfaltete sich der Klang meiner Stimme und echote von den Wänden der Fahrstuhlkabine. Diese Anbetung tat gut, also führte ich sie mit anderen Lobgesängen fort.

Dann dachte ich wieder an Lukeson und überlegte, wie sein Leben wohl aussah, wenn er dem Fahrstuhl lebendig entkommen würde.

Ich fragte ihn nach seiner Familie.

„Ich habe eine Verlobte. Und meine Mu-tter."

Waren sie verletzt? Waren sie am Leben?

Er musste wohl das Gleiche gedacht haben. Ich sinnierte darüber, wie sehr sich Lukesons Leben verändert hatte. Ganz gleich, was in der Zeit von jetzt an und bis zu unserem Tod passieren würde, wir würden uns eines Tages im Himmel wiedersehen.

Gott hatte mich daran erinnert, dass ich auch in dieser Situation sein Diener war, und das tröstete mich.

Laut der Bibel jubeln die Engel, wenn ein Mensch sein Leben Jesus übergibt. Ich wusste, dass die Engel aufgrund von Lukesons Entscheidung in diesem Moment eine Party feierten, und die Vorstellung gefiel mir. Ich wollte nun auch die Stimmung in unseren unterirdischen Zellen etwas aufhellen.

„Hey, Jim", rief ich. „Findet die Party an deinem Ende der Lobby oder bei den Fahrstühlen statt? Ich bring Musik mit, wenn du für Getränke sorgst."

„Lass uns am Fahrstuhl treffen. Du kannst die Musik mitbringen."

Ha! Fahrstuhlmusik. Humor ließ Hoffnung wachsen, und Hoffnung war ein gutes Gefühl. Ich dachte an meine Familie. *Gibt es irgendetwas, das ich für sie tun kann, während ich hier bin?*

9

Täglich grüßt das Murmeltier

1994

Pomona, Kalifornien

Wir waren erst ein paar Monate verheiratet, als Christy und mir klar wurde, dass etwas nicht in Ordnung war. Weniger als sechs Monate nach der Hochzeit erkannten wir, dass wir das Problem nicht allein beheben konnten, und gingen gemeinsam zu einer Therapeutin. In der Beratung stand Christys Diagnose schnell fest: Klinische Depression.

Heilung dagegen sollte sich nicht so schnell einstellen.

Der Arzt warnte uns vor und sagte, dass es Monate oder möglicherweise Jahre der Therapie und einer passenden medikamentösen Behandlung bedurfte, bis Besserung eintrat. Und selbst wenn das geschah, müssten wir immer wieder auf mögliche Rückfälle gefasst sein.

„Ich verstehe nicht, warum sich die Traurigkeit nicht abschütteln lässt", sagte ich zur Therapeutin. „Christy ist normalerweise nicht so. Sie ist überall die Fröhlichste und immer die Erste, die in Lachen ausbricht."

Ich fragte mich, wie lange es wohl dauern würde, bis wir wieder in unser gewohntes Leben zurückkehren konnten. „Glauben Sie, dass das Problem mithilfe von Medikamenten schnell beseitigt werden kann?"

„Ich wünschte, es wäre so einfach", antwortete die Therapeutin, während sie ihre burgunderrote Brille abnahm und sie neben den

Papierblock legte, auf dem sie sich Notizen gemacht hatte. „Eine Depression ist viel komplexer, als Sie vielleicht vermuten." Christys Depression, erklärte sie, könne zum Teil durch ein chemisches Ungleichgewicht im Gehirn verursacht worden sein. Ihr sensibles und mitfühlendes Temperament könne dies ebenfalls begünstigen.

„Mir ist nicht klar, wieso ihr Temperament ein Problem sein sollte. Ich habe mich auch deswegen in Christy verliebt, weil sie so offen mit ihren Gefühlen umgeht", erwiderte ich und rutschte unzufrieden auf meinem Stuhl herum.

„Manchmal machen uns selbst unsere besten Seiten angreifbar für Herausforderungen. In Christys Fall kann dieselbe emotionale Sensibilität, die sie freundlich und empathisch sein lässt, es auch begünstigen, dass sie Verletzungen sehr stark wahrnimmt und darin versinkt. Ihre eigenen – und die anderer Personen."

Mit einem Seufzer senkte die Therapeutin ihren Blick und schien sich darauf vorzubereiten, mir eine schlechte Nachricht zu überbringen. „Leider hat Christy nie gelernt, mit den Verletzungen umzugehen, die ihr in ihrem Leben zugefügt wurden, und sie hat eine beachtliche Menge davon gesammelt. Christy hat viel Arbeit vor sich. Die Medikamente werden ihr dabei helfen, aber wenn Sie wollen, dass sie wieder gesund wird, müssen Sie Teil des Heilungsprozesses sein. Sie kann es nicht alleine durchstehen."

Die Therapeutin gab uns eine Hausaufgabe. Jeden Abend sollten wir über Christys Verletzungen und Enttäuschungen sprechen, die sie in sich vergraben und nie aufgearbeitet hatte.

Das war eine harte und mühsame Aufgabe für uns beide, aber vor allem für Christy, weil sie manche der schmerzhaftesten Wunden aus ihrer persönlichen Vergangenheit wieder aufleben lassen musste. Jedes Mal, wenn sie eine verschlossene Türe öffnete, wallte ein reißender Strom von Emotionen auf.

Ich wäre dem Ganzen mit mehr Geduld begegnet, hätten wir einem vorhersehbaren Muster folgen können: das Problem isolieren, darüber sprechen und dann den nächsten Schritt anpeilen.

Aber so einfach war es nicht. Nachts sprachen wir stundenlang über Vorkommnisse aus ihrer Vergangenheit. Manchmal blieben wir über Wochen hinweg bei einem Thema. Manchmal kam es mir so vor, als sprächen wir täglich über das Gleiche. Ich wurde zunehmend frustriert, gelangweilt und des langsamen Voranschreitens müde.

Das Zusammenleben mit einem klinisch depressiven Menschen bedeutet, Tag für Tag in großer Unsicherheit zu leben. Ich konnte nie einschätzen, wie es Christy bei Anbruch eines neuen Tages zumute sein würde. Würde sie traurig sein? Teilnahmslos? Wütend? Erschöpft? Oder würden wir einen seltenen Tag des Glücks erleben? Es war sinnlos, im Vorhinein darüber nachzugrübeln.

Nach eineinhalb Jahren unserer Ehe lachte Christy kaum noch. Ihre einst Freude sprühenden Augen schienen leer. Ich vermisste mein Mädchen. Die Christy, die mir, um mich zu necken, einen Eimer Wasser überschüttete, langweilige Tage in ein Abenteuer verwandelte und herzlich über meine Witze lachte – auch wenn sie nicht lustig waren … und die meisten waren es nicht.

Obwohl wir uns noch liebten, waren wir in dieser Zeit nicht mehr die besten Freunde. Sie hatte das Gefühl, dass ich nicht mehr auf ihrer Seite war, und das konnte ich ihr nicht einmal vorwerfen.

Ich war ebenfalls nicht mehr derselbe. Ich war reservierter und ging, verglichen zu früher, weniger offen mit meinen Gefühlen um. Wie auf Eierschalen schlich ich um ihre Probleme herum, immer darauf bedacht, nicht wieder eine emotionale Granate zu zünden. Ich wählte meine Worte mit Vorsicht und setzte sie so ein, dass sie die gewünschten Reaktionen in ihr hervorriefen. Leider überschritt ich dabei manchmal die Grenze der Manipulation. Ich begann mich mehr und mehr abzuschotten und errichtete innerlich Mauern, um mich vor ihrem Schmerz zu schützen, der auch mich zu überrollen drohte. Schließlich trauerten wir beide der Person nach, die wir einst gewesen waren.

Oft zog ich mich nach dem Aufstehen im Dunkeln an, um sie

nicht zu wecken. Jeden Morgen, bevor ich das Haus verließ, schob ich ihre Locken von den schläfrigen Augen und küsste ihre Wange.

Häufig schlief Christy schlecht. Sie hatte Albträume, die schrecklicher waren als jeder Horrorfilm, den ich jemals gesehen habe. In manchen Nächten weckten mich ihre Schreie, und sie trat und schlug mich dabei mit aller Kraft, noch aufgewühlt von den Dingen, die sie im Traum erlebt hatte. In diesen Nächten sträubte sie sich oft dagegen, wieder einzuschlafen. Ich konnte ihr das nicht zum Vorwurf machen. Andere Male ertappte ich sie beim Schlafwandeln. Das machte mir Angst, weil ich befürchtete, sie würde sich unbewusst etwas antun. Als ihr Schlafrhythmus schließlich unvorhersehbar und die Herausforderungen ihres Berufslebens zu groß wurden, musste sie ihre Arbeit aufgeben.

Eines Montagmorgens rief ich sie gegen 10 Uhr an. „Wie geht es dir?"

„Gut."

An manchen Tagen glaubte ich ihr, aber an diesem Morgen verriet sie der Klang ihrer Stimme. Ich fragte noch einmal nach: „Bist du dir sicher?"

„Du weißt doch, wie es mir geht." Diese Worte konnten immer als „nicht gut" dechiffriert werden. Ich erinnerte sie daran, dass ich für sie betete. Manchmal tat ich das sogar am Telefon. Heute aber wollte ich sie an glücklichere Zeiten erinnern. „Erinnerst du dich noch an das Wochenende, das wir am Strand verbracht haben? Lass uns das bald wiederholen. Es hat Spaß gemacht."

„Ja."

„Vielleicht am Sonntag?"

„Vielleicht."

Manchmal erzählte ich ihr einen Witz oder von etwas Lustigem bei der Arbeit. Von ihr kam jedoch oft keine Reaktion. Ich tat alles in meiner Macht Stehende, um sie aufzuheitern. Wenn es nichts half, fühlte ich mich, als hätte ich versagt. *Würde es etwas ändern, wenn ich lustiger wäre? Könnte ich sie dann zum Lachen bringen?*

„Nur noch ein paar Stunden, Süße. Dann bin ich wieder zu Hause."

Ich erledigte meine Aufgaben und verließ das Büro gegen 18 Uhr. Auf dem Weg nach Hause nahm ich mir vor, sie noch mehr zu unterstützen. *Sei sanftmütig. Sei nicht aufdringlich. Sorge dafür, dass sie Liebe in deiner Stimme hört.*

Während ich zu mir selbst sprach, merkte ich, wie mein Körper darauf reagierte. Mein Magen zog sich zusammen, mein Gesicht verhärtete sich und mein Atem wurde schneller. *Wenn sie wütend ist, reagiere nicht. Hör einfach nur zu.* Während sich meine Muskeln anspannten, fühlte es sich so an, als ob ich, Stein für Stein, eine emotionale Wand errichtete, die uns voneinander trennte. Es gab im Alltag kaum Abwechslung. Alles schien wie ein einziger endloser Tag. Oder wie derselbe Tag, der sich über Jahre hinweg wiederholte. Um die Monotonie zu durchbrechen, experimentierte ich jede Nacht mit Dingen, die wir in der Therapie besprochen hatten. Ich malte ein hoffnungsvolles Zukunftsbild, erinnerte sie an schöne vergangene Zeiten oder betete mit ihr. Doch das Ergebnis variierte nur selten.

Als ich die Wohnung betrat, stand Christy am Herd und kochte das Abendessen. Ich ahnte, dass sie heute besonders niedergeschlagen war. Ich ging zu ihr und nahm sie in den Arm. Noch bevor ich an etwas Ermutigendes dachte, um es ihr zuzusprechen, sagte sie: „Es gibt nichts Gutes in meinem Leben. Nichts Positives. Alles in meinem Leben ist traurig."

Ich wusste, dass das die Depression war, die aus ihr sprach. Gerade als ich ihre Sichtweise verändern wollte, indem ich sie an all die guten Dinge in unserem Leben erinnerte, hielt ich inne. Aus Erfahrung wusste ich, dass der Versuch, sie von etwas zu überzeugen, an das sie selbst nicht glaubte, meistens in einer Auseinandersetzung endete. Durch die Therapie lernte ich stattdessen auf eine Art zu agieren, die ihre Gefühle achtete und Raum für ihre Emotionen ließ. Das Zuhören und Verarbeiten dieser Probleme ging gegen meine pragmatische Natur, die nach einfachen Antworten und einer schnellen Lösung suchte.

„Oh, Liebling, es tut mir leid, dass du so traurig bist. Es ist bestimmt schwer, wenn man Dinge aus dieser Perspektive betrachtet." Ich trat einen Schritt zurück, um ihr in die Augen sehen zu können. Ich gab mein Bestes, schöne Dinge in ihrem Leben aufzuzählen, ohne ihre Erfahrungen und Empfindungen zu verneinen. Oft traf ich jedoch den falschen Nerv. Manchmal riss mein Geduldsfaden, und ich reagierte frustriert. Und manchmal war meine Reaktion so gekünstelt, dass alles, was ich sagte, nach Unaufrichtigkeit roch. Ich war wie ein Fotograf, der sagt: „Neige den Kopf nach links, strecke das Kinn heraus, schaue nach rechts und schiebe deine Ohren nach hinten. Jetzt lächle, und versuche ganz natürlich zu wirken."

Als ich das Spaghettiwasser abgoss, erinnerte ich mich an die schönen Zeiten, die wir erlebt hatten. An manchen Abenden hatte ich auf dem Weg nach Hause Essen geholt. Dann schauten wir gemeinsam einen Film oder spielten Karten und genossen einen angenehmen Abend. Für Christy war es jedoch schwierig, diese Momente des Glücks in Erinnerung zu behalten. Schon zwei Wochen später hatte sie die schönen Erlebnisse vergessen.

Wir häuften Spaghetti und Soße auf unsere Teller und setzten uns auf die gewohnten Plätze. Als ich sah, wie sie im Essen herumstocherte, begriff ich, dass sie zu viel Zeit allein in der dunklen Wohnung verbrachte, während ich bei der Arbeit war. Sie musste Dinge erleben und Sonnenlicht auf der Haut spüren. Und ich wollte sie wieder lächeln sehen.

„Was hältst du davon, am Samstag einen Besuch im Zoo zu machen? Es gibt dort jetzt eine neue Babygiraffe. Wir sollten sie uns mal ansehen."

Sie starrte auf ihren Teller, nahm eine Gabel Spaghetti, drehte sie dreimal und führte sie zum Mund. Dann kaute sie langsam, bevor sie antwortete: „Vielleicht."

• • •

Noch einige Male während der Woche erinnerte ich sie an die Idee mit dem Zoobesuch, um ihr etwas zu geben, auf das sie sich freuen konnte. Am Mittwoch fragte ich sie, ob sie sich darauf freute.

Ihre Reaktion war unverbindlich. „Ich weiß noch nicht, ob ich mitkommen werde."

Am Freitag hatte ich noch Hoffnung. „Ich war nach der Arbeit einkaufen und habe Brot, Aufschnitt und Äpfel gekauft, damit wir uns morgen einen Lunch mit in den Zoo nehmen können."

„Ich weiß nicht genau, ob ich mitgehen möchte. Ich glaube, ich habe dafür nicht genügend Energie."

Ich dachte an die vielen vorherigen Besuche im Zoo und ihre Freude daran, neue Informationen über die Tiere zu gewinnen und mir dann davon zu berichten. Christy liebte es, Neues zu lernen, und als Lehrerin genoss sie es ebenso, ihr Wissen anderen weiterzugeben. Sie jetzt so ohne Enthusiasmus zu sehen, brach mir das Herz, doch ich ließ mich nicht davon abhalten weiterzubohren.

Am Samstagmorgen stand ich gegen acht Uhr auf und weckte sie sanft.

„Bitte, ich bin so müde, kann ich nicht noch ein bisschen weiterschlafen?"

Ich zog mich an und packte unsere Lunchpakete. Um zehn sah ich noch mal nach ihr.

„Können wir nicht einfach hierbleiben?"

In der Vergangenheit hatte ich schon zu viele Male nachgegeben. Ich wollte ihr heute einen lustigen Tag bereiten, an den sie sich gerne erinnern würde.

„Ich weiß, dass du müde bist, Christy. Aber die Sonne scheint. Komm, lass uns den Tag genießen."

Ich war froh, als sie die Decke zurückschob und langsam aus dem Bett stieg.

Im Auto saß sie regungslos da und betrachtete durch das Fenster

82

den Verkehr. Sie sprach kaum ein Wort, also redete ich von den Tieren, die wir sehen würden, von unserem Lieblingspicknickplatz und ob wir es noch rechtzeitig schaffen würden, die Nilpferde beim Füttern zu beobachten.

Das Erdmännchengehege brachte uns jedes Mal zum Lachen, also gingen wir dort als Erstes hin. Ich konnte einfach nicht anders, als mich über die lustigen Gesichtsausdrücke der Tiere zu amüsieren, während sie auf ihren Hinterbeinen standen und unter ihren dunklen, dichten Augenbrauen hervorschauten. Ein Junges bettelte seine Mutter um Essen an, und ich machte Christy darauf aufmerksam. Ich lachte dabei lauter als nötig über die Grimassen des Jungen, doch sie reagierte nicht. Ich erkannte, dass ich dabei war zu übertreiben. *Du kannst sie nicht dazu bringen, Spaß zu haben, indem du die Stimmung künstlich hebst.* Ich kam mir dumm vor, dass ich es überhaupt versucht hatte.

Der Unterschied zwischen diesem Ausflug und den vorherigen war für uns beide offensichtlich. Früher konnte sie nicht oft genug in den Zoo gehen. Die spannenden Ereignisse in den Gehegen hatten stets ihre Aufmerksamkeit erregt, und sie brannte darauf, mir davon zu erzählen. Wir spazierten Händchen haltend umher und machten Insiderwitze. Bei diesem Ausflug konnte jedoch nichts ihr Interesse wecken, und während wir an den Käfigen vorbeiliefen, dachte ich darüber nach, wie lange ich sie schon nicht mehr lachen gesehen hatte.

Es war nicht mein Plan gewesen, am Gazellengehege haltzumachen, aber Christy hatte etwas entdeckt. Sie drehte sich zu mir und sagte: „Gazellen springen höher, als Menschen groß sind. Kannst du dir das vorstellen?"

Ich nahm nicht alles wahr, was sie zu mir sagte. Ich hörte nur ein paar Worte, weil ich mich so sehr auf das zaghafte Lächeln konzentrierte, das bei ihrer Frage zum Vorschein gekommen war. Mein Herz schlug Purzelbäume. Ich nickte ihr zustimmend zu und lachte laut heraus, weil sie *lächelte*. Endlich hatte ich wieder einen kleinen Funken meines Mädchens gesehen, und es fühlte sich so gut an.

Wir machten uns auf den Weg zu unserem Picknickort und packten unser Mittagessen aus. Wir plauderten ein wenig, und Christy lächelte und kicherte sogar ein- oder zweimal. Ich genoss diesen Augenblick, der so herrlich normal war.

Ein paar Tage später, als ich sie von der Arbeit aus anrief, erinnerte ich sie an unseren Tag im Zoo. „Das war lustig, oder? Es war toll, aus dem Haus herauszukommen und gemeinsam etwas zu unternehmen."

„Es fällt mir schwer, mich daran zu erinnern."

Das, wovon ich gehofft hatte, dass es eine spaßige und erinnerungswürdige Erfahrung werden würde, verblasste bereits in der grauen Monotonie unseres Alltags.

• • •

Ich ertappte mich oft dabei, wie ich der Beziehung nachtrauerte, die wir einmal gehabt hatten und die nun nicht mehr existierte. Ich wollte böse auf Gott sein. Ich brauchte ihn aber so sehr, dass ich es einfach nicht konnte. Stattdessen war ich auf mich selbst wütend. *Wenn ich ihr doch besser helfen, ihr mit noch mehr Liebe und Geduld begegnen könnte.*

Ich flehte Gott an, sie zu heilen. Ich betete für die Synapsen und Neuronen in ihrem Gehirn. Ich betete für mich – für übernatürliche Weisheit, für Geduld und für einen Schutz gegen unberechtigte Negativität. Mein häufigstes Gebet lautete: *Gott, hilf mir, besser zu sein, als ich es gestern war.*

Doch als Christys Leiden zunahm, hatte ich manchmal das Gefühl, dass Gott meine verzweifelten Bitten um ihre Heilung nicht hörte. Ich durchlief Phasen, in denen mir Gott sehr fern vorkam. *Warum griff er nicht ein?*

· · ·

Ein paar Wochen nach dem Ausflug in den Zoo fühlte sich Christy nicht gut und bat mich, ein Video einzulegen, bevor ich zur Arbeit ging. Als ich nach Hause kam, schaute sie immer noch dasselbe Video. „Was ist passiert? Warum hast du es dir nicht angesehen, als ich es heute Morgen für dich eingelegt habe?"

„Habe ich ja."

„Du siehst es dir jetzt noch einmal an?"

„Ja."

„Wie oft hast du den Film heute denn schon geschaut?"

„Fünfmal."

Der Film hieß *Täglich grüßt das Murmeltier*. Es war die Geschichte des Wettermanns Phil Connors, gespielt von Bill Murray, der ein und denselben Tag immer und immer wieder erleben musste. Christy hatte einen Film gewählt, in dem es um Wiederholung ging – und ihn sich wiederholt angesehen.

Dies war das Leben, das wir lebten, und ich hatte nun einen Namen für unsere monotonen Tage gefunden: Es waren die Tage, in denen *täglich das Murmeltier grüßte*.

10

Auf Wiedersehen sagen

Dienstagabend

Hotel Montana, Port-au-Prince

Dunkelheit kann seltsame Dinge in deinem Kopf entstehen lassen. Während und unmittelbar nach dem Beben hatte mich die Unfähigkeit, etwas zu sehen, stark verängstigt. Ich fürchtete, blind geworden zu sein. Nachdem ich meine Kamera angeschaltet und das Licht gesehen hatte, wurde mir klar, wie kraftvoll und bedrückend Dunkelheit ist. Der Mangel an Licht war eine unmittelbare Beeinträchtigung meiner Sicherheit. Ich musste nach allem tasten und war mir dabei nicht immer sicher, was ich im jeweiligen Moment anfasste. So riskierte ich zu jeder Zeit eine weitere Verletzung.

Meine Welt war plötzlich sehr klein geworden. Nicht nur wegen der geringen Größe des Fahrstuhls, sondern auch, weil ich in meinen eigenen Gedanken Zuflucht zu suchen begann. Mein Gehörsinn war jedoch so geschärft, dass mich neue Geräusche oft erschreckten. Eine kleinste Bewegung von Lukeson in seiner Kabine jagte Adrenalin durch meine pulsierenden Adern. Auch meine übrigen Sinne waren in Alarmbereitschaft und zuckten bei jeder von außen kommenden Regung auf. Ich konnte nachvollziehen, wie Menschen im Dunkeln den Verstand verloren.

Dennoch fand ich in den nun vertrauten Geräuschen Trost. In der Ferne herabfallendes Geröll, Lukesons trällernder haitianischer Akzent, Jims tiefe Stimme und die gedämpften Gespräche derer, die bei ihm waren: Diese Dinge erinnerten mich daran, dass ich noch am Leben war und bändigten in dieser dunklen und verwirrenden Umgebung meine Ängste.

Zu meinem Glück hatte ich während meiner Collegezeit in der Yosemite-Wildnis alleine zweitägige Wanderungen unternommen. Sie ermöglichten es mir, uneingeschränkte und einzigartige Zeiten mit Gott zu verbringen. Eine Nacht in der Wildnis war herausfordernd. Und in diesen Nächten bestand mein einziges Ziel darin, mich warm zu halten, ein wenig zu schlafen und bis zum nächsten Morgen durchzuhalten. Im Freien stand ein neuer Morgen für Sonnenlicht, Farbe und eine wohltuende Linderung der nächtlichen Kälte.

Hier in meiner urbanen Höhle jedoch erhielt das Licht eine neue Bedeutung für mich. Wenn ich jemals wieder das Tageslicht sehen sollte, bedeutete dies Rettung und ein Wiedersehen mit meiner Familie.

Es war spät. Ich schaute auf mein Telefon – ein paar Minuten vor Mitternacht. Ich wusste, dass die Retter wahrscheinlich eher am Morgen hier auftauchen würden, wenn sie besser sahen, was sie taten. Ich bat Gott, mir zu helfen, bis zum Morgen durchzuhalten. Ich versuchte es mir so gemütlich wie möglich zu machen, während ich auf den Sonnenaufgang wartete, den ich von meinem Unterschlupf aus nicht sehen konnte.

Ich legte mich auf den Rücken, beugte meine Knie leicht und stützte meine Füße gegen die Wand. In dieser Position blieb ich jedoch nicht lange, da noch mehr Steine von unten gegen meinen Rücken drückten. Mir war schnell klar, dass es eine unangenehme Nacht werden würde, ganz gleich in welcher Position ich sie verbrachte.

„Dan, wie geht es dir und deinem haitianischen Freund?"

Ich wusste es zu schätzen, dass Jim sich in regelmäßigen Abständen nach uns erkundigte. Wie lange war es her, dass ich mit Lukeson gesprochen hatte?

„Wie geht es dir, Lukeson?"

„Ich gut, Dan-jell."

Obwohl sich Lukeson zu meiner Linken in der Fahrstuhlkabine mit Blick Richtung Lobby befand und Jim mich am besten verstehen konnte, wenn ich nach links in seine Richtung sprach, konnten sich Lukeson und Jim nur schlecht hören. „Bei uns hier drüben ist alles okay. Wie ist es mit euch?" Wenn ich zu Jim herüberrief, hatte ich immer das Gefühl, dass ich an Lukeson vorbeisprach.

„Uns geht es so weit auch gut."

Ab und zu hörte ich, wie Jim mit Sarla sprach, die in der Nähe der Gruppe alleine verschüttet war. Sie konnte sich ein wenig umherbewegen. Gemeinsam versuchten sie herauszufinden, ob sie sicher an einen Ort gelangen und von dort ein Signal an die Außenwelt senden konnte. Doch sie war wie wir in der Dunkelheit gefangen. Ich hegte nicht viel Hoffnung, dass sie während der Nacht mit jemandem von außen Kontakt aufnehmen konnte.

Als die Nacht voranschritt, dachte ich mehr über meine Familie nach. Mir war klar, dass Christy nun schon vom Erdbeben erfahren haben musste. Ich versuchte mir auszumalen, wie sie die Nachricht aufgenommen hatte. Wie hielt sie durch? Und wie ängstlich waren die Jungs? *Lieber Vater, gibt es irgendetwas, das ich von hier aus für sie tun kann? Wie kann ich Dein Diener für meine Familie sein, während ich tief unter einem zusammengestürzten Gebäude und 3000 Kilometer von meinem Zuhause entfernt bin? Wenn ich doch nur noch einmal mit Christy und den Jungs sprechen könnte!*

Mein Tagebuch!

Ich trug immer ein Moleskine-Notizbuch in meiner Hosentasche. Für mich war es mehr als nur ein Tagebuch. Es diente mir auch als Sammelort für Details, die mir während des Tages ins Auge fielen. To-do-Listen, Telefonnummern, Einkaufslisten … Ich klopfte von außen auf meine Hosentasche. Es war noch da. Zusammen mit einigen Kugelschreibern. Ich griff hinein und zog es heraus.

Ich war dankbar für die Möglichkeit, meiner Familie noch ein paar letzte Worte zu schreiben, bevor ich starb. Doch zugleich brach es mir das Herz, einen Abschiedsbrief formulieren zu müssen, weil ich vielleicht nie wieder mit ihnen sprechen konnte. Es gab noch so viel Unausgesprochenes, besonders zwischen Christy und mir.

Ich benutzte die Kamera, um etwas sehen zu können, und ließ das Autofokuslicht aufblitzen, um einen Blick auf die Seite erhaschen zu können, die ich aufgeschlagen hatte. Nachdem das Blitzlicht erloschen war, versuchte ich mich an das zu erinnern, was ich gerade gesehen hatte. Ich musste einige Seiten des Buches umblättern, um eine leere zu finden. Als ich eine entdeckt hatte, platzierte ich meinen Daumen so, dass ich wusste, wo ich zu schreiben anfangen sollte. Die Kamera legte ich ab und positionierte den Kugelschreiber auf Höhe meines Daumens auf das Blatt. So konnte ich jeweils ein paar Zeilen auf einmal aufzeichnen.

Ich schrieb:

Wenn Sie dies hier finden, bitte an meine Frau Christina weitergeben. Ich liebe dich.

Nach zwei oder drei Zeilen unterbrach ich mein Schreiben, nahm die Kamera, drückte den Autofokusknopf, um eine neue freie Stelle zu finden, an der ich meinen Daumen erneut positionieren konnten. Dann legte ich die Kamera wieder ab, nahm den Kugelschreiber und rief mir ins Gedächtnis, was ich gerade gesehen hatte, sodass ich meine Worte nicht überschrieb.

Ich habe nie aufgehört, dich zu lieben. Meine Liebe hat auch nicht abgenommen.

Ich wollte, dass der erste Brief, den ich ihr schrieb, von meiner Liebe zu ihr handelte. Mir war bewusst, dass sie in der letzten Zeit nicht viel Liebe und Zuneigung von mir erfahren hatte. Es stimmte mich traurig, dass volle Terminkalender, negative Gewohnheiten und schlechtes Zeitmanagement uns irgendwie hatten auseinanderbringen können, obwohl wir gemeinsam so viel durchgemacht hatten.

Wie hatte ich die Kontrolle verloren? Ich wünschte, ich hätte diese Dinge persönlich mit ihr klären können. Anstatt ihr gegenüberzustehen und ihr zu zeigen, wie sehr ich sie liebte, hielt ich dies in einer kritzeligen Notiz fest. Sie war dennoch ein Segen. Wenn ich sterben und Christy in augenscheinlich aussichtslosen Umständen zurücklassen sollte, konnte ich sie wenigstens wissen lassen, dass meine Liebe für sie noch so tief und echt war, wie sie es immer gewesen war.

Ich dachte an meine Jungs. Ich befürchtete, dass sie mit ihren sechs und drei Jahren nicht viele unserer Gespräche und meiner Ratschläge, die ich ihnen bis jetzt hatte geben können, in Erinnerung behalten würden. Es schmerzte mich, daran zu denken, dass mein Einfluss auf sie und ihr Leben durch das Zeitliche beschränkt sein sollte.

Ich liebe Josh und Nathan. Sie sind die Freude und der Stolz meines Lebens.

Söhne behalten das, was ihre Väter sagen, sei es ein Kompliment, ein Lieblingszitat oder ein Tadel. Söhne nehmen diese Worte auf, wenn sie jung sind, und tragen sie für den Rest ihres Lebens mit sich. *Was konnte ich ihnen sagen, um etwas Positives in ihrem Leben zu hinterlassen?*

Ich war mir sicher, dass Christy, was immer ich schrieb, als Andenken an mich auszeichnen würde. Es wäre eines der letzten Erinnerungsstücke an ihren Vater, und ich wollte etwas daraus machen.

Josh, entscheide dich jeden Tag für den richtigen Weg. Wenn du einen Fehltritt machst, kehre wieder auf den richtigen Pfad zurück. Mit deiner Freundlichkeit und deiner Liebe zu Gott kannst du ein großer Leiter von Menschen werden. Lebe nicht nur, sondern verändere die Welt!

Als Familie hatten wir gemeinsam über Charakter gesprochen. Und auch darüber, was es bedeutete, auf dem richtigen Pfad – Gottes Pfad – zu wandeln und darauf zu bleiben. Ich wollte, dass Josh wusste, dass ich mich an diese Gespräche erinnerte, und dass er sie auch im Gedächtnis behielt. Ich hatte schon miterlebt, wie seine Persönlichkeit sich entwickelte, selbst in seinen jungen Jahren. Sein Charakter und seine Beziehung zu Gott waren seine wichtigsten Besitztümer. Sie würden seine zukünftigen Entscheidungen beeinflussen und den Verlauf seines Lebens bis in die Ewigkeit bestimmen.

In letzter Zeit hatte ich bemerkt, dass Josh Bestätigung brauchte, und ich versuchte, ihm diese häufig und aus freien Stücken zu geben. Mit jedem Lob erhellte sich sein Gesichtsausdruck. Sein Lächeln war genau wie das seiner Mutter. Ich wollte ihm unbedingt mitteilen, dass er die Herausforderungen meistern konnte, die das Leben ihm entgegenbringen würde.

Meine Söhne waren „ganze Kerle", und sonntagmorgens ließen wir dem Testosteron freien Lauf. Für gewöhnlich gingen wir samstagabends zur Kirche, sodass Christy am Sonntag ausschlafen konnte. Es war der einzige Tag in der Woche, an dem ich mit den Jungs alleine Zeit verbringen konnte. An manchen dieser Vormittage nutzten wir die vielen Aktivitätsmöglichkeiten in der Natur Colorados wie Bergwandern oder Fahrradfahren. An Tagen, an denen ich ein wenig bequemer war, schauten wir Testosteron-TV. Mit sechs Jahren war Josh viel damit beschäftigt, seine eigenen LEGO-Kreationen zu bauen. Also liebte er Shows wie „Prototype This", in denen schlaue Wissenschaftler und Ingenieure in Teams verrückte Erfindungen konstruierten.

Wir sahen gerne dabei zu, wie Bear Grylls seine Überlebenskünste in der harten Wildnis demonstrierte. Josh und ich schauten weg, als Bear in seiner Show „Abenteuer Survival" eklige Dinge aß, aber Nathan liebte es. Das allsonntägliche Fernsehschauen war vielleicht nicht die idealste Erziehungsmethode, aber es gefiel mir, dass die Jungs etwas über kreative Problemlösung und den Nutzen vorhandener Ressourcen lernten.

Nathan tobte gerne herum und war meist der Erste, der ein Raufspiel vorschlug. Und er wollte immer das tun, was sein großer Bruder tat. Ich hatte noch nicht herausgefunden, ob sein Bedürfnis nach Routine und Struktur seinem Alter zu schulden oder Teil seiner Persönlichkeit war. Er mochte es, wenn man sich streng an seine Zubettgehzeit hielt, und er variierte selten die Worte, die er zu uns sagte, wenn wir ihn abends zudeckten: „Gute Nacht, ich hab dich lieb. Jesus ist mit dir. Wir sehen uns morgen früh. Dann spielen wir Krieg der Sterne."

Nathan, es tut mir leid, dass ich nicht da sein kann, um dich besser kennenzulernen. Ich liebe aber jetzt schon dein Lachen und dein Lächeln. Ich liebe es, mit dir zu raufen.

Als ich über die Zukunft der Jungs nachdachte, realisierte ich, dass es ganz natürlich war, wenn sie wütend auf Gott sein würden, und dass Christy genauso reagieren konnte. „Wie konntest Du, Gott?" war die normale Reaktion auf eine Situation wie diese. Ich wollte, dass sie ihre Fragen ehrlich und offen stellten, ohne sich dabei von Gott abzuwenden. Ich wusste, dass Gott groß genug ist, mit unseren Fragen umzugehen, und dass er sich nicht vor unserer Wut zurückzieht. Ich wünschte mir, dass sie ihre Wut mit der Zeit hinter sich lassen konnten und auf Gottes Güte vertrauten, trotz dieser Tragödie.

Ich habe einen großen Unfall erlebt (Erdbeben). Seid nicht wütend auf Gott. Er sorgt immer für seine Kinder, selbst in harten Zeiten. Noch bete ich dafür, dass Gott mich hier herausholt. Vielleicht wird er es nicht tun, aber er wird immer für euch sorgen.

Diese Worte schrieb ich für die Jungs nieder, aber auch für Christy. Und es gab noch mehr, was ich ihr sagen musste. Ich betätigte noch einmal den Autofokus, aber als ich die Kamera ablegte, verlor ich meinen Stift. Ich tastete auf dem Boden herum, doch zwischen den Beton- und Schuttstücken konnte ich ihn nicht ausfindig machen. Zum Glück hatte ich immer mehrere Kugelschreiber dabei und fand in meiner Hosentasche einen weiteren.

Christy, bitte gib nicht auf, sei es auch sehr schwer. Gott wird einen Weg bereiten.

Ich wollte das Notizbuch nicht mit meinen Tränen verschmieren. Dadurch, dass ich im Dunkeln schrieb, würde es schon schwer genug sein, meine Schrift zu entziffern, aber ich konnte die Flut von Emotionen nicht zurückhalten. Oft hielt ich inne und weinte. Ich war dabei, mich von *meiner Familie* zu verabschieden. Als der Tränenfluss verebbte, begann ich wieder zu schreiben. Ich drehte mich auf den Rücken und hob das Buch über mich, um zu verhindern, dass noch mehr Tränen darauffielen.

Verlass dich auf die Liebe deiner Freunde und suche ihren Rat.

Ich hoffte, dass meine Worte Christy ins Herz sprechen und einen erneuten Absturz in die Depression abwenden würden. Und ich hoffte, dass sie meinen Rat befolgen würde.

Bitte wende dich an Gott. Er ist Realität. Seine Versprechen sind wahr.

In einer solchen Notsituation wie dieser konnte Christy von Zweifeln und negativen Gedanken angegriffen werden, die sie von Gott wegführten. Ich wünschte mir, dass meine Stimme zusammen mit anderen sie dazu ermutigen würde, an unserem gemeinsamen Glauben an Jesus festzuhalten.

Es war spät. Ich war müde und spürte, dass ich nicht mehr viel Kraft hatte. Ich wollte die Kamerabatterie aufsparen, denn ich wusste nicht, wann ich sie wieder brauchen würde. Also schrieb ich kurze Botschaften. Ich gab mein Bestes, Christy zu trösten, aber meine Worte erschienen mir so unzureichend. Dies war nicht die Art, auf die ich geplant hatte mich zu verabschieden. Wenn dies aber alles war, das ich hatte, und Gott mir diese letzte Möglichkeit gegeben hatte, um mit meiner Familie zu kommunizieren, dann wollte ich sie bestmöglich nutzen.

Ich bereue am meisten, dass ich nicht mehr Zeit damit verbracht habe, Jesus nachzufolgen, und dass ich nicht mehr dafür getan habe, die Flamme unseres Liebeslebens lodern zu lassen. All unsere gemeinsamen Jahre habe ich wirklich genossen, Christy! Auch die bittersüßen, die wir gemeinsam überstanden haben.

Bevor ich nach Haiti geflogen war, hatte Christy mich gebeten, ihr ausführliche Informationen über unsere Konten zu geben, welche Rechnungen wann und an wen beglichen werden mussten. Ich hatte es nicht getan. Also schlug ich eine neue leere Seite auf und versuchte dieses Versäumnis so gut es ging nachzuholen. Ich schrieb Listen von praktischen Dingen, etwa den Zugang zu unserem Online-Bankkonto, die Passwörter zu meinen E-Mail-Konten und Details unserer Rechnungskonten, damit sie an unsere Ersparnisse kommen konnte. Ich sagte ihr, wie sie unser Online-Geschäft verkaufen konnte, schlug den niedrigsten Preis dafür vor und zählte die Namen einiger potenzieller Käufer auf. Des Weiteren nannte ich ein paar befreundete Arbeitskollegen, die ihr helfen konnten, das alles zu handhaben. Ich erklärte ihr, wie ich nebenher Geld verdient hatte und von wem sie Geld einsammeln konnte. Um all diese Dinge hatte ich mich gekümmert und Christy leider nie mit eingebunden.

Außerdem verfasste ich meinen letzten Willen und ein Testament. Ich war mir nicht sicher, ob es vor Gericht Bestand haben würde, aber ich tat mein Bestes, um ihr das Leben zu erleichtern.

Es machte mich traurig zu erkennen, dass ich dreimal so viel Platz für die Auflistung dieser praktischen Details brauchte als für die persönlichen Briefe. Ich sah diese Listen aber ebenfalls als Liebesbriefe, und ich wünschte, ich hätte sie schon vor langer Zeit geschrieben.

Ich dachte an Davids Familie und fragte mich, wie wohl ihre Situation war. Auch für die Rettungshelfer und seine Familie musste ich Dinge aufschreiben, falls sie mein Notizbuch lasen. Also notierte ich:

Ich glaube, mein Freund David ist entweder bewusstlos oder bereits tot. Ich bete für ihn und seine Familie.

Dann gab mein Kugelschreiber den Geist auf.

Und ich verlor die Nerven.

11

Fehler mit Folgen

Dadurch dass ich auf dem Rücken lag und den Kugelschreiber mit der Mine nach oben hielt, funktionierte er plötzlich nicht mehr. Ich setzte mich wieder aufrecht hin, schüttelte den Stift und versuchte kleine Kreise an den Rand zu malen, um die Tinte wieder zum Fließen zu bringen.

Wie blöd kann man sein? Ich hatte vorher bereits einen Kuli fallen lassen und war leichtsinnig genug, den zweiten verkehrt herum zu halten. In der Hoffnung, einen weiteren zu finden, griff ich in meine Hosentasche. Es blieb nur noch ein Textmarker. Ich versuchte es damit, aber die Spitze war sehr dick, und die Farbe drückte durch die einzelnen Blätter des Notizbuches. Über eine Doppelseite konnte ich also nur kurze Sätze notieren. Ich ließ die Kamera aufblitzen und suchte nach auf beiden Seiten unbeschrifteten Blättern.

Es gab noch mehr, was ich sagen wollte. Ich wollte meiner Familie nicht den Eindruck hinterlassen, dass ich alleine und mit Schmerzen gestorben war, wenn ich in Wahrheit spürte, dass Gott die ganze Zeit über bei mir war.

Ich habe kaum Schmerzen. Ich bin ruhig und rede mit Gott.

Wenn tragische Dinge geschehen, fühlen wir uns oft von Gott alleingelassen und fragen uns manchmal sogar, ob er überhaupt existiert. Es überraschte mich, Gottes Gegenwart in diesem schwarzen Loch so stark zu spüren, und auch, dass manche meiner Gebete so rasch beantwortet wurden. Ich hoffte, dass diese Gewissheit Christy und die Jungs aufmuntern würde.

Gott ist sehr real. Er ist in diesem Moment bei mir.

Ich dachte auch an meine Mutter und meine vier Schwestern und fragte mich, wie sie mit der Nachricht umgingen, dass ich vermisst wurde. Ich sehnte mich nach ihnen und war traurig, dass wir so übers Land verstreut lebten. Also erzählte ich von meiner Liebe zu ihnen und von meiner Hoffnung, dass wir im Himmel wieder vereint sein würden. Eine meiner Schwestern hatte die organisatorischen Aufgaben in der Familie übernommen, und sie war in Krisenzeiten eines der zuverlässigsten Familienmitglieder. Ich bat sie, Christy bei den Vorkehrungen für meine Bestattung zu helfen.

Dann schob ich den Deckel auf den Marker. Ihnen noch kurze Briefe schreiben zu können, erfüllte mich mit Dank, aber ich empfand es zugleich als lächerlich, den Menschen, die ich am meisten liebte, auf diese Art Lebewohl zu sagen.

● ● ●

Christy und ich waren ein Team. Nachdem sie unsere Kinder unterrichtet und auch den Fahrdienst für sie übernommen hatte, war sie am Ende des Tages oft sehr müde. Abends verließ sie sich darauf, dass ich mit ihr zusammen die Jungs zu Bett brachte, den Haushalt regelte und mit ihr über die Ereignisse des Tages sprach. Sie mochte es nicht, wenn ich auf Dienstreise war. Sie schlief dann nicht gut. Unsere Söhne sind gut erzogen, aber sie haben wie alle kleinen Jungs natürlich unbändige Energie. Nachdem ich von einer Dienstreise nach Hause kam, war sie meist ziemlich gerädert.

Wie wird es für sie sein, wenn ich nie wieder zurückkomme?

Die Jungs mochten es, dass ich die Dinge oft ein bisschen auflockerte. Ihre Zeit mit Christy war durchstrukturiert und großteils von schulischen Aktivitäten bestimmt. Die Zeit, die ich mit ihnen verbrachte, war immer von Spontanität und jungenhaften Spielereien geprägt. Wir packten Laserschwerte und Alienschiffe aus, spielten David und Goliath und verbrachten viel Zeit im Freien. *Wer würde ihnen nun die Möglichkeit geben, auf diese Art aktiv zu sein?* Die Jungs waren noch so klein und ihre Zukunft so wenig vorhersehbar. Wie würde sich ihre Persönlichkeit entfalten? Würden sie mit der falschen Clique herumhängen? Würden sie, wie manche meiner Freunde, aufhören, an Gott zu glauben, wenn sie älter wurden?

Das war meine größte Sorge.

Ich stellte mir die Jungs ohne Vater vor. Ich hatte Angst, sie würden Gott für alles verantwortlich machen, und befürchtete, dies könnte ihren Glauben untergraben.

• • •

Auf der Seite lag ich am bequemsten, doch es schmerzte, wenn meine Knie sich berührten. Beim Umschichten des Gerölls fand ich einen abgeflachten Stein, der die ungefähre Größe meines Schuhs hatte. Ich legte ihn auf einen anderen Stein und nutzte ihn so als Kissen. Erneut tastete ich meine Umgebung ab, bis ich einen weiteren flachen Stein fand, der vielleicht 7 Zentimeter dick war und die Größe eines Notizbuches hatte. Ich schob ihn zwischen meine Knie, sodass mein verletztes Bein in einer weniger schmerzhaften Position lag. Ich schloss meine Augen – auch wenn es keinen Unterschied machte, da sich die Aussicht dadurch nicht änderte.

Ich leckte den Staub von meinen trockenen Lippen und dachte daran, wie durstig ich war. Dabei erinnerte ich mich an eine Sendung von *Abenteuer Survival*, die ich mit meinen Söhnen gesehen hatte. Der Moderator Bear Grylls, ein Wildnis- und Überlebensexperte, hatte gesagt, dass es möglich war, binnen drei Tagen ohne Wasser zu verdursten.

Wow. In nur drei Tagen?

Aus meiner Erfahrung mit der Arbeit in internationalen Organisationen wusste ich, dass logistische Probleme bei einer Katastrophe oft das Anliefern von Rettungshelfern und Hilfsmitteln verzögern konnten, besonders in armen Ländern wie Haiti. Für Retter aus den USA konnte es drei Tage dauern, sich und ihre Ausrüstung nach Haiti zu befördern.

Ich versuchte nicht darüber nachzudenken. Ich hatte es mir so bequem wie möglich gemacht und beschloss zu schlafen und Kraft zu sammeln für das, was als Nächstes kommen würde. Ich schloss meine Augen und versuchte mich zu entspannen. Die Schocksymptome waren abgeklungen, und ich machte mir nun keine Sorgen mehr, dass ich nicht mehr aufwachen würde. Als ich so still dalag, fühlte ich es. Meine Blase drückte.

Ich muss urinieren.

Mir war klar, dass ich nicht einschlafen konnte, ohne etwas dagegen zu tun. Ich war seit dem Morgen nicht zur Toilette gegangen und hatte auch nicht gemusst. Aber jetzt wusste ich, dass ich gehen musste, und zwar schnell.

Soll ich mir einfach in die Hose machen?

Nein, das würde ich nicht tun.

Ich hielt mich am Handgriff am hinteren Teil der Fahrstuhlkabine fest, um mich hochzustemmen. Als ich stand, verlagerte ich das Gewicht auf das rechte Bein.

Welche Ironie! Ich brauche Wasser, und nun fließt Wasser aus meinem Körper. Wenn es doch nur einen Weg gäbe, es einzuhalten.

Ich mochte die Nässe und den Geruch nicht in der Kabine haben. Gleichzeitig durfte ich sie nicht verlassen, bevor ich mich nicht vergewissert hatte, dass das sicher war. Schnell nahm ich die Kamera hoch und machte ein Foto in Richtung Lobby, sodass ich die Wände überprüfen konnte, bevor ich hinausstieg. Ich betrachtete das Bild. Die Wände schienen stabil genug, sodass ich meinem Vorhaben nachgehen konnte. Kam ein Nachbeben, konnte ich in die Kabine zurücktauchen.

Ich öffnete meine Hose und erinnerte mich an die Einzelheiten einer Folge von *Abenteuer Survival*. Wenn man in einer Notsituation zu verdursten drohte, hatte Bear gesagt, konnte das Trinken des eigenen Urins die Überlebensdauer verlängern. Dann hatte er das demonstriert und seinen eigenen Urin getrunken.

Es war eine von vielen Folgen gewesen, die Josh und mich richtig geekelt hatten. Bear aß Käfer oder rohes Fleisch direkt vom Tierkadaver, sodass wir unsere Köpfe wegdrehten und sagten: „Ihhh, ist das widerlich!" Wir fragten uns, ob das wirklich nötig war. „Warum kocht er das Fleisch nicht wenigstens vorher?", fragte mich Josh. „Ich vermute, dass man in einer Situation wie dieser alles dafür tut, um zu überleben."

* * *

Zu der Zeit hätte ich nie gedacht, dass ich eines Tages in solch eine Lage kommen würde. Jetzt hatte ich mehr Verständnis für Bears Aktionen. In verzweifelten Situationen tut man, was nötig ist, um das eigenen Leben zu verlängern. Ohne Frage würde ich rohes Fleisch essen, an Käfern herumkauen oder meinen eigenen Urin trinken. Zweifellos.

Bear hatte sein Hemd ausgezogen, hineinuriniert und es dann über seinem Mund ausgewrungen. Dabei verzog er das Gesicht und sagte: „Oh Mann, das ist wirklich mies."

Will ich das wirklich tun? Ohne zu zögern, wusste ich es. Ich hatte ein großes Erdbeben überlebt. Ich würde es nicht zulassen, dass meine eigene Zimperlichkeit mich davon abhielt, meine Familie wiederzusehen. Mein eines Hemd hatte ich mir bereits ums Bein gewickelt, also war das schwarze T-Shirt alles, was ich noch hatte. Ich zog es aus und trat einen Schritt aus dem Aufzug heraus, sodass ich außerhalb der Kabine darauf zielen konnte. Dann hielt ich das Hemd in meinen Handflächen vor mich und urinierte direkt darauf. Als ich fertig war, hielt ich es über meine Lippen, ließ es zuerst herabtropfen und presste es dann zusammen, sodass ich jeden Tropfen auffangen konnte. Die warme Flüssigkeit hatte einen salzigen und unangenehmen Geschmack. Nachdem ich meinen Mund gefüllt hatte, schluckte ich sie schnell hinunter.

Obwohl die Erfahrung unangenehm war, brachte die Nässe in meinem Mund und die Flüssigkeit, die meinen Rachen hinunterlief, mehr Erleichterung gegen das extreme Austrocknen und den Durst, als ich erwartet hatte. Aber noch wichtiger war, dass mich die Gewissheit stärkte, etwas Entscheidendes für die Verbesserung meiner Überlebensaussichten getan zu haben. Diese Tatsache erhellte meine Stimmung und gab mir das Gefühl, dass ich wenigstens ein bisschen Kontrolle über meine Situation hatte.

Bear hatte sein Hemd zum Trocknen an einen Ast gehängt. Meines würde hier unter Tage länger brauchen, um trocken zu werden. Ich drapierte das Hemd um den Handgriff im Aufzug und breitete es maximal aus, um möglichst viel Luft heranzulassen.

Dann legte ich mich wieder an die Stelle, die ich, was die Bequemlichkeit betraf, als „tolerabel" eingestuft hatte. Jetzt trug ich jedoch kein Hemd mehr. Die Steine gruben sich schonungslos in meinen Rücken und klebten an meiner Seite. Der Beton war kühl. Ich fing an zu zittern und war froh, mich in der tropischen Hitze Haitis zu befinden statt in den kalten Winternächten Colorados.

Das Zittern hielt mich jedoch davon ab einzuschlafen. Bald klapperten auch meine Zähne. Ich dachte an Abenteuer- und Überlebensgeschichten, die ich gelesen hatte, und erinnerte mich an verschiedene Überlebende, die von einem fatalen Fehler erzählt hatten, für den andere Expeditionsteilnehmer mit ihrem Leben hatten bezahlen müssen.

In jeder Situation lag es an einer anderen Fehlentscheidung, aber das Prinzip dahinter besagte, dass es nur ein einziger fataler Fehler war, der die Überlebenden von den Verstorbenen trennte.

Ich schlang meine Arme um meinen Körper und legte mich in Embryonalstellung, um warm zu bleiben. Die Körpertemperatur stabil zu halten, war ein kritischer Faktor in überlebenswichtigen Situationen. Die Kälte war ein gefährlicher Killer. *Würde ich mich so wärmen können? War es ein fataler Fehler gewesen, mein Hemd zu durchnässen?* Ich hatte bis jetzt keine Fehler gemacht, aber dies konnte mein erster sein.

Oder auch mein letzter.

12

Anrufe

1996

Monrovia, Kalifornien

Etwas, das die Monotonie dieser sich endlos wiederholenden Tage durchbrach, waren die Anrufe, die ich von Christy erhielt, während ich bei der Arbeit war. Ich wusste nie, wann sie anrufen und was sie sagen würde.

Christy sah die Welt durch eine von der Depression verdunkelte Brille. Ihr Selbstwertgefühl schmolz dahin, und sie empfand in überzogener Weise, dass andere Personen sie kränkten.

„Du kannst dir nicht vorstellen, welchen Blick der Beamte mir zugeworfen hat", erzählte sie mir weinend am Telefon.

Anstatt mit ihr mitzufühlen, reagierte ich mit vorwurfsvoller Kritik. „Also Christy, das bildest du dir sicher nur ein." Schnell lernte ich, wie zwecklos und unsensibel das war.

Obwohl es aufgrund dieser Unterbrechungen schwieriger war, sich bei der Arbeit zu konzentrieren, freute es mich, ihre Stimme zu hören und zu erfahren, wie es ihr ging. Sie kämpfte hartnäckig gegen die Depression und lernte dabei, ungesunde Gedanken zu identifizieren und sie durch positive Gedanken zu ersetzen. Um sich selbst dabei zu unterstützen, trug sie ein Notizbuch mit Bibelversen, Liedtexten und anderen Erinnerungen an die Schönheit der Welt bei sich. Aber für einen „Problemlöser" wie mich reichte das nicht aus.

In unserem dritten Ehejahr wurde ich ungeduldig und ertappte mich dabei, wie ich mir wünschte, dass sich alles ein bisschen schneller entwickelte. Christy spürte meinen Frust, und das machte die Dinge zwischen uns nur noch schwieriger.

• • •

Der mit Abstand schlimmste Anruf erreichte mich an einem Donnerstag. Ich arbeitete gerade an einem Projekt und war in Gedanken noch ganz abwesend, als ich den Hörer abnahm und „Dan am Apparat" sagte.

Der Antwort ging eine Pause voraus. Es war Christy, und ich wusste, dass es ein Problem gab. „Ich werde nicht hier sein, wenn du nach Hause kommst." Mir rutschte das Herz in die Hose.

„Was meinst du denn damit?"

„Ich will wirklich nicht mehr leben. Ich bin fertig damit."

Ich fragte mich, ob die Situation wirklich bedrohlich oder ob es nur ein Hilferuf war. Sie wusste, dass sich meine Mutter das Leben genommen hatte und dass ich ihre Drohung sehr ernst nehmen würde. So oder so, ich musste schnell reagieren. „Christy, ich muss wissen, wie ernst es dir damit ist."

Die Dinge verschlechterten sich schon seit Wochen. Sie hatte nicht viel geschlafen und zog sich immer mehr zurück. Ich presste den Hörer an mein Ohr, hörte aber kein Schluchzen. Sie hörte sich eher so an, als ob sie kein Leben mehr in sich hatte. Ihre Stimme schien schwach und emotionslos, fast monoton.

Ich bekam Angst. Selbstmord ist immer eine sehr ernst zu nehmende Drohung. *Herr, bitte lass das nicht geschehen!*

„Wo bist du? Hast du schon einen Plan?" Ich fühlte, wie Panik in mir aufstieg.

„Ja, ich werde es in der Badewanne tun. Ich möchte hier kein großes Chaos verursachen. Ich wollte einfach nicht, dass es dich überrascht, wenn du nach Hause kommst."

Mein Blickfeld verkleinerte sich. Dunkelheit umschloss mich. *Gott, bitte hilf mir.*

„Christy, hör mir zu." Tief in mir spürte ich eine verzweifelte Stärke. „Ich komme jetzt *sofort* nach Hause! In drei Minuten werde ich da sein. Kannst du bis dahin durchhalten? Dann können wir über das, was du fühlst, sprechen und warum es dir so wehtut."

„Du kommst jetzt nach Hause? Ich weiß nicht …"

„Du musst mir versprechen, dass du dir nichts antust. Du weißt, dass ich sonst den Notruf alarmieren muss. Willst du, das ich den Notruf hole?"

Auf eine Pause folgte: „Nein."

„Hältst du durch, bis ich wiederkomme?"

„Ja. Wenn ich kann …"

„Ich weiß, dass du es kannst, Christy. Versprich mir, dass du nichts tust, bis ich zu Hause bin."

Ihre Antwort klang schwach, aber aufrichtig. „Okay, ich verspreche es."

Ich legte auf und griff nach meinem Schlüssel. Dabei stieß ich eine Pflanze auf meinem Schreibtisch um und verstreute Erde über den Boden. Es kümmerte mich nicht, ich würde es morgen zusammenkehren. Oder wann auch immer ich zurückkommen würde – wenn überhaupt.

Meine Gedanken überschlugen sich, und mir wurde schwindelig, als ich den Flur hinunterlief. Auf der Treppe stieß ich mit meinem Vorgesetzten zusammen. „Ich kann jetzt nicht reden. Ich erkläre es später. Ich muss nach Hause. Ein Notfall."

Ich konnte meinem Chef nicht erzählen, was passierte. Zur dieser Zeit war Christys Depression noch ein dunkles Geheimnis, das wir beide gut hüteten. Es war ihr peinlich, und sie schämte sich so sehr dafür, dass ich nicht wollte, dass jemand davon erfuhr. Wir hatten noch nicht einmal mit unseren Familien das volle Ausmaß des Leids geteilt.

Bitte, Herr, lass ihr nichts geschehen. Beschütze sie, bis ich zu Hause bin.

Ich wusste nicht, was mich in der Wohnung erwartete. Ich fragte mich, ob ich den Notarzt hätte rufen sollen, doch jetzt, wo wir näher an meinem Büro wohnten, würde ich auf jeden Fall eher da sein als die Rettungshelfer.

An unserer Wohnung angekommen, stellte ich den Wagen ab und rannte zu den Stufen zur Haustür. Sie war verschlossen. Mein Herz raste, doch jetzt kam es an seine Grenzen, als ich nach dem Schlüssel griff und ihn ins Schloss steckte. Dann stieß ich die Tür auf. Als ich am Badezimmer vorbeilief, sah ich Licht darin brennen, doch keine Spur von Christy. Am Beckenrand lag ein Messer, aber die Klinge war sauber. Bevor ich in Richtung unseres Schlafzimmers ging, atmete ich mehrmals tief durch.

Während ich die Tür öffnete, versuchte ich mich von der Angst zu lösen. *Sei sensibel. Sei sanftmütig. Jetzt, ein für alle Mal, zeige ihr deine bedingungslose Liebe.*

Sie lag im Bett und hatte die Decke über den Kopf gezogen. Ich zog meine Schuhe aus und legte mich sachte zu ihr.

„Wie geht es dir?"

„Es tut so weh."

„Sag mir, wie es sich anfühlt."

„Ich fühle mich, als ob ich in einem Loch wäre. Es ist tief und schwarz, und ich bekomme keine Luft. Es ist entsetzlich. Ich kralle mich immer wieder an irgendetwas fest, um mich hinauszuziehen. Doch was auch immer ich greife, scheint in meiner Hand zu zerkrümeln."

„Mein Schatz." Ich legte mich so hin, dass ich meinen Arm unter sie legen und sie an mich ziehen konnte. „Es tut mir so leid. So leid."

„Ich wollte es tun. Ich wollte es wirklich tun, Dan."

In den therapeutischen Sitzungen hatten wir stundenlang über ihre Gedanken gesprochen, sich selbst etwas anzutun. Wir hatten aber auch die Abmachung getroffen, dass sie entweder mich oder den Notruf anrufen würde, bevor sie tatsächlich Selbstmord beging. Sollte sie dieses Versprechen brechen, kannte sie die Konsequenz: Sie würde eingewiesen werden.

„Was hat dich zurückgehalten?"

„Ich wollte dir nicht wehtun. Du verdienst etwas Besseres."

„Danke, dass du mich angerufen hast." Ich sah sie an. Ihre Augen waren leblos und leer. „Ich kann mir kaum vorstellen, wie schwer es für dich gewesen sein muss, mich anzurufen. Ich bin so glücklich, dass du es gemacht hast." Ich strich ihr über die Wange und küsste ihre Stirn.

Sie starrte mir in die Augen, als ob sie etwas darin zu lesen versuchte.

„Mir geht es nicht besser."

Ich wich ihrem Blick nicht aus, sah ihr fest in die Augen und antwortete mit so viel Hoffnung, wie ich konnte: „Wir werden es hier durchschaffen. Es wird besser werden. Wir müssen nur nach vorne schauen, ein Schritt nach dem anderen."

„Wird unser Leben für immer so sein?"

„Nein, das wird es nicht. Ich weiß, dass Gott Besseres für uns bereithält."

„Was denn? Jedes Mal, wenn ich auf etwas hoffe, verschwindet es wieder."

Ich musste ihr neue Hoffnung geben. Ich musste ein Bild unserer Zukunft zeichnen, das sich völlig von dem unterschied, was wir in diesem Moment erlebten. Eine Zukunft, an die ich selbst kaum glauben konnte.

„Hey, wir schaffen das. Eines Tages werden wir zusammen Kinder haben. Du wirst eine so wunderbare Mutter sein. Ich kann dir förmlich dabei zusehen, wie du sie unterrichtest. Am Wochenende werden wir sie auf die besten Ausflüge mitnehmen, die Kinder jemals erlebt haben. Wir werden Museen und Bauernhöfe und Korallenriffe erkunden. Wir werden mit ihnen zelten und wandern gehen –"

„So wie es mir jetzt geht, wird das niemals passieren."

Sie diskutierte mit mir, weil sie über ihren Schmerz nicht hinaussehen konnte. Ich konnte meine Visionen auch nicht richtig greifen, doch ich ließ mich nicht davon abhalten. „Ich glaube daran, dass es passieren wird, Süße. Es wird dir besser gehen. Dann werden unsere Kinder größer, und eines Tages werden wir Enkel bekommen. Sie werden uns besuchen, und dann können wir mit ihnen Spiele spielen. Wir werden so alt und verliebt sein, dass es uns nichts ausmachen wird, gegenseitig unsere Hörgeräte einzustellen oder das Gebiss zu säubern."

Sie hörte auf, Einwände zu äußern, lauschte mir, wie ich von unserer Zukunft erzählte. Es war Tage her, dass sie das letzte Mal mehr als eine Stunde am Stück geschlafen hatte, und mir wurde klar, dass die Erschöpfung sie einholte. „Ich streichle deinen Rücken, dann kannst du wieder einschlafen."

Konzentriert zeichnete ich mit meinen Fingerspitzen kleine Muster auf Christys Rücken. Ich betete laut für sie, um ihr Mut zu machen, doch gleichzeitig sprach ich in mich hinein verzweifelte Gebete, die sie nicht hören konnte. Ich redete weiter, in der Hoffnung, dass der Klang meiner Stimme sie in eine schönere Zukunft versetzen würde. Auch wenn Zukunft in diesem Fall der morgige Tag war und *schöner*, dass sie vielleicht ein wenig mehr Hoffnung verspüren würde.

Während ich sprach, schloss sie langsam die Augen. Ich beobachtete, wie sich ihre Stirnfalte langsam entspannte. Mit der Zeit übermannte sie schließlich die Erschöpfung. Ich hielt sie fest im Arm, bis sie einschlief, und dankte Gott, dass er ihr Leben gerettet hatte. Als der Schlaf gekommen war, hatte Dunkelheit die Wohnung übernommen.

Behutsam schob ich mich an die Bettkante und setzte erst einen und dann den anderen Fuß auf den Boden, bis ich leise aus dem Bett kriechen konnte. An der Schlafzimmertür hielt ich inne und sah zu, wie Christy schlief. Das erste Mal seit Tagen war sie vom schrecklichen Schmerz ihrer gefolterten Gedanken befreit.

Ich ging ins Bad, nahm das Messer, schaltete das Licht aus und versteckte das Messer in einer ungenutzten Schublade, bevor ich mich wieder ins Bett legte.

Obwohl ich neben meiner Frau lag, fühlte ich mich hier im Dunkeln völlig allein. Ich sehnte mich danach, von Gott getröstet zu werden. Ich wollte, dass auch er mir eine schönere Zukunft versprach, genau, wie ich es für Christy getan hatte.

Lieber Vater, ich möchte Kinder haben. Enkel. Ich möchte mit Christy alt werden und mich noch mehr in sie verlieben. Ich will alles, was ich ihr beschrieben habe. Irgendwie glaube ich selbst kaum, dass das passieren wird. Wird unser Leben so bleiben, wie es jetzt ist? Wird es tagein, tagaus dunkel sein? Wenn dies Dein Wille für uns ist, wenn es meine Aufgabe ist, in ihrem Leiden für sie da zu sein, akzeptiere ich das. Ich werde es treu und liebevoll so lange tun, wie Du es möchtest, weil sie es mir wert ist. Aber Herr, ich flehe Dich an, bitte gib uns mehr. Sie verdient ein besseres Leben als dieses. Begleite uns durch dieses dunkle Tal hindurch und führe uns zu grüner Weide.

Unter der Decke vergraben, hörte ich Gott nicht sprechen. Und ich spürte auch keinen Frieden oder Trost. Stattdessen überfiel Müdigkeit meinen Körper.

13

Gott ist gut?

Während der nächsten Stunde zitterte ich weiter stark. Alle paar Minuten fühlte ich an meinem T-Shirt, wusste aber, dass es noch nicht getrocknet sein würde. *Wie lange kann es so weitergehen, ohne dass mein Körper darunter leidet?* Als ich es nicht mehr länger aushielt, griff ich nach oben, wrang das restliche Nass aus und zog mir das T-Shirt über. Es war nicht mehr nass, nur feucht, und es war besser mit T-Shirt als ohne.

Für den Sonnenaufgang war es noch zu früh, schätzungsweise drei oder vier Uhr morgens, und seit dem Erdbeben waren ungefähr zehn Stunden vergangen.

Ich versuchte den Schaden eines Erdbebens, das ich als Jugendlicher in Kalifornien erlebt hatte, mit dem zu vergleichen, was möglicherweise hier auf Haiti passiert war.

Während des Bebens in Whittier im Jahr 1987 hatte ich zugesehen, wie das Geschirr geklappert hatte und aus den Schränken herausgefallen war. Der Boden hatte sich bewegt, und an manchen Wänden waren kleine Risse entstanden.

Den Schaden, den das Beben in Port-au-Prince angerichtet hatte, konnte ich mir kaum vorstellen. Es war offensichtlich weitaus schlimmer als alle Erschütterungen, die ich bisher in Kalifornien erlebt hatte.

Die wenigen Rettungshelfer in einem von Armut geplagten Land wie Haiti waren wahrscheinlich schlecht ausgebildet und ausgerüstet. Die mit Sicherheit unterbrochenen Kommunikationswege und kaputten Straßen erschwerten es den ausländischen Rettungshelfern, auf die Insel zu gelangen. Aus meiner Erfahrung in der Zusammenarbeit mit Hilfsorganisationen schätzte ich, dass die Rettungsteams aus den USA und anderen Ländern nicht vor dem Wochenende eintreffen würden. *Das sind mindestens noch 72 Stunden! Werde ich so lange durchhalten können?*

Ich dachte an David und dass er zur Zeit des Erdbebens nur einen Meter von mir entfernt gewesen war. Ich hoffte, dass er ohnmächtig war. War er jedoch am Leben, hätte er das Bewusstsein sicherlich längst wiedererlangt und sich verbal oder durch Klopfzeichen bemerkbar gemacht. David war einfallsreich. Als Filmemacher mit begrenzten Budgets musste er das. Wenn er unsere Aufmerksamkeit auf sich ziehen wollte, dann, so war ich mir sicher, hätte ich oder einer der Überlebenden neben mir ihn bereits gehört.

Resigniert stellte ich fest, dass, wenn er sich bis jetzt noch nicht hatte bemerkbar machen können, er dazu wohl nicht in der Lage war.

Mir fiel das Foto ein, das ich eben noch von der Lobby gemacht hatte. Wenn ich mir es noch einmal genau ansah, konnte ich mir vielleicht ein besseres Bild davon machen, was genau geschehen war. Ich nahm meine staubbedeckte Kamera und schaltete sie ein. Meine blutigen Fingerabdrücke waren über den Bildschirm verteilt, sodass es schwer war, überhaupt etwas zu erkennen. Ich drehte das Rädchen auf Abspielmodus und drückte den Knopf, um das letzte Foto noch einmal zu sehen. Das Display war klein, sodass ich die Augen zusammenkneifen musste, um die Details besser zu erkennen. Die meisten Elemente im Bild waren weiß und grau. Ich konnte den angebrochenen Tragebalken und die herabgesunkene Decke erkennen. Dann entdeckte ich ein braun- und rotfarbenes Dreieck, das unter dem eingestürzten Teil der Betondecke hervorlugte. *Was ist das?*

Zuerst ergab sich aus dem, was ich sah, kein Sinn. Doch plötzlich zog sich mein Brustkorb zusammen, und Hitze schoss mir vom Nacken hoch in den Kopf, als ich realisierte, dass die rostig-rötliche Farbe Blut sein konnte. Was ragte da unter der Betonplatte hervor und war mit Blut getränkt?

Mit schrecklichem Grauen erkannte ich, was ich da vor Augen hatte. *Das ist Davids Bein!*

Mir kamen die Tränen. Ich hatte bereits vermutet, dass David sofort gestorben war, aber dies war die Bestätigung, die ich nie hatte haben wollen. *Mein Gott, warum? Warum nur?*

Ich schlug mit der Faust auf den Boden, und der Schmerz durchfuhr meinen Arm. Das Bild zeigte genau das, was ich in Erinnerung hatte. David stand neben mir, als das Erdbeben begann. Und in einem schrecklichen Augenblick war er fort.

Ich erinnerte mich daran, wie ich in Richtung Treppe nach vorne gesprungen war, und ich hatte mir immer vorgestellt, dass David sich in dieselbe Richtung gestürzt hatte. Anscheinend war der Abstand zwischen uns genau so groß, dass die fallende Wand an mir vorbeigestürzt und auf David getroffen war.

Mir würde übel. Ich wollte mich übergeben, kämpfte aber gegen den Brechreiz an, da ich wusste, dass es nichts helfen würde. Ich erinnerte mich an die kurze Zeit, die David und ich zusammen verbracht hatten. Er war ein kundiger und gut ausgebildeter Filmemacher, und die Liebe, die er für seine Familie hatte, war offensichtlich.

Ich dachte an seine Familie.

Tränen rannen mein Gesicht herab, als ich mich fragte, wie sie mit diesem Verlust umgehen würden. Ich erwog die Schwierigkeiten, die sie nun zu meistern hatten. *Gott, wie kann dies gut für sie sein?*

Ich wusste, dass David im Himmel war und dass es ihm dort besser ging als je zuvor. Aber was war nun mit seiner Familie? Im Römerbrief, Kapitel 8, Vers 28, steht: „Das eine aber wissen wir:

Wer Gott liebt, dem dient alles, was geschieht, zum Guten. Dies gilt für alle, die Gott nach seinem Plan und Willen zum neuen Leben erwählt hat." Wie um Himmels Willen wollte Gott dies zum Guten dienen lassen?

Vater, warum hast Du das zugelassen? Ich weiß, dass mein gedankliches Vermögen und meine Perspektive sehr begrenzt sind. Hilf mir dennoch zu verstehen, wie Davids Tod irgendein anderes Ergebnis als Schmerz mit sich tragen wird. Es sieht so aus, als werde ich hier ebenfalls alleine sterben. Wie kann es jemals Teil eines guten Plans sein, eine Mutter alleine zu lassen, ohne den Vater ihrer Kinder?

Bitte tröste mich in dieser Not und schenke meiner Familie Frieden. Ich weiß, dass sie sich Sorgen machen und darüber nachdenken, was am besten zu tun sei. Sei bitte bei Christy. Es ist gut möglich, dass sie daran zerbricht; ich weiß aber auch, dass sie wie eine Bärin um ihre Familie kämpfen kann. Versorge sie mit der Kraft, die sie zum Kämpfen braucht. Und schütze meine Jungs vor den Eindrücken und Nachrichten, die für sie zu erschreckend sind, um sie zu verstehen.

Wenn ich hier nicht lebend herauskomme, Jesus, dann nimm bitte meine Jungs in deine Arme. Sei ihr Vater und fülle auf wunderbare Weise die Lücke, die ich in unserer Familie hinterlassen werde. Sei Christy ein Mann und Versorger.

Als ich auf dem Gymnasium war, hatte ich mit meinem Vater große Probleme. Ich erinnerte mich daran, dass ich Gott in einer besonders schweren Phase gebeten hatte, mein wahrer Vater zu sein. Von diesem Moment an hatte ich das Gefühl, als ob Gott die Vaterrolle in meinem Leben übernommen hatte. So machte er viele Fehltritte meines leiblichen Vaters wieder gut. Ich betete, dass meine Söhne Ähnliches erfahren würden.

Dennoch kam sogar während des Betens die Vorstellung in mir auf, dass es Christy und den Jungs nicht gut ging, und ich fühlte die Anspannung in mir wachsen.

Gott, ich verstehe nicht, warum Du David und mich hierhergebracht hast, um uns sterben zu lassen. Warum hast Du das zugelassen? Sind

Ephraim und Johnnie ebenfalls tot? Missoul und ihre Töchter? Wie viele Tausende Haitianer sind in dieser Tragödie ums Leben gekommen? Ich verstehe nicht, wie irgendetwas Gutes aus dieser Situation entstehen kann. Bitte hilf mir, das zu verstehen.

In meinen Gebeten hatte ich Gott einige harte Fragen gestellt. Ich erwartete weder eine schnelle Antwort, noch bekam ich sie. Ich erfuhr auch keinen Frieden. Es fühlte sich nicht so an, als ob Gott mich alleingelassen hatte, vielmehr erlebte ich eine unbehagliche Stille zwischen uns. *Vielleicht hatte Gott keine guten Antworten auf diese Fragen?*

14

Schlechte Karten

Mittwoch

Hotel Montana, Port-au-Prince

Solange meine Gedanken mit anderem beschäftigt waren, belästigte mich mein Hunger nicht. Wenn ich mich jedoch nicht auf etwas anderes konzentrierte, konnte ich die nagende Leere in meinem Magen spüren. Anspannung und Unbequemlichkeit hatten sich vereint und schienen einen Knoten aus meinen Innereien zu binden. Wie viel war dem Mangel an Essen und wie viel der Sehnsucht nach meiner Familie geschuldet? Allein in dieser dunklen Fahrstuhlkabine war ich nicht gewiss, diese Empfindungen voneinander unterschieden zu können.

Gestern in der Kirche hatte ich das letzte Mal etwas gegessen. Ich wünschte jetzt, ich hätte mir eine größere Portion genommen. Ich erinnerte mich an die Menschen, die ich hier auf Haiti getroffen hatte. Vor meinem inneren Auge sah ich die Freude in den Gesichtern der Mütter, als sie Lobpreislieder sangen. Der Rhythmus der Lieder und ihrer fremden Worte hatten auf mich eine hypnotisierende Wirkung. Ich dachte an den kleinen Jungen, dessen Speichel auf die Schulter seiner Mutter tropfte, weil die Süßigkeit zu groß war und nicht in seinen Mund passte. An die eingeflochtenen Perlen im Haar des Mädchens, die durch ihre Kopfbewegungen im Rhythmus der Musik klimperten. Und an die Babys, die unter den Röcken ihrer Mütter hervorlugten. *Wie viele der Mütter und Kinder sind noch am Leben?* Ich führte mir die Frauen vor Augen, die wir gefilmt hatten, und erinnerte mich daran, was sie über ihre Wünsche und Hoffnungen für die Kinder erzählt hatten. Meine Befürchtung war, dass dies die letzten und vielleicht auch die einzigen Aufnahmen mancher dieser Frauen waren, die auf der Erde existierten.

Herr, ich kann mir kaum vorstellen, wie hart dieses Erdbeben auf Haiti getroffen ist. Beschütze die Menschen hier, und besonders die Kinder und Armen unter ihnen. Versorge sie mit dem, was sie physisch brauchen, und zieh sie nah an Dich heran, damit sie bei Dir Schutz und Trost finden können. Bitte beschütze und tröste andere Überlebende, die wie wir verschüttet sind.

Als ich betete, dachte ich an Missoul und ihre Familie. Was war mit ihnen geschehen? Waren sie und ihre drei Töchter im Haus gewesen, als das Erdbeben eintraf? Ich erinnerte mich an ihre Jüngste und daran, wie sie die leere Coladose mit den Steinen darin geschüttelt hatte. Hatte sie das auch getan, als die Wände um sie herum begannen zu wanken? Waren die Betonmauern auf sie eingebrochen? Oder hatten sie rechtzeitig entkommen können? Um zu Missouls Haus zu gelangen, waren wir von Port-au-Prince fast 50 Kilometer gefahren. Waren sie weit genug draußen oder noch näher am Epizentrum als wir?

Ich dachte an all die anderen Häuser an diesem Berghang und an die vielen anderen Berghänge in Port-au-Prince. Wenn ein Haus einstürzte, klappten die anderen ebenfalls zusammen. Bei der Stärke des Erdbebens war es kaum vorstellbar, dass auch nur eines von ihnen der Erschütterung hatte standhalten können. Wo konnten Familien hingehen, um den herabrutschenden Bergen zu entkommen? Wo kamen sie unter, wenn sie verletzt waren? Was aßen sie, und wo konnten sie schlafen? Die Fragen verfolgten mich, als ich mir das Schicksal von Missouls einst glücklicher Familie ausmalte und dies mit den Hunderttausenden Familien in Port-au-Prince multiplizierte, die die gleiche Not teilten. Ich dachte an die haitianischen Männer und Frauen, die wahrscheinlich die Nacht in

Freien verbrachten – auf einer Wiese, wenn sie Glück hatten. Und wenn nicht, dann schliefen sie wohl auf den Straßen. Ich konnte mir nicht ausmalen, wie viele Menschen betroffen waren. Dies war die Art von Katastrophe, die vor keiner Gesellschaftsschicht haltmacht. Es sind dennoch immer die Armen und besonders die Kinder, die am schlimmsten leiden. Die traurige Realität auf Haiti ist, dass die Armen *seit Jahren* eine Katastrophe tragischen Ausmaßes erleben. Zügellose Armut, mangelnde Infrastruktur, Korruption und eine Regierung, die versagt. Und nun war dieses schreckliche Erdbeben eingetroffen. Compassion und andere Organisationen hatten sich seit Jahren um die Ärmsten der Armen gekümmert, aber ein Erdbeben dieses Ausmaßes würde die Zahl der Bedürftigen, die auf diese Hilfe angewiesen waren, exponentiell steigern.

Ich dachte an die Compassion-Büros, die ich am Montag besucht hatte, und an die örtlichen Mitarbeiter, die ich dort kennengelernt hatte. Stark beeindruckt hatten mich die detaillierten Aufzeichnungen der hiesigen Verantwortlichen. Sie führten Listen über die individuelle Entwicklung aller Kinder und jeder Mutter, die jemals an einem Compassion-Programm teilgenommen hatte. Die Unterlagen waren in Aktenschränken in den Gemeindebüros aufbewahrt.

Als ich in der Kirche war, war Missouls Akte geöffnet worden, in der die Fußabdrücke ihres Babys zusammen mit der Geburtsurkunde aufbewahrt waren. Für die älteren Kinder gab es Aufzeichnungen der schulischen und geistlichen Meilensteine und Bilder, die sie gemalt hatten. Für Patenkinder wurden Fotokopien des Briefverkehrs zwischen Kind und Paten angefertigt. Impfpässe, Patientenberichte und Anwesenheitslisten der Gottesdienste befanden sich ebenfalls in diesen Akten. Die haitianische Regierung praktizierte keine solch genaue Aktenführung. Letztlich besaß Compassion als einzige Instanz Informationen über diese von Armut betroffenen Kinder.

Wenn das Erdbeben Familien entzweite oder Kinder verwaiste, so war ich mir sicher, dass Compassion und die verbündeten Partner entscheidend mithelfen würden, die Kinder zu identifizieren und zu versorgen. Jedoch würden die Compassion-Mitarbeiter sich zuerst um ihre eigene Familie kümmern; so sollte es ja auch sein. Mir war aber auch klar, dass viele der Mitarbeiter, nachdem sie ihre Familien versorgt hatten, bereits binnen Stunden das Ausmaß der Katastrophe auswerten würden und mit Namenslisten herumgingen, um nach unseren Kindern zu sehen.

• • •

Ich fragte mich, ob diese Kinder und ihre Familien ein wenig Hoffnung darin fanden zu wissen, dass ihre Namen auf einer Liste standen. Eine Liste, die von Menschen geführt wurde, denen sie am Herzen lagen und die alles nur Mögliche in Bewegung setzen würden, um sie durch diese Krise zu begleiten. Den Kindern, die Teil des Compassion-Programms waren, würde es so viel besser gehen als den anderen verarmten Kindern Haitis. Ich wünschte mir, wir hätten genug Sponsoren für jedes einzelne Kind, das in diesem Land in Armut lebte.

• • •

Zuerst nur sanft, doch als es näherkam, hörte ich es immer lauter: das schabende Geräusch von Hubschraubern, die in unsere Richtung zu fliegen schienen.

„Hast du das gehört?", fragte ich Lukeson.

„Helli-kop-ters!"

In den letzten 5 oder 6 Stunden hatte ich durch die Nacht hindurch nur einen Helikopter über uns gehört. Jetzt, wo ich mehrere vernahm, schöpfte ich Hoffnung, dass wir es durch die Nacht geschafft hatten und die Sonne nun aufgegangen war.

„Dan, hörst du die Helikopter? Hört sich nach mehreren an!" rief Jim.

Waren sie aus Haiti oder der Dominikanischen Republik? Oder vielleicht kamen sie aus den USA? Es war eigentlich egal; sie waren die ersten handfesten Beweise von Leben außerhalb des Hotels.

„Geht es dir und deinem haitianischen Freund gut?" Jim war während der Nacht meist ruhig gewesen, aber heute Morgen hörte ich, wie er mit den anderen sprach und Sarla Anweisungen gab, wie sie die Gegenstände, auf die sie traf, am besten beiseiteräumte.

„Ja, uns geht es gut. Wie ist es bei euch drüben?"

„Sarla sieht einen Spalt Licht, aber sie hat ihn noch nicht erreichen können. Wir versuchen herauszufinden, wie sie sicher dorthin gelangen kann."

Zunächst freute ich mich über diese Nachricht und gab sie an Lukeson weiter. Dann fragte ich mich jedoch, ob sich unsere Chancen auf Rettung durch diesen Lichtspalt, den sie sah, erhöhten.

Das Hotel lag auf der Spitze eines Hügels, von wo aus man auf die Stadt hinuntersehen konnte. Niemand würde sich ohne bestimmten Grund in unserer Nähe befinden. Wir waren vom dicht besiedelten Zentrum der Stadt weit entfernt, also dort, wo Retter natürlicherweise zuerst mit der Suche nach verschütteten Menschen beginnen würden. Dennoch, positiv gesehen, waren wir im Hotel Montana. Hier wohnten Gäste aus den Vereinigten Staaten und anderen Ländern. Ob richtig oder falsch, diese Tatsache würde ein übergeordnetes Maß an Aufmerksamkeit auf diesen Ort richten, sobald die Rettungsmaßnahmen begannen.

Wie aber sollten Rettungshelfer diesen Ort überhaupt erreichen?

Die steile, enge und kurvige Straße hinauf zum Hotel war einige Kilometer lang. Bei jeder Fahrt hinauf hatte ich Angst, dass wir es nicht schaffen würden. Ich stellte mir vor, der Geländewagen kippte um oder ein Reifen käme von der Straße ab und wir schlitterten den Berg hinab. Sogar direkt vor dem Hotel befand sich ein Gefälle. Die Retter brauchten einen Kran und Bulldozer, um die Gebäude- und Schuttstücke zu entfernen. Konnte man solch große Gerätschaften den Berg hochbewegen? Und wenn ja, wie würde man einen Kran so positionieren, dass er am Gefälle nicht kippte? Mir fielen auch die Werkzeuge ein, die sie brauchen würden – Betonsägen und Pressluftbohrer. *Was, wenn die Vibrationen des Pressluft-hammers das bereits wackelige Gebäude zum völligen Einsturz bringen und die verbleibenden Luftlöcher verschließen?*

Obwohl mich die Helikoptergeräusche ermutigten, wollte ich mich nicht zu früh freuen. Ich lauschte, wie sie Richtung Stadtinneres flogen. Die Logistik, die nötig war, uns aus dem Hotel zu retten, war irrsinnig. Obwohl ich das nicht als Ingenieur beurteilen konnte, hatten wir nicht besonders gute Karten.

Ich war nicht ethnozentrisch genug, um davon auszugehen, als weißer Amerikaner eine besondere Behandlung verdient zu haben. Vielmehr erwartete ich das genaue Gegenteil. Die Haitianer hatten schon so viel zu tun, dass sie sich zuerst um ihre eigenen Landsleute kümmern wollten. Ich war Gast in ihrem Land und logierte an einem Ort, den sich nur wenige Haitianer leisten konnten. Wenn ich gerettet werden sollte, war es wahrscheinlicher, dass Amerikaner mich hier herausholten.

Ich hatte schon von den Army-Corps-Ingenieuren gehört und von ihrer ausgeprägten Befähigung, mit eingestürzten Gebäuden und anderen Herausforderungen der Ingenieurskunst umzugehen. Wahrscheinlich standen ihnen reichlich Ressourcen und Werkzeuge zur Verfügung, ebenso wie Erfahrung und Fähigkeiten ihres Personals. Normalerweise war ich nicht der Typ, der dafür propagiert, „die Amis herzuholen", aber in diesem Moment war das alles, woran ich denken konnte. *Bringt die Amerikaner her!* Räumlich gesehen waren sie am nächsten dran, sie hatten die meisten Ressourcen und die reichste Erfahrung. Meine größte Hoffnung, gerettet zu werden, waren meine Landsleute. Aber ich wollte hier nicht einfach herumliegen und warten. Ich wollte hier nicht im Fahrstuhl sterben, ich wollte nicht, dass sie meinen Körper zusammengekauert am Boden des Aufzugs entdeckten, ohne dass ich wenigstens versucht hatte, in die Freiheit zu gelangen. Mein Notizbuch hatte ich wieder in die Hosentasche gesteckt. Wenn ich starb, würden sie es an meinem Körper finden.

Vater, ich möchte hier nicht alleine im Aufzug sterben, ohne wenigstens vorher einen Fluchtversuch zu starten. Also denke ich darüber nach, aus diesem Schacht auszusteigen. Bitte gib mir Ideen und Weisheit. Hilf mir zu wissen, wann ich den ersten Schritt wagen soll – und wann nicht.

Einmal mehr zog ich mich mithilfe der Handleiste hoch. Ich nahm meine Kamera und hüpfte auf dem rechten Bein zu der Öffnung der Fahrstuhlkabine. Genau wie ich es anfangs getan hatte, als ich den Aufzug erreicht hatte, richtete ich das Licht der Kamera nach oben in den Schacht über mir. Da die Kabine durch das Erdbeben von der Wand weggerückt worden war, war ein kleiner Abstand zwischen dem Schacht und der Außenwand der Kabine entstanden. Es sah so aus, als würde ich mich durch die Lücke durchpressen können. Ich konnte aber nicht sehen, wie weit diese Lücke den Schacht hinaufführte. *Es wäre eine verrückte, außergewöhnliche und wunderbare Sache gewesen, wenn dieser Schacht intakt geblieben wäre.* Dann hätte ich einfach nach oben steigen, oben aus dem Geröllhaufen hinausklettern und schließlich darauf hinablaufen können. *Das würde jedoch gefährlich werden, sollten sich die Geröllstücke verlagern. Vielleicht würde ich oben auf dem Haufen sitzen bleiben, den vorbeigehenden Menschen zuwinken und „Hey Rettungshelfer, ich bin hier oben!" rufen.*

Wenn ich keinen Weg aus dem Schacht finden konnte, würde ich probieren, ein Mobilfunksignal zu bekommen. Irgendwann würden die Telefonmasten wieder repariert sein. Aber auch wenn sie wieder aufgestellt und funktionstüchtig waren, war es nicht sehr wahrscheinlich, dass ich von meinem jetzigen Standort aus unter so viel Betonschutt ein Signal empfangen konnte. *Wenn ich aber oben im Schacht wäre, und besonders wenn dort ein Loch wäre, könnte ich Christy und Compassion anrufen und ihnen mitteilen, wo ich bin.*

Wie würde ich aber den Schacht hochklettern?

Mein Bein war gebrochen, und ich hatte eine große Schnittwunde, sonst war mein Zustand okay. Ich war dennoch nicht besonders athletisch, und ich wusste, dass ich nicht stark genug war, mich allein mit den Armen hinaufzuziehen. *Vielleicht eine Kombination von Armen und Beinen?* Wenn ich mich mit meinem rechten Bein hochschieben würde – ich müsste eventuell riskieren, mein linkes auch zu gebrauchen –, konnte ich mich mit meinen Armen das restliche Stück hinaufziehen. Sobald ich auf die Fahrstuhlkabine steigen konnte, ging es nur noch darum, so hoch, wie ich konnte, weiterzuklettern, bis ich ein Funksignal bekam oder einen Weg hinaus fand.

Ich schaltete meine Kamera aus und tappte wieder zu meiner Sitzfläche in der Fahrstuhlkabine zurück. Im Dunkeln dachte ich meinen Plan noch einmal durch. Konnte ich das wirklich tun? Gab es irgendeine Erfolgschance? Bevor ich irgendetwas tat, musste ich alle Einzelheiten durchdenken.

Wenn sie meinen Körper auf Haiti leblos vorfanden, wollte ich, dass Christy erfuhr, dass ich alles für mein Überleben getan hatte.

Ich wünschte mir, meinen Plan mit ihr teilen zu können. Ich war mir sicher, sie konnte ihn noch perfektionieren. Oft brachte ich meine Ideen von der Arbeit mit nach Hause, um nach ihrer Kritik und ihrem kreativen Input zu fragen. Ich neckte sie und nannte sie „mein persönliches Fokusteam". Ihre Intuition war meist genau das, was mir fehlte, um meine Pläne einen Schritt weiterzuentwickeln, oder ich realisierte dann, dass ich mich wieder ans Zeichenbrett setzen musste. *Was würde sie mir wohl in dieser Situation empfehlen?*

„Es ist zu riskant, Dan." Ich konnte förmlich ihre warnende Stimme hören. „Halte einfach durch, Schatz, bis die Rettungshelfer kommen." Ich malte mir ihr Gesicht aus, mit einem Ausdruck tief empfundener Empathie und Liebe, die ihre Augen in einem Moment wie diesem auszudrücken vermochten. Ich sehnte mich nach ihrer Berührung und weinte, da ich dachte, wir würden uns nie wieder gegenseitig trösten.

15

Ein Retter

Wie ich verstanden hatte, zwang sich Sarla dazu, in vollkommener Dunkelheit und auf allen vieren über Geröll und Schutt zu kriechen. So forschte sie, Zentimeter für Zentimeter, nach möglichen Öffnungen.

„Wie geht es Sarla?", fragte ich Jim.

„Sie versucht aus dem Gebäude herauszukommen", antwortete Jim, „aber sie nimmt immer wieder eine Abbiegung, und das bringt ihren Orientierungssinn durcheinander, sodass sie nicht mehr weiß, wo sie genau ist."

An ihren Gesprächen mit Jim konnte ich erkennen, dass Sarla eine intelligente und sehr gebildete Frau war. Ich schätzte sie auf mittleres Alter. Sie schien ein wenig an Klaustrophobie zu leiden, und ich fragte mich, ob sie vielleicht nur zögerlich nach neuen Auswegmöglichkeiten suchte. Nicht, dass ich ihr einen Vorwurf machen wollte. Sie kroch immerhin im Stockdunkeln umher.

„Kann sie in eure Nähe vorrücken?", fragte ich Jim.

„Ja, sie kann unsere Handyleuchten durch die Risse in der Wand erkennen."

„Habt ihr die Möglichkeit, ihr eines eurer Handys rüberzureichen?"

„Wir haben es bereits versucht. Sie konnte es nicht greifen."

Erneut sprach Jim mit Sarla. „Versuch noch einmal durch das Loch zu kriechen, das du vor einer Weile schon einmal durchschritten hast. Vielleicht siehst du dort jetzt etwas Tageslicht."

Ich hörte, wie sie Jim antwortete: „Ich sehe in der Ferne ein wenig Licht."

„Kannst du es erreichen?", fragte Jim.

„Ich weiß es nicht. Ich glaube nicht."

„Glaubst du, du könntest es versuchen? Ich möchte nicht, dass du dich irgendwie in Gefahr begibst, also sei bitte sehr vorsichtig. Aber glaubst du dennoch, du könntest es probieren?"

„Ich versuche es."

Ich hielt meine Finger gekreuzt und sprach ein kurzes Gebet. Jim und die anderen waren neben der Empfangstheke gefangen, und ich hatte keinen Zugang zur Außenwelt. Lukeson war in der Aufzugkabine eingeschlossen. Direkt vor der Fahrstuhlkabine hatte ich Zugang zu einem kleinen Teil der Lobby, aber der Bereich war komplett abgeschlossen, und es gab keinen Weg hinaus. Wenn unsere Mobiltelefone nicht plötzlich anfingen zu funktionieren, war Sarla unsere einzige mögliche Verbindung zur Außenwelt.

Ihre Stimme hörte sich ängstlich und angespannt an. „Ich kann nicht, da ist ein riesiger Balken vor mir."

Ich hörte, wie Jim sie sanft zu überzeugen versuchte. „Kannst du dich daraufziehen?"

„Ich weiß nicht. Ich habe Angst zu fallen."

„Ich möchte nicht, dass du dich verletzt. Zieh dich vorsichtig mit etwas Gewicht daran hoch, und prüfe, ob es hält."

Jim und Sarla führten die Unterhaltung fort, bis sie überzeugt war, dass der Balken ihr Gewicht halten würde. Sie zog sich daran hoch und kletterte dann auf der anderen Seite wieder herab.

Obwohl ich mich an meine Umgebung gewöhnt hatte, empfand ich die Dunkelheit als beängstigend. Ich konnte mir nicht vorstellen, wie es wohl war, in mir unbekannte Winkel zu kriechen, immer wieder Wendungen zu nehmen und dabei zu befürchten, dass ich nie wieder zurückfinden würde. Ich stellte mir Sarla auf dem Balken vor und fragte mich, was man fühlt, wenn man nicht weiß, was sich auf der anderen Seite verbirgt – ob man wohl auf den Boden hinabschlittern, herunterspringen oder möglicherweise in den Tod fallen würde.

„Ich bin an einer neuen Stelle, aber ich sehe mindestens noch einen Raum, den ich durchqueren muss, bevor ich zum Licht gelange."

„Kannst du weitergehen?", fragte Jim.

„Ja, ich versuche es." Ich hörte ihre emotionsgeladene Stimme und betete erneut für ihre Sicherheit.

Als Jim und die anderen Sarla auf ihrem Weg in Richtung Licht bestärkten, schien es mir der richtige Augenblick, die Unterhaltung mit Lukeson fortzuführen. Wir hatten ein bisschen gesprochen, aber er hatte die ganze Nacht geschwiegen. Und ich war in meine eigenen Gedanken versunken gewesen, während ich Notizen in mein Buch geschrieben hatte. Seit wir jedoch die Helikopter hatten vorbeifliegen hören, war Lukeson wieder aktiver, und ich war erleichtert, als ich ihn in seiner Fahrstuhlkabine sich umherbewegen hörte.

„Lukeson, eine von Jims Freunden sieht ein Licht. Sie kann sich frei bewegen und versucht nahe heranzukommen, um dann Aufmerksamkeit auf sich zu lenken."

„Das ist sehr gut, Dan-jell."

„Aber auch wenn Sarla sich frei bewegen kann, kann sie uns nicht retten. Wir brauchen jemanden von außen, der uns hier herausholt."

„Das ist sehr wahr, Dan-jell."

„Ich habe darüber nachgedacht, den Aufzugsschacht hochzuklettern, um zu sehen, ob ich dort ein Mobilfunksignal erhalte."

„Ein Signal?"

„Auf meinem Mobiltelefon."

„Oh."

„Auch wenn ich ein Signal bekommen sollte und jemanden kontaktieren kann, könnte ich alleine uns immer noch nicht retten. Wir brauchen jemanden von außen, der uns rettet."

Unsere Unterhaltung wurde durch die Sprachschwierigkeiten etwas erschwert, aber ich versuchte weiterzusprechen. „Wir können mit eigener Kraft nicht aus diesem Gebäude heraus. Mit all den

Betonschichten über uns besteht der einzige Weg, gerettet zu werden, darin, dass Rettungshelfer von oben kommen und uns hier herausholen. Ich könnte mit meinem Schuh gegen die Wand hauen und hoffen, dass ich mich herauskämpfen kann, aber die Wände sind zu dick. Es übersteigt meine Fähigkeiten, mich hier rauszuboxen. Wir brauchen einen Retter. Wir brauchen einen Erlöser."

„Ja, das stimmt."

„Das hat Jesus für uns getan. Er ist unser Erlöser, unser Retter. Wir können nicht aus eigener Kraft unsere Sünde überwinden und nie gut genug sein, in den Himmel zu kommen. Es ist, wie wenn ich den Aufzugsschacht zwar ein bisschen, aber nicht den ganzen Weg hinaufklettere."

„Nur ein kleines Stück Weg bringt nichts Gutes."

„Das stimmt! Wir brauchen Jesus. Dass er kommt und uns rettet. Wenn Jesus nicht als Retter von oben gekommen wäre, hätten wir keine Hoffnung, mit Gott im Reinen zu sein und in den Himmel zu kommen."

„Und letzte Nacht, Dan-jell, hat er *mich* errettet."

„Ja, Lukeson. Ja, das hat er." Er hatte es verstanden.

Während meines Gesprächs mit Lukeson hörte ich, wie sich Jim und die anderen aufgeregt unterhielten. In einer Gesprächspause fragte ich, ob Sarla weitergekommen war. „Hey Jim, was ist los?"

„Sarla hat die Lichtquelle gefunden. Es ist ein Loch in einer der Mauern. Sie denkt, dass sie näher herankommen kann."

„Ist das Loch groß genug, dass sie durchkriechen kann?"

„Nein, ich glaube nicht."

„Halte mich auf dem Laufenden."

„Mach ich."

Ich lenkte meine Aufmerksamkeit wieder auf Lukeson und sprach mit ihm darüber, wie er in seinem neu gefundenen Glauben wachsen konnte. Ich erklärte ihm, dass die Bibel Gottes Wort an uns ist und dass sie die Geschichte des Rettungsplans Gottes durch Jesus offenbart. Ich schlug ihm vor, das Johannesevangelium zu lesen, weil es für viele Menschen ein guter Anfang war, und erklärte ihm, dass man, wenn man Jesus in sein Leben aufnahm, sein Recht aufgab, das Leben eigenhändig zu kontrollieren. Stattdessen hatte er sich nun dazu entschlossen, sein Leben nach dem zu richten, was die Bibel als richtig und falsch bezeichnete.

Wir sprachen darüber, dass das Gebet wie ein Gespräch mit Gott war. Und durch Gebete konnte er Gott fragen, was sein Auftrag für ihn war und was Gott sich für ihn als Menschen wünschte.

„Wenn wir es hier rausschaffen, Lukeson, dann versuche, eine christliche Gemeinde zu finden. Und stelle dich jemandem in dieser Gemeinde vor. Erzähle den Menschen dort, was du getan hast."

„Dass ich Jee-sus angenommen habe?"

„Ja."

„Das werde ich, Dan-jell."

Ich fragte mich, in was für ein Leben Lukeson zurückkehren würde, wenn wir es hier herausschafften. Würde er noch ein Zuhause haben? Waren seine Verlobte und seine Mutter noch am Leben? Ich hatte Hoffnung, dass er sich einer Kirche und den Gemeindemitgliedern anschließen würde. Durch die Kombination seiner Beziehung zu Jesus und einer christlichen Gemeinschaft, dem Leib Christi, in seinem Leben, wäre der Unterschied für ihn erheblich, unabhängig davon, was er vorfinden würde, wenn er aus diesem Schutthaufen wieder freikommen würde. Ich dachte darüber nach, welchen Einfluss er als neuer Nachfolger Jesu auf sein Zuhause und in seiner Lebensgemeinschaft haben konnte.

Es schien mir, als ob ich in der Ferne eine gedämpfte Stimme hörte. Ich unterbrach meinen Satz, um zu horchen. Es war Sarla, die ängstlich rief. *Was macht sie?*

Während der Nacht hatten Jim und die anderen versucht, Aufmerksamkeit auf unsere Situation zu lenken, indem sie gemeinsam klopften. Eine Person, meistens Jim, zählte: „Eins, zwei, drei!" Dann schlugen alle gemeinsam gegen die Wand und riefen, so laut sie konnten: „Hilfe!" Als ich verstanden hatte, was sie da taten, schloss ich mich ihnen an, schlug auf den Aufzugschacht und rief aus Leibeskräften. Lukeson tat es uns gleich.

Als ich hörte, wie Sarla verzweifelt versuchte, gehört zu werden, fragte ich mich, ob wir ihr alle gemeinsam helfen sollten.

„Was ist mit Sarla los?", fragte ich Jim.

„Sie kann Stimmen hören. Sie versucht, sie auf sich aufmerksam zu machen."

Sie muss lauter rufen! Das war nicht als Kritik gemeint. Sarla gab, wie wir anderen auch, ihr Bestes. „Kann sie den Spalt in der Wand erreichen?"

„Ich weiß es nicht, ich werde nachfragen."

Ich hörte, wie Jim mit ihr kommunizierte, aber ich konnte ihre Antwort nicht verstehen. „Ja, sie kann ihre Hand hindurchstrecken, aber nicht mehr als das."

„Frag sie, ob sie auf etwas draufhauen oder Steine werfen kann, um Aufmerksamkeit auf sich zu lenken." Ich dachte über weitere Möglichkeiten nach. „Kann sie vielleicht mit etwas herumwedeln? Vielleicht einem Stück Kleidung?"

„Warte, sie hat mit jemandem von außen gesprochen."

Sie hat mit jemandem Kontakt aufgenommen? Ich hörte, wie Jim und Sarla Informationen austauschten. Ich versuchte nicht nervös zu werden, aber ich spürte, wie mein Puls schneller wurde. In einer kurzen Gesprächspause bestätigte mir Jim, dass Sarla mit einer Person von außen Kontakt aufgenommen hatte.

„Sie sagte ihm gerade, dass hier sechs Amerikaner gefangen sind und Hilfe brauchen."

Sechs? Sie denkt wohl an sich und die vier anderen, die mit Jim zusammen verschüttet sind.

Ich hörte Sarlas Stimme in der Ferne ängstlich rufen. Teile des Gespräches konnte ich entschlüsseln, aber ich wusste nicht, ob ihr jemand antwortete.

„Hat er etwas gesagt?"

Jim und Sarla tauschten weitere Worte aus, von denen ich aber nur Jims verstehen konnte. Ich erlebte gerade passiv ein Abenteuer, dessen Ablauf ganz und gar nicht in meiner Hand lag.

„Er hat auf Kreolisch geantwortet", sagte Jim, „aber Sarla hat nicht verstanden, was er zu ihr gesagt hat. Ann und ich haben die Nachricht auf Französisch wiederholt, er hat mit einem ‚Okay' geantwortet, und dann haben wir ihn davonlaufen hören. Es hört sich gut an, Dan. Es hört sich so an, als ob er Hilfe holt!"

Ich lächelte im Dunkeln. Ich hatte mir eingeredet, dass es Tage dauern würde, bis wir von einem Retter gefunden wurden, *falls* das überhaupt jemals geschah. Aber jetzt hatten wir dank Sarla bereits nach einigen Stunden Kontakt mit der Außenwelt aufnehmen können! Es gab noch vieles, was getan werden musste, bevor wir tatsächlich frei waren, aber mein Gemüt wurde leichter, weil dies das erste richtige Zeichen eines Fortschritts war. Ich war so glücklich.

Ich teilte Lukeson die gute Nachricht mit. „Es sieht so aus, als ob jemand versuchen will, uns zu retten." Ich hob meine Hand an meinen Nacken. Ich hatte bis jetzt nicht realisiert, wie sehr mich das Gewicht der physischen und mentalen Last, die ich trug, mitgenommen hatte.

„Das ist toll, Dan-jell. Das ist toll."

„Wird Sarla auf ihn warten, bis er zurückkommt?", fragte ich Jim.

„Ja, sie hat die ganze Nacht gearbeitet. Jetzt wird sie bei der Öffnung in der Wand sitzen bleiben und sich ausruhen und auf die Rückkehr des Mannes warten."

„Bitte richte ihr meinen Dank aus. Sie ist eine sehr tapfere Frau!"

Ich hörte, wie Jim meine Worte weitergab. Trotz ihrer Schmerzen hörte ich einige muntere Stimmen von Jims Freunden, die sich miteinander unterhielten.

Hoffnung war ein wunderschöner Ausblick, sogar im Dunkeln.

16

Zweifel

Nach vier Jahren Ehe war die Depression noch immer ein Teil von ihr. Wir hatten gerade in Ruhe zu Abend gegessen und trockneten noch das letzte Geschirr ab. Christy hatte während des Essens nicht viel gesprochen. Ich sah ihr zu, wie sie langsam den letzten Wasserstreifen von einem Glas abwischte. Obwohl sie nicht weinte, konnte ich die Trauer in ihren Augen sehen, eine Mischung aus Schmerz und Hoffnungslosigkeit. Ihre Augen waren die eines Menschen, der einen tiefen Verlust erleidet.

Sie hob den Kopf und sah, wie ich sie anstarrte. „Wie lange wird diese Trauer noch andauern?"

„Was?"

„Noch ein Jahr? Zwei Jahre? Wie lange werden wir so leben müssen?" Sie stellte das Glas in den Schrank und nahm ein weiteres in die Hand.

„Ich weiß es nicht, Christy, aber wir *werden* das hier überstehen."

„Ich sehe das nicht. Ich kann unsere Zukunft nicht sehen. Es gibt für mich keine Hoffnung, dass es sich jemals zum Guten wendet."

Ich nahm das Glas aus ihren kalten Händen und stellte es auf den Tisch. „Komm her", sagte ich, zog sie eng an mich heran und schloss meine Arme fest um sie. „In der Beratung machen wir viele Fortschritte. Ich freue mich auf unsere Zukunft. Es bewegt sich etwas, glaub' mir." Ich lehnte mein Kinn auf ihren Kopf. „Darf ich dir etwas erzählen, das ich heute Morgen gelesen habe?"

Ich ging zur Couch, setzte mich hin, und Christy nahm neben mir Platz. Meine Bibel lag auf dem Tisch, und ich schlug eine Stelle aus Jeremia 29 auf. Ich las Vers 11, den wir beide kannten, laut vor. „Denn ich allein weiß, was ich mit euch vorhabe: Ich, der Herr, werde euch Frieden schenken und euch aus dem Leid befreien. Ich gebe euch wieder Zukunft und Hoffnung."

Nach einigen langen Minuten sagte sie leise: „Ich glaube nicht mehr daran."

Ich starrte sie an und wusste nicht, was ich sagen sollte.

„Wie *kann* ich das denn glauben?" Sie drehte sich zu mir. „Diese Versprechen scheinen wie hohle, leere Worte. Ich stecke doch mitten im *Leid* fest." Sie stand auf und ging zum Fenster. „Ich spüre keine *Hoffnung*, und ich kann keine *Zukunft* mehr sehen – zumindest keine, die ich überstehen werde."

„Gott wird die Schwierigkeiten für uns überwinden, Christy. Wir wissen beide von den vielen Verheißungen in der Bibel, die uns sagen, dass Gott sich um die Seinen kümmert. Wir müssen an diese Versprechen glauben", sagte ich so sanft wie möglich.

„Ich glaube nicht, dass er die Umstände verbessern wird. Schau dir doch unser Leben an, Dan."

„Können wir miteinander beten? Können wir mit Gott gemeinsam über dein Gefühl sprechen?" Ich erwartete, dass sie zur Couch zurückkam, doch sie blieb reglos stehen.

„Ich kann nicht beten."

„Okay, ich werde einfach für uns beten."

„Gut. Tu, was immer du magst."

Ich sah, wie sie sich vom Fenster wegdrehte und ins Schlafzimmer lief. Ratlos saß ich da, die Bibel aufgeschlagen auf meinem Schoß.

• • •

In den nächsten Monaten schien Christys Melancholie noch intensiver zu werden. Sie war traurig und frustriert über den augenscheinlich mangelnden Fortschritt. Ich wusste, dass sie ihr Leben, mich und unsere Ehe beizeiten aufgeben wollte.

„Du solltest dich von mir scheiden lassen. Ich habe mich so sehr verändert und bin nicht mehr die Person, die du geheiratet hast. Du verdienst etwas Besseres, und ich halte dich nur zurück."

Als sie das Wort mit *S* ausgesprochen hatte, schrie ich sie an: „Wir werden unsere Ehe nicht aufgeben!" Doch ich beruhigte mich wieder und dämpfte meinen Ton. „Es tut mir leid. Es tut mir wirklich leid, dass ich dich angeschrien habe." Ich stellte mich vor sie, damit sie mir in die Augen sehen konnte, doch sie wandte den Blick ab.

Das Thema Scheidung war schon einmal aufgetaucht, und ich wurde dann fast immer laut, obwohl ich wusste, das das überhaupt nicht hilfreich und sogar fast ironisch war. Wir versuchten mit allen Mitteln, die Depression zu überwinden, und der Gedanke, den Kampf und gar unsere Ehe aufzugeben, machte mich wütend. Wenn sie Scheidung als Lösung vorschlug, bekam ich das Gefühl, *ich* hätte versagt.

Christy verstand nicht, warum ich weiterhin mit ihr verheiratet sein wollte, und dachte, es sei besser für mich, wenn ich sie losließe. Aus ihrer Sicht konnte ich vielleicht Glück mit einer anderen Frau finden, und so wäre wenigstens *einer* von uns beiden glücklich. Aber Scheidung war für mich keine Lösung. Christy war die Liebe meines Lebens.

„Ich bin nicht bereit, uns aufzugeben, Christy. Und es macht mich wütend, wenn ich nur darüber nachdenke. Kannst du mir bitte verzeihen, dass ich dich angeschrien habe?" Ob sie mir wirklich vergeben hatte oder einfach keinen Mut hatte zu kämpfen, weiß ich nicht; sie schien bereits nach vorne zu schauen. Ich berührte sanft ihre Wange, und sie blickte zu mir auf.

„Christy, ich habe dich nicht geheiratet und mich auch nicht in dich verliebt, weil ich ein realitätsfernes Bild von dir hatte. Ich liebe *dich*.“ Ich legte meine Hand auf ihr Herz. „Du leidest tief in dir. Dein Ich ist traurig, weil du nicht du sein kannst. Ich habe mich damals nicht dafür entschieden, mit einem Roboter oder einem Mannequin zu leben, das immer so aussieht und sich so verhält wie an dem Tag, an dem wir uns ineinander verliebt haben. Ich habe mich dafür entschieden, meine Liebe einer lebenden, atmenden, sich verändernden, wachsenden, zurückschreitenden, progressiven, fehlerhaften und doch wundervollen Frau zu geben, die ich durch alle Phasen unseres Lebens lieben werde. In guten und in schlechten Zeiten, in Krankheit und Gesundheit, bis dass der Tod uns scheidet. Ich bin bei dir Christy, auf immer und ewig.“

Sie blickte mir suchend in die Augen, als ob sie mein Herz sehen und erkennen wollte. Die Anspannung in ihrem Gesichtsausdruck schwand und Tränen begannen zu fließen. Ihr Weinen wurde zu einem Schluchzen. Ich hielt sie fest und war froh zu sehen, dass sie ihr Herz ein wenig öffnete, um meine Liebe anzunehmen – auch wenn dies bedeutete, dass sie auch den Schmerz tiefer empfand.

• • •

Christy und ich isolierten uns zunehmend. Wir wussten, dass wir die Unterstützung von Freunden und Familie brauchten, aber wir fanden es schwierig, anderen gegenüber zu offenbaren, was wir durchmachten.

Ich glaubte daran, dass die Menschen in unserem Leben aufrichtiges Mitgefühl hatten, aber wenn sie uns fragten, wie es uns ging, und wir ehrlich antworteten, wussten sie oft nicht, wie sie darauf reagieren sollten. Viele schlugen schnelle Lösungen vor wie: „Du solltest dir ein neues Hobby suchen“, gaben uns Plattitüden mit auf den Weg wie: „Gott lässt uns nur so viel durchmachen, wie wir ertragen können“, und warfen uns zwischen Tür und Angel geläufige Bibelverse zu, was nicht immer hilfreich war.

Ich bin mir sicher, dass unsere Freunde und Bekannten hofften, dass ihre kurzen Ermutigungen uns auf irgendeine Weise helfen würden. Aber ich hatte den Eindruck, dass ihre Bemühungen oft den Zweck erfüllen sollten, Unbehagen zu beseitigen, das entstand, wenn man über den Schmerz sprach. Niemand spricht gerne über Schmerz.

Wir waren so dankbar für die seltenen Gelegenheiten, wenn ein Freund oder jemand aus der Gemeinde von den Schwierigkeiten, mit denen wir lebten, erfuhr und aufrichtige Besorgnis und Trauer zeigte. Diese mitfühlenden Menschen reagierten etwa mit folgenden Worten: „Es tut mir so leid, dass ihr euch damit auseinandersetzen müsst." Und dann boten sie weitere Gespräche und Hilfe in jeglicher Form an. Ohne nach einer schnellen Lösung zu suchen, standen sie uns in unserem Schmerz bei und waren bereit, mit uns gemeinsam zu leiden. Dennoch sind diese Menschen rar gesät und ihre Reaktion eine Ausnahme, und so fühlten wir uns meist von denen, die uns umgaben, isoliert.

In der Anfangszeit unserer Ehe war unsere Gemeinde für Christy und mich ein wesentlicher Bestandteil unseres christlichen Glaubens, eine wichtige Möglichkeit, Gemeinschaft mit anderen Nachfolgern Christi zu haben und ermutigt zu werden. Wir freuten uns immer darauf, Predigten über Gottes Wort zu hören, Gott gemeinsam anzubeten und von anderen Glaubenserfahrungen zu hören.

Als wir aber tiefer in das Loch der Depression versanken, wurde es in der Gemeinde schwierig für uns. Manchmal war es der Lobpreis, der uns fremd schien. Es war schwer, Texte wie: „Dies ist der Tag, den der Herr gemacht. Wir wollen uns freuen und fröhlich sein" mitzusingen – ein Lied, das wir immer sehr gemocht hatten –, da es Lichtjahre von unseren wahren Gefühlen weg schien. *Wo waren die Lieder, die mit unserem Leid einhergingen und uns dabei halfen, unseren Schmerz zu Gott zu rufen?*

Wir begannen nach einer anderen christlichen Gemeinde zu suchen, die uns in unserer Situation dienen konnte. Ironischerweise war die freudige Atmosphäre in den meisten Gemeinden eine echte Herausforderung für uns. Wir versuchten, offen zu sein, fanden jedoch keine natürliche Ausdrucksmöglichkeit für unseren Schmerz. Teilten wir uns anderen mit, so erhielten wir einfache Antworten. Es schien, als müssten wir uns entscheiden: uns mit unserem Schmerz treu zu sein und dadurch aufzufallen – oder ein fröhliches, „normales" Gesicht aufzusetzen und weniger Blicke auf uns zu ziehen. Christy hatte das Gefühl, dass sie dafür Energie aufbringen musste, die sie nicht hatte, und sie verbrachte die Woche damit, die künstliche Normalität der Sonntage teuer zu bezahlen.

In einer Gemeinde erlebten wir einen Pastor, der traurigerweise unzutreffende Ansichten vertrat. Während seiner Predigt sagte er: „Wenn Sie eine Depression haben, verschwenden Sie keine Zeit bei Therapeuten oder mit Medikamenten. Das Problem liegt in der Sünde in Ihrem Leben und Ihrem Mangel an Gottesglauben." Seine Worte waren unwahrscheinlich schmerzhaft für Christy. Außerdem war er im Unrecht. Ja, Sünde kann zu einer Depression beitragen, und wir gestehen ohne Umschweife ein, dass wir Sünder sind. Es gibt aber so viele Faktoren, die zur Depression führen, und keine einfache, allgemeine Lösung. Christy zu empfehlen, ihre Beratung und Medikamente aufzugeben, ergab keinen Sinn. *Würde dieser Pastor einem Diabetiker erzählen, er solle Insulin aufgeben und nie wieder zu einem Arzt gehen?*

Wir wussten, dass die Gemeinde ein wichtiger Teil war, im Glauben zu wachsen und bestärkt zu werden, aber wir kamen an den Punkt, an dem wir die Kirchenbesuche aufgaben. Mit der Zeit wurde es immer schwieriger, die Bibel oder christliche Bücher zu lesen und zusammen zu beten. Also machte ich alleine weiter. Obwohl Christy ermutigende Bibelverse im Haus verteilte, hatte sie aufgehört, regelmäßig in der Bibel zu lesen und Zeiten der Andacht zu verbringen.

Ich bemerkte, dass auch meine eigene Zeit mit Gott weniger wurde. In den frühen Jahren unserer Ehe erfuhr ich fast jeden Tag

Gottes Ermutigung durch die Bibel, Gebetszeiten oder durch Unterhaltungen mit Christy oder Freunden. Aber als die Jahre verstrichen, schien es in manchen Monaten so, als sei Gott völlig abwesend.

Ich begann, ungeduldig mit Gott zu werden.

Warum lässt Du das zu? Warum machen wir all das durch?

Ich versuchte für uns beide am Gauben festzuhalten, wurde aber zunehmend frustriert und wandte mich immer weniger an Gott. Wir gingen nicht mehr in die Gemeinde und lasen nicht zusammen in der Bibel. Es fiel uns schwer, an Gottes Versprechen zu glauben. Was, wenn uns die Depression ganz wegführte von unserem für uns so wichtigen Glauben? Wohin würden wir dann kommen?

Es stand schlecht um uns, aber es konnte noch viel schlimmer werden.

Bei diesem Gedanken durchfuhr mich ein Schaudern.

17

Hilfe holen

Mittwoch

Hotel Montana, Port-au-Prince

Es waren einige Stunden vergangen, seit Sarla mit dem Mann von draußen Kontakt aufgenommen hatte, und seitdem hatte sich nichts weiter ereignet. Sorge vertrieb nun langsam die Hoffnung, die ich gespürt hatte. „Hat Sarla denn schon etwas Neues gehört?", fragte ich bereits zum hundertsten Mal. Ich fühlte mich wie ein Kind, das im Auto sitzt und seine Eltern im Minutentakt löchert: „Wann sind wir da?"

Genau wie das Kind kannte ich die Antwort, bevor Jim sie mir geben konnte: „Noch nicht."

„Vielleicht können sie ihren Standort nicht finden? Sollen wir wieder anfangen, Krach zu machen?"

Von Dienstag bis Mittwochmorgen hatten wir einige Male gemeinsam laut gerufen und gegen die Wände geklopft, in der Hoffnung, so Aufmerksamkeit auf uns zu lenken. Aber seit Sarlas kurzer Verbindung mit der Außenwelt hatten wir es nicht wiederholt. Jetzt, wo es Tag war, schien es, als hätten wir eine höhere Chance, dass uns jemand hörte.

Jim stimmte mir zu.

Ich griff nach einem Betonklotz, der in meine Hand passte, aber groß genug war, beim Schlagen gegen die Fahrstuhlkabine ein lautes Geräusch zu machen.

Jim zählte laut. „Und los geht's! Eins, zwei, drei. Hiiilfeeee!"

Wir schlossen uns dem Gebrüll an und schrien und schlugen für etwa 30 bis 45 Sekunden an die Wand. Nach einer kurzen Pause fingen wir erneut an zu lärmen.

Wir wussten, dass wir tief verschüttet waren, wollten aber alles Mögliche tun, um die Menschen draußen wissen zu lassen, dass wir hier festsaßen. Es schien eigentlich kein großer Aufwand, aber jedes Mal, wenn wir wieder pausierten, war ich so außer Atem, als wäre ich eine qualvolle Meile gerannt.

Von da an trommelten und brüllten wir mindestens einmal in der Stunde. Manchmal schrien wir: „Wir sind hier!" oder: „Wir sind verletzt!" Ein paarmal hörte ich, wie einer der verschütteten Männer rief: „Wir sind Amerikaner." Oder: „Wir haben Geld!"

Das fand ich bemerkenswert. Ich rief so etwas nie, aber ich konnte nachvollziehen, warum er es tat. Wenn wir die Aufmerksamkeit eines Haitianers auf uns ziehen konnten, der bereit war, uns mit seinen bloßen Händen hier auszugraben, dann sollte es eben so sein. Ich würde ihm mit Freude alles dafür geben, was ich bei mir hatte. Und mehr noch, wenn er wollte. Ich fragte mich aber, ob der Ruf „Wir sind Amerikaner" auch negativ auf uns zurückfallen könnte. Nicht jeder denkt so positiv über unser Land, wie wir es tun.

Als der Nachmittag sich dem Ende neigte, machten wir noch vier- oder fünfmal Krach, jedoch ohne Erfolg. Es waren mindestens acht Stunden vergangen, seit Sarla mit der Person von außen Kontakt aufgenommen hatte, und das bedeutete, dass es später Nachmittag oder früher Abend sein musste. Es schien klar, dass er nicht zurückkommen würde.

Für mich wurde es zunehmend schwierig, für mehr als 10 Minuten am Stück auf einer Stelle zu sitzen oder zu liegen. Enge Flugzeugsitze waren schon unbequem, aber der Platzmangel in dieser Fahrstuhlkabine, in der ich mich nicht ausstrecken konnte, war entsetzlich qualvoll. Die kleinen Geröllstückchen drückten sich in mein Fleisch und besonders in meine Knochen und sandten stechende Schmerzen durch meinen Rücken und meine Hüften, bis ich mich schließlich in eine weitere, unbequeme Position setzte. Ich musste meine Sitzposition oft wechseln, und dies bedeutete natürlich auch, dass ich jedes Mal eine neue Sitzfläche freifegen musste, um mir einen Ort zu schaffen, an dem ich mich ausruhen konnte. Als ich gerade einige kleinere Steine aus der Fahrstuhlkabine herausschob, fühlte ich in meiner Hand etwas Ungewöhnliches. Es war ein dünner Zylinder. Für ein Geröllstück war er zu rund, er musste von Menschenhand gemacht worden sein.

Mein Kugelschreiber!

Es war genau der Stift, den ich in der vorigen Nacht verloren hatte. *Danke, Gott!* Viele der Notizen, die ich mit dem Textmarker geschrieben hatte, waren wahrscheinlich sehr unleserlich, und die Möglichkeit, sie noch mal zu überarbeiten, freute mich sehr. Da ich nur noch einen Balken in meiner Kamerabatterie hatte, nutzte ich das iPhone-Licht, um die Seiten meines Notizbuchs anzusehen. Ich versuchte, so gut es ging, die Notizen nachzufahren, um sie lesbar zu machen. Außerdem fielen mir noch ein paar praktische Dinge ein, die ich Christy schreiben wollte, also fügte ich sie dazu.

Ich wollte nicht riskieren, den Stift noch einmal zu verlieren; also schob ich ihn, als ich fertig war, sicher in meine Hosentasche. Dabei blieb er jedoch an etwas hängen. Ich griff in die Tasche und zog eine Packung Kaugummis wieder heraus. *Wie hatte ich das nicht mitbekommen können?* Es waren noch zwei übrig.

Ich roch am Pfefferminz-Kaugummi, befeuchtete mir voller Vorfreude die Lippen und dachte daran, wie erfrischend der Geschmack eines Kaugummis war. Als Kind hatte man mir immer gesagt, dass ich Kaugummis nicht hinunterschlucken sollte. Aber so wie alle Kinder hatte ich es mehr als einmal getan. Ich erinnerte mich an das Gefühl des Kaugummis im Magen – wie ein Klumpen. Obwohl das Kaugummi keinen Nahrungswert hatte, freute ich mich über die Gelegenheit, darauf zu kauen und die Betonpaste und den schlechten Geschmack aus meinem Mund zu entfernen. Ich freute mich sogar auf den Klumpen in meinem Magen.

Als ich das rechteckig geformte Gummi aus der Verpackung pellte, kam mir ein minzig-frischer Geruch entgegen. Ich schob das Kaugummi in meinen Mund, und der Geschmack entfaltete sich, als ich langsam anfing zu kauen.

Doch bevor das Kaugummi weich wurde, realisierte ich, dass ich einen Fehler beging: Das Kaugummi saugte ja alle Flüssigkeit in meinem Mund auf. Also nahm ich es schnell wieder heraus und wollte es gerade aus dem Auszug herausschnippen, als mir klar wurde, dass das nicht sehr klug war. *Ich muss es aufbewahren, es könnte mir vielleicht hilfreich sein.* Ich hatte begonnen, in einer Ecke der Fahrstuhlkabine praktische Hilfsmittel zu stapeln, obwohl ich noch nicht genau wusste, wann und wofür ich sie gebrauchen würde. Die dreieckige Kaugummiverpackung legte ich dazu und klebte das angekaute Stück an die Wand oberhalb meines Kopfes, sodass ich es finden würde, falls ich es wieder brauchte.

Als ich Jim plötzlich sagen hörte: „Vielleicht können sie uns hier nicht herausholen", erstarrte ich. Er sprach gerade mit den anderen, die mit ihm gefangen waren.

„Was, wenn sie gar nicht vorhatten, uns zu helfen?"

„Vielleicht waren sie nur hier, um zu sehen, was vom Hotel noch da ist."

„Es schien nicht so, als seien sie Rettungshelfer."

„Jim?" Ich wollte, dass er wusste, dass ich seine Konversation hören konnte.

„Es sieht nicht gut aus, Dan."

Ich hielt inne. Jetzt wo Jim meine Gedanken aussprach, verließ mich jeder Funken Hoffnung. Es musste etwas geben, das ich tun konnte.

Als ich Jim von meiner Idee, aus der Fahrstuhlkabine zu klettern, erzählt hatte, hatte er zu bedenken gegeben, dass mein Bein ein Problem sein würde. Seitdem hatte ich noch mehr darüber nachgedacht und versuchte einen Plan zu entwickeln, das verletzte Bein nicht so sehr belasten zu müssen. Ich dachte aber auch daran, dass es dunkel sein würde, wenn ich in den Schacht stieg. Ich würde einen Weg finden müssen, mein iPhone als Kopfleuchte an meiner Stirn zu befestigen, um meine Hände gebrauchen zu können.

Es war riskant. Ich konnte stürzen, oder etwas konnte auf mich herabfallen. Vielleicht war dies jedoch meine einzige Chance – unsere einzige Chance –, entdeckt und gerettet zu werden. Ich erzählte Jim nichts weiter von meinem gefährlichen Plan, aber inzwischen hatte ich dafür einen Namen gefunden: Es war mein „Endspielplan". Ich würde ihn durchziehen, wenn es keine Hoffnung auf Rettung mehr gab, ich aber noch nicht zu schwach war, ihn auszuführen. Es würde meine letzte Anstrengung sein. Ich hoffte nur, dass ich meinen Plan überleben und nicht daran zugrunde gehen würde.

Ich dachte an den Mann von draußen, mit dem Sarla Kontakt aufgenommen hatte. Offensichtlich würde er nicht zurückkommen. Ich wusste weder, wer er war, noch, was sein Hintergrund war, aber ich wünschte mir, er wäre nicht einfach verschwunden, sondern hätte jemandem, irgendjemandem, Bescheid gegeben, der uns hätte helfen können.

Vielleicht hatte er ja doch jemandem von uns berichtet.

Was, wenn er von uns erzählt hatte, und sie wollten – oder konnten – nicht kommen? Vielleicht war ihnen die Anzahl von sechs Menschen, die Sarla genannt hatte, zu gering?

Wenn sie mich und Lukeson miteinbezogen hätte, hätte das einen Unterschied gemacht? Oder war es vielleicht einfach zu schwierig, die Rettungsausrüstung auf den Hotelberg zu bekommen?

Das kontinuierliche An-die-Wand-Schlagen hatte mich ermüdet und wirbelte noch mehr Betonstaub im Aufzug auf. Der Staub beschichtete meine Mundhöhle, und ich realisierte, dass ich dehydrierte.

• • •

Als der Morgen zum Nachmittag wurde, fragte ich mich, wie lange ich noch durchhalten konnte. Ich entschied mich dafür, die verbleibende Batteriestärke meiner Kamera zu nutzen, um eine letzte Nachricht an meine Familie zu schreiben. Ich schrieb:

Mittwoch.
Ich werde heute Nacht oder morgen vielleicht in den Himmel gehen. Die Rettungskräfte sind nicht zurückgekehrt. Wahrscheinlich ist die Rettungsaktion zu schwierig, wo es so viele andere, leichter zu lindernde Nöte gibt.
Wenn ich sterbe, müsst ihr wissen, dass ich ohne Schmerzen eingeschlafen bin.

• • •

Ich war nicht hundertprozentig ehrlich. Natürlich hatte ich Schmerzen, jedoch war ich nicht so gequält, wie ich es eigentlich hätte sein müssen. Es war also wahr, dass, wenn ich stürbe, es kein qualvolles Sterben war. Ich wusste, dass Christy sich vorstellte, dass mein Körper irgendwo blutig, gebrochen und vergessen dalag. Wenn sich bestimmte Dinge in ihren Kopf eingenistet hatten, war es oft schwer, sie von diesen Gedanken wieder zu befreien. Ich wollte nicht, dass sie sich in meine Schmerzen hineinsteigerte, sollte ich sterben. Ich wollte ihr diese Qual ersparen.

Ich ♥ euch alle.

Ich dachte an Davids Familie, wenn sie von seinem Tod erfuhr. Er war sofort und ohne Schmerzen gestorben. Ich hoffte, dass das wenigstens ein kleiner Trost für sie sein würde. Die Eindrücke unseres letzten gemeinsamen Augenblicks spielten sich vor meinem inneren Auge ab. Ich stürzte mich in Richtung Ausgang, David ebenfalls –

aber plötzlich veränderte sich das Bild. Als ich mir seine letzten Schritte vorstellte, malte ich mir jetzt aus, wie er sich in Jesu Arme hineinfallen ließ. Es war, als ob Jesus an den Pforten des Himmels stand und nur darauf wartete, ihn aufzufangen. Dieser Gedanke löste in mir ein bittersüßes Glücksgefühl aus. Jesus war für ihn da, und ich wusste, er würde auch da sein, um mich aufzufangen.

Dennoch haderte ich mit der Frage nach dem *Guten*. Wie konnte etwas von dem, was hier passierte, gut sein? Wie konnte ich freudig den Himmel erwarten, wenn ich mich nach meiner Frau und meinen Söhnen sehnte?

Wir hatten Freunde, die für unsere emotionalen Bedürfnisse besonders mitfühlend waren. Ich schrieb Christy eine Nachricht, in der ich sie darum bat, deren Hilfe und Ermutigung in Anspruch zu nehmen. Dann verfasste ich folgende Nachricht an unsere Freunde:

Bitte wacht über ihren seelischen Zustand. Sorgt dafür, dass sie therapeutische Begleitung hat.

Das Licht meiner Batterie hatte nun schon eine Weile geblinkt und mir mitgeteilt, dass sie bald leer war. Bevor sie ausging, schrieb ich ein paar letzte Worte an Christy:

Gib nicht auf. Arbeite hart für deinen Gauben an Christus.
Trotz meines Versagens – meiner Fehler, nicht deiner –
wurdest du, Christy, von einem Mann geliebt,
der verrückt war nach dir, und nur dir.
Ich werde dich immer lieben.

18

Zukunftsvisionen

Der Druck auf meiner Blase war stetig angestiegen, bis ich es schließlich nicht mehr aushalten konnte – ich musste wieder. Aber ich hatte meine Lektion gelernt. Dieses Mal würde ich mein T-Shirt nicht benutzen. Ich machte eine weitere Bestandsaufnahme meiner Habseligkeiten: ein Notizbuch, ein Kuli, ein Filzstift, ein Pass, eine Kaugummipackung aus Pappe, ein iPhone und eine Kamera. Was würde sich dazu eignen, Urin aufzufangen?

Ich dachte erst an meine Kamera, aber ich wusste nicht, ob vielleicht gesundheitsschädliche Chemikalien darin waren, wenn ich sie als Becher benutzte. Ich fühlte mich ein bisschen wie MacGyver, aber ich hätte sehr viel lieber ein wenig Sprengstoff gebaut, um einen Ausgang freizumachen, anstatt mich eigenen Herausforderungen zu stellen.

Mir wurde klar, dass von den wenigen Hilfsmitteln, die mir zur Verfügung standen, mein Notizbuch sich am ehesten als Auffangbehälter eignete. Vorsichtig riss ich hinten aus dem Buch eine Seite heraus. Wenn ich es schaffte, eine Art Kegel zu formen, könnte es vielleicht gehen. Aber meine Origami-Versuche erzielten nicht die Resultate, die ich mit erhofft hatte. Mehr und mehr wünschte ich mir meinen Rucksack herbei. Daran hingen seitlich zwei Wasserflaschen, und selbst mit einer dieser Flaschen wäre alles so viel einfacher gewesen.

Ich schmunzelte, als ich mich bei diesem Gedanken ertappte. Wenn ich die Wasserflaschen gehabt hätte, hätte ich das Wasser darin trinken können und mich nicht um ein Gefäß zum Auffangen meines Urins kümmern müssen! Trotzdem wäre es sehr viel ein-

Dieses Foto von den Slums an den Berghängen von Port-au-Prince habe ich vor dem Erdbeben von meinem Hotelfenster aus gemacht. Mir fiel auf, wie zerbrechlich die Gebäude wirkten, die man scheinbar wie bei einem riesigen Jenga-Spiel aufeinandergestapelt hatte. © DanWoolley.net

Den Dienstagnachmittag verbrachten wir im Haus von Missoul. Es war wundervoll zu sehen, wie liebevoll sie mit ihren Töchtern umging.
© DanWoolley.net

Nachdem meine Reservierung in einem anderen Hotel geplatzt war, wurde ich ins Hotel Montana umgebucht – ein wunderschöner Rückzugsort mit einem atemberaubenden Blick auf Port-au-Prince. © DanWoolley.net

Das Erdbeben der Stärke 7 setzte am Dienstag, den 12. Januar, um 16:53 Uhr Ortszeit ein. Obwohl das Beben offiziellen Angaben zufolge 35 Sekunden dauerte, stürzte das Hotel Montana binnen 3 Sekunden völlig in sich zusammen. © Logan Abassi/UN photo

Dies war der Blick aus meinem Fahrstuhl (als ich den Kcamerablitz benutzte). In den ersten Minuten nach dem Beben lag ich noch auf der anderen Seite des weißen Stützbalkens, weil mein Fuß unter Geröll feststeckte. Als ich die sechs Meter in den offenen Fahrstuhlschacht hinüberkroch, hinterließ ich eine Blutspur. Nur Sekunden, nachdem ich in Sicherheit war, setzte ein Nachbeben der Stärke 6 ein, und ich hörte, wie eine andere Wand genau dort herunterkam, wo ich vorher festgesteckt hatte.

Großes Foto: © DanWoolley.net, kleines Foto: © Chuck Bigger / Compassion.com/unshaken

So sah mein Fahrstuhl nach qualvollen 65 Stunden aus. (Sorry, Mom, ich habe ihn leider nicht ordentlicher hinterlassen, als ich ihn vorgefunden hatte.) An der Wand sieht man die Spuren meines Versuchs, das Bluten meiner Kopfwunde mit einer Socke zu stillen. Dieser Fahrstuhl ist für mich ein ganz spezieller Ort, denn ich hatte das Gefühl, dass Gott mit mir in der Dunkelheit war. © Sam Gray / Virginia Task Force One

Das Titelfoto zeigt, wie Lukeson seine Hand auf mein Gesicht legte, als wir uns endlich zum ersten Mal sahen. Nie werde ich den Moment vergessen, in dem ich nach fast drei Tagen wieder Sonnenstrahlen auf meiner Haut spürte – ich konnte wieder nach Hause! © Rick Loomis / Los Angeles Times

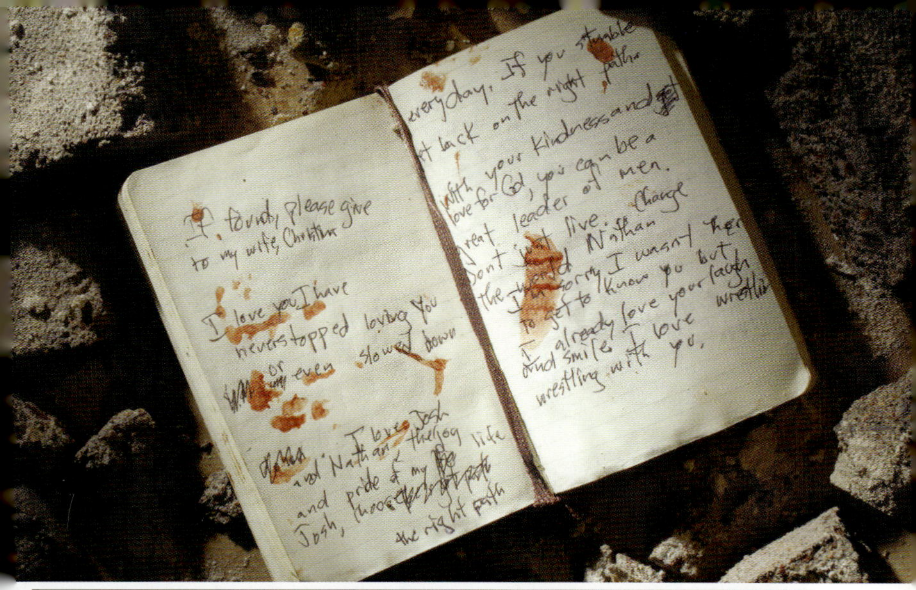

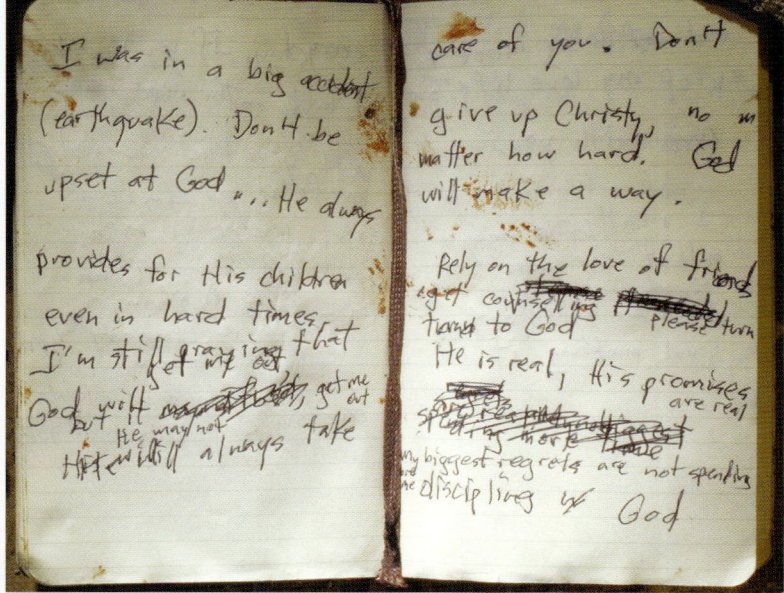

Da ich nicht sicher war, ob ich überleben und gerettet werden würde, dachte ich viel an meine Frau und meine Kinder. Im Dunkeln schrieb ich ihnen in meinem Notizbuch Briefe – in der Hoffnung, dass mein Gekritzel später lesbar sein würde, auch wenn es von Blut und Tränen verschmiert war.

Mitglieder des Such- und Rettungsteams aus Fairfax, Virginia, die unter dem Hotel Montana nach Vermissten graben.
© U.S. Navy Photo by Mass Communication Specialist First Class Joshua Lee Kelsey

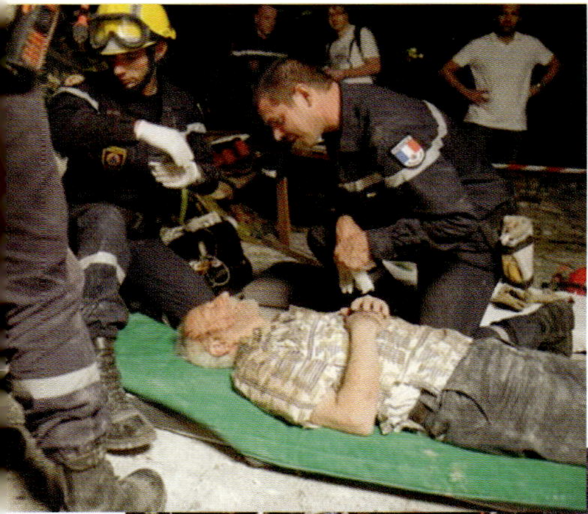

Jim (links), Sarla (unten) und zwei ihrer Kollegen wurden spät in der Nacht vom Donnerstag von einem französischen Rettungsteam befreit. Als die Geräusche der Rettungsaktion nach ihrem Abtransport allmählich abnahmen, fragte ich mich, ob man mich wohl vergessen hatte.

links: © AFP / Getty Images
unten: © U.S. Navy Photo by
Mass Communication Specialist
First Class Joshua Lee Kelsey

Obwohl ich dieses Foto nicht selbst gemacht habe, sieht es genauso aus wie in meiner Erinnerung, als Sam den Fahrstuhlschacht herunterkam, um mich zu retten.

© Brian Gillingham / Virginia Task Force One

Etwa eine Stunde später wurde ich, auf eine orangene Trage geschnallt (rechts), durch diese „Heldenhalle" (den halb verschütteten Fahrstuhlschacht; unten) geschleust und in Sicherheit gebracht.

© Mark Plunkett / Virginia Task Force One

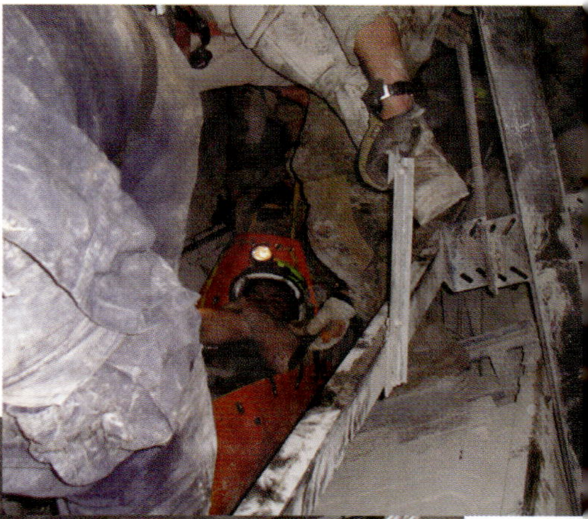

Lukeson, hier mit einem Rettungshelfer, war in sehr viel besserem Zustand als ich, nachdem er etwas zu essen und zu trinken bekommen hatte.
© Virginia Task Force One

Die Woolleys im September 2010: Mögen auch Sie Gottes Gegenwart und Gnade durch all die kleinen und großen Erdbeben in Ihrem Leben spüren. Bitte beten Sie weiter für die Menschen auf Haiti.
© Photography by Cristy of Colorado Springs, CO.

facher, in eine Flasche zu pinkeln. Während ich das Stück Papier weiter zurechtbog und versuchte, irgendwie eine Becherform zustande zu bringen, wurde mir klar, dass das nicht funktionieren würde. Das Papier war zu dünn, und wenn es erst einmal nass war, würde es sich sofort auflösen.

Die Kaugummipackung aus Pappe!

In der Ecke des Fahrstuhls fand ich die alte Packung und öffnete sie. Ich riss die Ecke auf und faltete sie dann noch einmal neu, um so einen Becher zu bekommen. Dann griff ich über mich und tastete nach dem Kaugummi, den ich vorher dort hingeklebt hatte. Ich nahm ihn und benutzte ihn dazu, die Ecken zu versiegeln. Jetzt hatte ich meinen Becher. MacGyver wäre stolz gewesen.

Mithilfe des Griffs hinten im Fahrstuhl zog ich mich hoch, bis ich aufrecht stand. Dann ging ich vorsichtig ein paar Schritte bis zur Öffnung des Fahrstuhl nach vorne. Als ich sicher stand, versuchte ich, den Becher zu füllen. Trotz der Ineffizienz meiner Methode gelang es mir, ein wenig Urin aufzufangen. Dann hob ich den Becher an meine Lippen und trank die warme Flüssigkeit.

Dieses Mal war die Erfahrung nicht einfach nur unangenehm – sie haute mich fast um. Ich war mir nicht sicher, ob mein Urin einfach nur stärker konzentriert war, weil ich so lange nichts getrunken hatte oder weil ich ihn nicht durch mein T-Shirt gefiltert hatte, auf jeden Fall traf mich der starke Säuregeschmack unvorbereitet. Ich würgte. Trotzdem zwang ich mich hinunterzuschlucken. Wenn ich das hier tun musste, um am Leben zu bleiben, war es mir egal. Ich würde alles tun, was nötig war.

Als ich fertig war, ging ich wieder an meinen Platz zurück und setzte mich. Den Becher legte ich wieder in die Ecke mit meinen anderen Vorräten. Wenn ich noch einen Tag überlebte, würde ich ihn noch einmal benutzen können.

• • •

Ich wollte schlafen, konnte aber nicht, weil meine Gedanken wie wild Karussell fuhren. In einem Moment hielt ich mich standhaft an meinem Glauben fest, im nächsten überwältigten mich meine Zweifel so sehr, dass ich meine ganze Willenskraft brauchte, um weiter an irgendetwas Gutes zu glauben. Die Fragen, die ich mir stellte, zerrissen mich emotional.

Wenn ich auf Haiti sterbe, bringt Christy sich vielleicht um.

Es war nicht der einzige mögliche Ausgang der Geschichte, aber der, vor dem ich am meisten Angst hatte. Egal ob es in einer Woche, in einem Jahr oder in 10 Jahren passierte, ich befürchtete, dass die Nachricht meines Todes sie wieder in Depressionen stürzen würde – nur dass ich dieses Mal nicht da wäre, um ihr wieder herauszuhelfen.

Es war die denkbar schlimmste Möglichkeit, und ich merkte, wie meine Gedanken immer wieder damit spielten.

Wenn sie es nicht tat, wie würde ihr Leben dann verlaufen? Wenn sie gesund war und ich an ihrer Seite, bewältigte sie ihr Leben wunderbar. Sie war eine gute Mutter und eine kreative Lehrerin, und die Jungs liebten es, von ihr unterrichtet zu werden. Abends und am Wochenende war ich dann da, um sie zu entlasten und ihr im Haushalt zu helfen.

Aber wie würde sie ohne Hilfe zurechtkommen?

Und ohne Einkommen?

Ich wusste, dass sie die Jungs nicht weiter unterrichten können würde und arbeiten gehen müsste. Christy würde das hassen. Als Lehrerin unserer Jungs hatte sie das Gefühl, ihnen die beste Bildung zu geben, die sie bekommen konnten. Das aufzugeben, wäre eine große Enttäuschung. Wenn sie dann den ganzen Tag arbeiten würde und sich abends noch alleine um die Jungs kümmern musste, wäre sie bald körperlich am Ende. Sie wäre *jeden Tag* erschöpft. Neben der Enttäuschung, der Erschöpfung, der Trauer und möglicherweise der Wut auf meinen Tod würde sie wahrscheinlich auch täglich mit unüberwindbaren emotionalen Herausforderungen zu kämpfen haben. Es war schwer, sich vorzustellen, dass aus dieser Situation irgendetwas Gutes für Christy entstehen konnte.

Oder für die Jungs. Wenn sie mich verlieren würden und Christy wieder arbeiten gehen musste, wie würde sich das auf sie auswirken? Ich wollte für sie da sein, um sie in ihrer Entwicklung zu unterstützen. Würde irgendjemand zur Stelle sein, um Christy bei der Erziehung zu helfen? Ihr Großvater war als mögliches Vorbild vor Ort, aber würden auch andere Männer da sein?

Meine Lebenserfahrung hatte mich gelehrt, mich nie zufriedenzugeben. Ich wollte mehr als nur ein durchschnittliches Leben für meine Söhne. Ich wollte nicht, dass sie nur laue Floskeln an Gott richteten und einfach nur aus Gewohnheit zur Kirche gingen. Ich wollte, dass sie ein Leben in Fülle hatten – lebenshungrig und leidenschaftlich in ihrem Glauben. Ich wollte nicht, dass sie erwachsen wurden und einfach den nächstbesten Job annahmen, den sie kriegen konnten. Ich wollte, dass sie einen Beruf fanden, den sie liebten, und damit einen positiven Beitrag in der Welt leisteten.

Konnte Gott diese Dinge auch fertigbringen, wenn ich nicht mehr Teil ihres Lebens war? Konnte Gott auch durch meinen Tod Gutes bewirken? Mit meinem Verstand wusste ich, dass er das konnte.

Aber ich hatte trotzdem nicht das Vertrauen, es auch zu glauben.

• • •

Ich hatte genug Überlebensberichte gelesen, um zu wissen, dass Optimismus dabei von entscheidender Bedeutung war. Als immer mehr negative Gedanken meinen Verstand benebelten, merkte ich, wie meine Hoffnung dahinschwand. Rein rational hatte ich immer nachvollziehen können, was Christy durchmachte, wenn sie in ihrer Depression mit Verzweiflung zu kämpfen hatte, aber nun *spürte* ich es zum ersten Mal selbst.

Ich versuchte mich zu entsinnen, wie Christy sich gegen ihre negativen Gedanken zur Wehr gesetzt hatte, und erinnerte mich an eine bestimmte Strategie. Sie nahm sich Gegenstände – Andenken aus besseren Zeiten, Fotos und schöne Dinge – und stellte sie so auf, dass sie sie gut sehen konnte und an Gottes Liebe erinnert wurde. Später als Ehepaar stellten wir im Haus Dinge auf, die uns an Geschenke und erhörte Gebete erinnerten, um uns Gottes Treue vor Augen zu halten.

Wir führten diese Angewohnheit auch fort, als wir unsere Jungs bekommen hatten. Wir benutzten dafür einen Korb, und immer wenn wir uns daran erinnern wollten, dass ein Gebet erhört worden war – für Gesundheit, in finanzieller Not oder bei geistlichen Wendepunkten –, legten wir einen Stein und einen Zettel in den Korb, der uns in Erinnerung rief, was Gott für uns getan hatte. Wir nannten ihn den Jordankorb, als Verweis auf die alttestamentliche Geschichte von Josua, der am Jordanufer eine Gedenkstätte errichtet hatte.

Ich beschloss, im Fahrstuhl nun etwas Ähnliches einzurichten. Dazu räumte ich eine kleine Fläche an einer der Fahrstuhlwände frei und legte einen handgroßen zerklüfteten Betonklotz hin, um mich daran zu erinnern, dass Gott mich vor dem Erdbeben gerettet hatte. Ich fand noch einen größeren Stein und legte ihn unter den „Überlebensstein". *Danke, dass Du am Kreuz gestorben bist, dass Du mir meine Sünde vergeben und mich als Dein Kind angenommen hast.* Ich fand einen kleineren Stein und legte ihn auf die anderen. *Danke, dass Du mir Christy, Josh und Nathan geschenkt hast.* Dann noch einen. *Danke, dass Du uns durch Christys Depression hindurchgeholfen hast.* Ich erweiterte meinen Minialtar immer weiter, bis ich einen losen Haufen von etwa zehn Steinen zusammenhatte.

Danke, dass Du mich auf meinem Berufsweg begleitet und mir Möglichkeiten gegeben hast, Dir und anderen zu dienen.

Danke, dass Du jetzt hier bei mir bist und mich nicht verlässt.

Vielleicht wäre es jemand anderem albern vorgekommen, hier

im Fahrstuhl Steine zusammenzusammeln. Aber mir Gottes Treue in meinem Leben in Erinnerung zu rufen, veränderte tatsächlich meinen Gemütszustand. Es verlieh mir Mut, Stärke und Hoffnung. Zu jeder Zeit konnte ich im Dunkeln hinübergreifen und einen Stein nehmen, um mich daran erinnern zu lassen, dass Gott immer noch Wunder tat.

* * *

Aus dem Abend wurde langsam wieder Nacht, und die Aussicht, befreit zu werden, verringerte sich. Ich schätzte, dass seit dem Erdbeben schon mindestens 30 Stunden vergangen waren, und dachte darüber nach, wie weit ich schon gekommen war und wie viel noch vor mir lag. Am Anfang des Bebens war ich dem unmittelbaren Tod um wenige Zentimeter entkommen, und trotzdem war mir bewusst, dass jeder Moment, den ich seitdem am Leben war, mich näher an die Schwelle des Todes brachte.

Wäre mein Leben ein Hollywoodfilm, wäre dies der Moment gewesen, an dem mein Leben noch einmal an mir vorbeigezogen wäre. Wie in einer rasanten Diashow würden dann Szenen aus meiner Kindheit, von meinem Hochzeitstag und der Geburt meiner Söhne aufflackern und wieder verschwinden. Aber das hier war kein Film, und mein vergangenes Leben spielte sich nicht noch einmal vor meinen Augen ab. Dafür kamen mir kurze Visionen meiner Zukunft in den Sinn.

Während ich mich in dieser Nacht mit geschlossenen Augen etwas entspannte, sah ich vor mir, wie meine Söhne heranwuchsen. Ich sah uns zelten gehen, wandern, fischen und herumreisen. Das meiste davon hatte ich bereits mit Josh unternommen, aber nicht mit Nathan. Ich beobachtete, wie sie älter wurden und wie ich ihnen bei Sportwettkämpfen und Schulaufführungen zusah. Ich war furchtbar stolz, als sie bei ihrem Highschool-Abschluss ihr Zeugnis entgegennahmen. Dann war *ich* es auf einmal, der Fotos von *ihren*

Kindern machte. Sie gaben mir ihre Babys, und ich wiegte sie in meinen Armen. Ich war Großvater!

Während diese Bilder an mir vorüberzogen, erschienen sie mir völlig real, als ob ich sie erleben und mir nicht nur einbilden würde. Aber was ich mir nicht einbildete, war mein Glücksgefühl. Ich konnte die Freude tatsächlich *spüren*, selbst in diesem Fahrstuhl! Als die Eindrücke sich wieder verflüchtigten, hatte ich das Gefühl, dass Gott mir ein Geschenk gemacht hatte: Ich sah mich in der Zukunft meiner Söhne. Auch wenn ich es nicht als Beweis dafür ansah, dass ich hier lebend herauskommen würde, war es trotzdem sehr ermutigend. *Danke, Herr.*

19

Das französiche Team

Donnerstagmorgen

Hotel Montana, Port-au-Prince

Am Donnerstag verbrachte ich den Großteil der frühen Morgenstunden damit, im Fahrstuhl zu liegen und ab und zu vor mich hin zu dösen, aber eigentlich schlief ich nicht wirklich. Ich war mittlerweile so müde, dass mein Verstand sich auch im wachen Zustand schwach und irgendwie benebelt anfühlte. Ich merkte, wie sich mein vertrauter Feind, die Entmutigung, wieder einschlich, um meine Gedanken zu attackieren. Je schwächer mein Körper wurde, desto schwerer war es, diese Attacken abzuwehren. Ich streckte meine Hand zu meinem Jordankorb aus und griff nach dem Stein, den ich hingelegt hatte, um Gott zu danken, dass er in dieser Not bei mir blieb. Obwohl ich wirklich dankbar für seine vielfältige Art war, mir zu zeigen, dass ich nicht allein war, sehnte ich mich nach einer tieferen, noch greifbareren Erfahrung seiner Gegenwart.

Herr, in biblischen Zeiten hast Du manchmal Engel geschickt, um Deine Nachfolger in großer Not zu trösten, und manchmal bist Du sogar persönlich erschienen. Ich weiß, dass ich es nicht verdiene, aber ich bitte Dich trotzdem darum. Bitte schick mir einen Engel. Bitte komm selbst her. Tröste mich in meiner großen Not.

Niemand könnte behaupten, dass ich mich nicht in einer herausfordernden Lage fast biblischen Ausmaßes befand. Ich lag schwer verletzt in einem zusammengestürzten Hotel in einer zerstörten Stadt und ohne absehbare Rettung in Sicht. Ich brauchte seinen

Trost. Ich hatte das Gefühl, dass sich alle meine Ängste und Zweifel in Luft auflösen würden, wenn Gott sich sichtbar zeigen würde.

Meine größte Frage war immer noch, ob Gott auch ohne mich in der Lage war, sich um meine Familie zu kümmern. Würde er wirklich ein Vater für meine Söhne sein und ein Ehemann für meine Frau?

Ich fragte noch einmal, nicht dreist, aber eindringlich.

Wenn Du jetzt hier wärst und meine Hand halten würdest, dann bräuchte ich alle diese Fragen wahrscheinlich gar nicht zu stellen. Sie wären dann wie weggefegt.

• • •

In der Nacht unterhielten Lukeson und ich uns ab und zu, um uns gegenseitig zu ermutigen. Jim und ich taten dasselbe. Obwohl keiner von uns die aufgehende Sonne am Donnerstagmorgen sehen konnte, verriet uns der zunehmende Lärm von Hubschraubern, dass der nächste Tag angebrochen war.

Wir hatten unsere zweite Nacht hinter uns gebracht. Ich hatte in der Nacht vom Mittwoch kaum geschlafen, mich aber auch nicht dagegen gewehrt. Es waren jetzt mindestens 36 Stunden seit dem Erdbeben vergangen, und mein Körper schien immer schneller müde zu werden. Ich musste meine übrige Energie für meinen „Endspielplan" sammeln. Einerseits wollte ich nicht so lange warten, bis ich zu schwach war, um etwas zu unternehmen, andererseits wollte ich den riskanten Plan nicht ausführen, solange es noch eine Chance auf Rettung gab.

Trotz der Tatsache, dass die einzige Person, zu der wir Kontakt aufgenommen hatten – Sarlas Außenmann –, nicht zurückgekommen war, hoffte ich immer noch auf Rettung. Mehr als in jeder anderen Organisation, der ich je angehört hatte, wusste ich, wie sehr bei Compassion jedes Menschenleben zählte. Ich wusste, dass man dort alle Mittel mobilisieren würde, um mich und andere vermisste

Mitarbeiter ausfindig zu machen. Sie würden immer weiter suchen, bis alle gefunden waren. Nicht nur, weil wir Mitarbeiter waren. Sie hätten das für jedes Kind in ihrer Obhut getan, das vermisst wurde. Außerdem vertraute ich Christy. Ihre Leidenschaft und Hartnäckigkeit würden dafür sorgen, dass alles Menschenmögliche getan wurde. Die Kombination aus Compassion und Christy machte mir Hoffnung, dass Rettungshelfer bereits dabei waren, nach mir zu suchen.

Aber diese Hoffnung wurde geschmälert, weil ich nicht sicher war, ob irgendjemand überhaupt wusste, wo ich war. Erst ein paar Tage, bevor ich Colorado Springs verlassen hatte, musste ich das Hotel wechseln. Das Hotel Karibe, in dem wir eigentlich hatten wohnen sollen, hatte unsere Reservierung übersehen. Das Hotel Montana war teurer, hatte aber noch freie Zimmer. Ephraim hatte die Reservierung für mich gemacht, und niemand von den Compassion-Mitarbeitern in den USA wusste genau, wo ich wohnte. Auch Christy oder jemand anderes aus meiner Familie nicht. Wenn Ephraim nicht in Sicherheit war und sich nicht mit meinem Büro in Verbindung gesetzt hatte, wusste niemand, dass ich hier war.

• • •

Den Donnerstag über blieb es die meiste Zeit ruhig. Ich verbrachte meine Zeit damit, den Abenteuern von Sarla zu lauschen. Jim und die anderen hatten beschlossen, dass es sinnlos war, Sarla weiter an dem Loch warten zu lassen, das sie gefunden hatte. Ich war derselben Ansicht. Der Ort, den sie beschrieben hatte, schien so versteckt und abgelegen zu sein, dass wir unsere Zweifel hatten, ob irgendjemand sie je dort sehen oder hören würde. Also kroch Sarla aufs Neue vorsichtig in Höhlen hinein und wieder heraus und suchte nach einem besseren Weg, Kontakt mit der Außenwelt aufzunehmen.

Jim und die anderen leiteten Sarla von Raum zu Raum und ermutigten sie mit Worten, sich immer wieder durch die Haufen von Geröll zu buddeln, über Vorsprünge zu klettern und sich auf neues Terrain vorzuwagen, wenn sie sich nicht traute weiterzugehen. Sie nahm an unserer Stelle alle Risiken auf sich, aber ihre Gruppe half ihr, indem sie jede Entscheidung mit ihr zusammen durchsprach. Ich wünschte mir insgeheim, dass sie doch etwas mutiger oder aggressiver vorgehen, mehr Risiken eingehen und lauter brüllen würde.

Ich hatte leicht reden! Es war ja nicht so, dass ich kurz davor stand, meinen riskanten Endspielplan durchzuziehen, um uns alle in Sicherheit zu bringen.

Während des Tages arbeitete Sarla sich in eine Art Garten oder Gewächshaus vor. Zusätzlich zum Schutt des Gebäudes musste sie nun auch noch über Pflanzen und zerbrochene Töpfe krabbeln. Ich fragte mich, wie viel sie noch ertragen würde, bevor sie aufgab und es nicht mehr weiter versuchte.

* * *

Lukeson und ich unterhielten uns am Nachmittag immer mal wieder, aber am Donnerstagabend bemerkte ich, dass es ihm nicht gut ging. Er sprach immer seltener und klang sehr erschöpft. Ich gab mein Bestes, um ihm Mut zu machen und alle Neuigkeiten weiterzugeben, die positiv waren.

„Sarla ist auf einen neuen Raum gestoßen und macht sich jetzt auf den Weg", erzählte ich Lukeson und gab Jims neueste Nachricht weiter.

„Das ist toll, Dan-jell."

Ich wusste, dass es uns beiden schwerfiel, aufgeregte Zuversicht zu verspüren, nachdem bisher so wenig passiert war. Und unsere frühere Hoffnung – Sarlas Kontakt zur Außenwelt am vorherigen Tag – war ins Leere gelaufen. Aber da wir in unseren jeweiligen Aufzügen feststeckten, blieb uns nicht viel übrig, als auf Neuigkeiten von Jim zu warten.

● ● ●

Ich konnte hören, dass Jim und Sarla miteinander sprachen, und fragte, was los sei.

„Sarla hat sich zu einer neuen Öffnung nach draußen vorgearbeitet. Diesmal scheint sie näher an der Außenwand zu sein. Jetzt gerade versucht sie, nach draußen zu schreien."

„Hilfe! Könnt ihr uns bitte helfen?" Sarlas Stimme klang schwach. Eine Zeit lang hörte man nichts, dann wieder eine Unterhaltung zwischen Jim und Sarla.

Seine Stimme klang aufgeregt, als er mich informierte: „Sie kann einen Baum und einen Scheinwerferstrahl von einem der Hubschrauber sehen. Und Stimmen hat sie auch gehört."

Sofort waren alle meine Sinne in Alarmbereitschaft. Das war die positivste Nachricht, die wir seit Sarlas anderem Kontakt zur Außenwelt vor anderthalb Tagen bekommen hatten.

„Jim, lass uns noch einmal alle gemeinsam brüllen."

Ich berichtete Lukeson, was vor sich ging, und nachdem Jim angezählt hatte, fingen wir alle an, gegen die Wänden zu schlagen und so laut wir konnten „Hilfe!" zu schreien. Als wir das ein paarmal wiederholt hatten, wurden wir ganz still, um zu lauschen, ob es irgendeine Antwort gab.

Ich konnte hören, wie Sarla in einiger Entfernung weiterrief: „Hilfe! Bitte! Kann uns jemand helfen?"

Nach einem weiteren Austausch mit Jim erfuhr ich, dass Sarla Stimmen hören konnte. Und dieses Mal kamen sie nicht von irgendeiner entfernten Gruppe, sondern sie erkannte unterschiedliche Stimmen, die ganz in der Nähe eine Unterhaltung führten. Also rief sie wieder laut, um ihre Aufmerksamkeit zu erregen, aber sie bemerkten sie nicht.

„Kann sie noch lauter rufen? Oder vielleicht versuchen, wie in einem Horrorfilm zu kreischen – ganz hoch und ohne Worte?", fragte ich Jim. Mittlerweile hatte ich mich aufgesetzt, war angespannt und jederzeit bereit, in Aktion zu treten – nur dass es leider nichts gab, was ich tun konnte. Also begnügte ich mich damit, von meinem Loch im Geröll aus dürftige und nicht sehr hilfreiche Ratschläge zu geben.

Jim kommunizierte immer häufiger mit Sarla und fasste dann für mich zusammen: „Sie kann eine Person in ihrer Nähe sehen, aber die kann sie nicht hören."

Ich war kurz davor durchzudrehen. Es war, als ob ich meiner Lieblingsmannschaft beim Versuch zusah, ein paar Sekunden vor dem Schlusspfiff noch ein Tor zu machen. Ich konnte zusehen, wie sich das Spiel entwickelte, aber nichts tun, um ihnen zu helfen. So viel hing von Sarla ab, und ich konnte mich nicht damit zufriedengeben, einfach nur dazusitzen, oder schlimmer noch, zusehen zu müssen, wie alles schiefging. Also versuchte ich es noch einmal. „Wie wäre es damit, etwas aus dem Loch nach draußen zu schmeißen? Hatte sie vorhin nicht einen Stock?"

„Psst, ich glaube, sie redet gerade mit jemandem. Ich versuche zu verstehen, was sie sagen."

„Wir sind Amerikaner, wir sind hier eingesperrt und brauchen Hilfe." Ich hielt meinen Atem an, während sie sprach. Zwar konnte ich Sarla reden hören, aber ich verstand nicht viel von dem, was sie sagte. Nach ein paar Minuten Gespräch vernahm ich, wie Jim Informationen über Lukeson und mich weitergab. *War das möglich?*

Ich wollte Lukeson nichts sagen, bevor ich nicht sicher war, also wartete ich geduldig auf Jims nächstes Update. Schließlich kam die Nachricht.

„Sarla hat Kontakt mit einer französischen Rettungsmannschaft aufgenommen! Sie haben nach unseren Namen und unseren jeweiligen Verletzungen gefragt und versprochen, sofort zurückzukommen, sobald sie die nötige Ausrüstung geholt haben, um uns hier rauszuholen."

Das war die beste Botschaft, die wir seit dem Erdbeben bekommen hatten. Eine richtige Rettungsmannschaft! Zum ersten Mal hatte ich echte Hoffnung, dass ich gerettet werden würde. *Ich werde Christy und die Jungs wiedersehen!* Ich warf meine Faust in die Luft und jubelte vor Freude. Jim und die anderen stimmten einen Lobgesang an, und ich fiel mit ein:

Ehre sei dem Vater und dem Sohn und dem heiligen Geist,
wie es war im Anfang, jetzt und immerdar,
und von Ewigkeit zu Ewigkeit, Amen.

„Dan-jell, was ist da los?"

In der ganzen Aufregung hatte ich vergessen, Lukeson zu erzählen, was passiert war. „Sarla hat Kontakt zu einem französischen Rettungsteam bekommen. Wir werden alle bald hier raus sein!"

Lukesons Stimme zitterte: „Das ist gut. Das ist sehr gute Nachricht."

Erst jetzt bemerkte ich, wie schwach und müde er schon war. „Halte durch, Lukeson, es ist jetzt nur noch eine Frage von Stunden."

Während der nächsten Minuten unterrichtete mich Jim über die neusten Entwicklungen. Anscheinend war Sarlas Schreien von einem Rettungshelfer gehört worden, der Französisch sprach. Er verstand nicht, was sie sagte, und konnte nicht ausmachen, woher die Stimme kam, also holte er einen Teamkollegen, der etwas Englisch sprach. Dieser verstand etwas, als Sarla erneut rief, konnte aber ebenfalls nicht erkennen, wo sie war. Vergeblich versuchte Sarla, ihren Standort zu beschreiben. Dann hatte sie die Idee, einfach ihren Fuß durch das Loch nach draußen zu strecken. Als der Helfer das sah, kam er sofort herbei, um mit ihr zu sprechen.

Er bat sie, ihm zu sagen, wer alles feststeckte. Sarla gab ihm die Namen und informierte ihn über den Gesundheitszustand der fünf weiteren Menschen, die zusammen festsaßen, und fragte dann Jim nach Angaben über Lukeson und mich. Sie wiederholte die Informationen für den Helfer, der alles in eine Liste eintrug.

Mein Name war auf einer Liste!

Es ist unbeschreiblich, wie gut es sich anfühlte zu wissen, dass der

Bergungshelfer meinen Namen hatte – dass ich irgendwo auf einer Liste stand. Jemand wusste jetzt, wo ich war, jemand, der mich retten konnte. Dank Sarla und ihrem Mut würden die anderen jetzt wissen, wo ich steckte, und vor allem, dass ich noch am Leben war!

Während wir darauf warteten, dass die Rettungsmannschaft wiederkam, unterhielten wir uns hoffnungsfroh, aber insgeheim fragte ich mich trotzdem, ob dieses Team – genau wie der Mann, mit dem Sarla vorher Kontakt aufgenommen hatte – vielleicht gar nicht zurückkommen würde. Als ich meine Sorgen vorsichtig äußerte, räumte Jim meine Ängste sofort mit einer neuen ermutigenden Nachricht aus.

„Ich bin mir nicht sicher, wie viele in dem Team sind", meinte Jim, „aber immerhin ist eine Person bei Sarla geblieben und nicht wieder weggegangen."

Dieses Wissen beruhigte mich ungemein, und ich erzählte Lukeson davon. „Einer der Rettungshelfer ist bei Sarla geblieben, und die anderen werden bald zurück sein. Wir könnten in ein paar Stunden schon hier raus sein!"

„Das ist gut, Dan-jell."

Obwohl er immer noch matt klang, konnte ich diesmal auch die Freude in seiner Stimme vernehmen.

• • •

Eine oder zwei Stunden später gab Jim die Mitteilung weiter, auf die wir alle gewartet hatten: „Das Team ist zurück; sie haben Ausrüstung dabei."

Meine Freude war nicht zu bändigen. Jetzt würde es wirklich geschehen. *Ich werde gerettet!* Auch wenn ich wusste, dass es immer noch eine Menge zu tun gab, war ich ungemein erleichtert, dass ich nach all meinen Gebeten und meiner ganzen Sorge um meine Familie tatsächlich die Chance haben würde, sie wiederzusehen. Ich stellte mir vor, Christy in den Armen zu halten, ihr Haar zu riechen und ihre weichen, warmen Lippen zu küssen. Ich dachte an die Jungs und sah schon vor mir, wie sie in meine Arme liefen und ich sie an mich drückte und abküsste. Auch wenn sie vielleicht nie verstehen würden, wie nah ich dem Tod gewesen war, wusste ich, dass mir von jetzt an jedes Mal, wenn ich sie sah, bewusst werden würde, wie anders alles hätte kommen können. Es war schwer vorstellbar, dass ich tatsächlich nach Hause zurückkehren würde, aber ich freute mich und nahm mir selbst das Versprechen ab, dass einiges in Zukunft anders laufen würde.

Durch Sarla erfuhren wir, dass die Bergung mindestens zwei Stunden dauernd würde. Das französische Team wollte damit anfangen, die Öffnung zu vergrößern, Schicht für Schicht, damit sie in das Loch, in dem Sarla saß, gelangen und sie herausholen konnten. Dann würden sie ihre Ausrüstung nachholen, um die anderen Eingeschlossenen zu befreien.

Es war nun etwa zehn Uhr am Donnerstagabend. Ich rechnete mir aus, dass – wenn sie erst mal drin waren –, es nur noch ein paar Stunden dauern würde, bis sie Jim und die anderen geholt hatten. Wenn alles gut lief, würden Lukeson und ich dann vielleicht den Sonnenaufgang sehen können.

Aber meine Gedanken war nicht nur von Optimismus geprägt. Erneut dachte ich daran, dass ich ohne David nach Colorado Springs zurückkehren würde. Ich dachte an seine Familie und wünschte mir, dass der Ausgang der Ereignisse ein anderer gewesen wäre.

„Lukeson, ich kann kein Französisch; wenn die Helfer kommen, kannst du ihnen dann sagen, dass sie Davids Leiche mitnehmen sollen?" Es war nicht viel, aber ich hoffte, dass es seinen Angehörigen helfen würde, sich wenigstens richtig von ihm zu verabschieden.

„Okay", sagte er. Seine Stimme klang jetzt noch schwächer als bei unserer letzten Unterhaltung. Lukeson verlor immer rascher an Kraft. Die Rettungsmannschaft konnte gar nicht schnell genug hier sein.

• • •

Durch Sarla konnte Jim mit den Rettungshelfern kommunizieren, und ich konnte durch Jim zu ihnen Kontakt aufnehmen. Sie fingen um etwa zehn Uhr an zu arbeiten. Als Erstes hörte ich die Presslufthammer. Der Lärm überraschte mich. Ich hatte nicht damit gerechnet, dass die Teams Maschinen einsetzen würden, die solche Vibrationen verursachten. Ich stellte mir vor, wie sie auf großen Haufen Schutt standen und sich die Wände und die Trümmer unter ihnen bewegten, während sie sich ihren Weg durch die vielen Schichten Beton bohrten. Ich fragte mich, wie sicher wir hier waren.

Dann war das Zzzzzzz der Betonsägen an der Reihe, und manchmal konnte ich das Geräusch eines Bohrers hören. Der Lärm und die Vibrationen ergaben in meiner Brust eine Symphonie der Hoffnung. Ab und zu hörten alle zur selben Zeit auf zu arbeiten, und ich konnte hören, wie irgendjemand mit Sarla redete. Mein Herz setzte dann kurzzeitig aus, weil ich mich so anstrengte, das Gesagte zu verstehen, und mir wünschte, dass sie schnell weitermachten. Wenn sie die nötigen Informationen bekommen hatten, setzten sie ihren Rettungsklang fort, und ich konnte wieder ausatmen.

Um etwa Viertel vor elf waren die Rettungshelfer endlich drin, und Sarla führte sie zu Jims Gruppe. Durch das Licht ihrer Strahler musste Sarla den Weg nun nicht mehr ertasten. Ich fragte mich, ob sie wohl aufrecht gingen oder krabbeln mussten, und merkte erst jetzt, dass ich keinerlei Vorstellung von dem gefährlichen Terrain hatte, das Sarla so tapfer für uns durchquert hatte. Jim teilte mir immer mit, was gerade passierte, auch wenn ich das meiste selbst mitbekam. „Es ist jetzt etwa 10:50 Uhr, Dan. Sarla hat es geschafft! Die Rettungshelfer sind jetzt hier bei uns."

Ich konnte nicht ganz genau verstehen, was gesagt wurde, aber es klang, als ob es noch ein oder zwei Stunden dauern würde, bis sie Jim und seine Gruppe befreien konnten. Das bedeutete, dass Lukeson und ich wahrscheinlich in etwa drei oder vier Stunden dran waren.

Das hier passierte wirklich! Ich fühlte mich wie beschwingt. Die Rettungshelfer waren nun vor Ort am Werk, und sie hatten die Erste von uns sogar schon gerettet – Sarla war jetzt in Freiheit, und ich stand auf der Liste für zukünftige Befreiungsaktionen. *Noch vier Stunden und ich könnte draußen sein! Danke, Herr!*

Die Mannschaft war nicht einen Moment zu früh gekommen. Ich konnte die verletzten Personen hören, die bei Jim waren, und es schien, als ob ihre Schmerzen und Beschwerden immer weiter zunahmen. Ihr Schreien kam nun immer öfter. Aber es gab auch fröhliches Singen. Durch die Rettungsmannschaft, die Maschinen und die Stimmen von Jims Gruppe kam es mir so vor, als ob die ganze Umgebung plötzlich vor Geräuschen explodierte.

• • •

Um Mitternacht hatten die Rettungshelfer schließlich Jim und die anderen erreicht. Jim und Rick, einer der anderen Männer, der mit Jim feststeckte, wurden als Erste herausgeholt.

„Dan, sie holen uns jetzt raus. Aber sie brauchen noch etwas mit Clint und Sam, die ihre Beine nicht bewegen können. Ann bleibt hier, um für sie zu übersetzen, und wir werden jetzt gehen."

„Gottes Segen, Jim! Ich freu mich, dass du raus bist!"

„Sie wissen Bescheid über dich und deinen haitianischen Freund. Wir werden sie daran erinnern, euch zu holen."

„Danke, Jim!"

Und dann war Jim weg.

Ich war glücklich, dass er frei war, aber da er der gesprächigste der Gruppe gewesen war, wusste ich, dass ich nun nicht mehr ganz so gut informiert sein würde. Trotzdem waren das für uns alle gute Nachrichten. Ich konnte es kaum erwarten, Lukeson davon zu berichten.

„Lukeson, Jim ist jetzt frei!"

Keine Antwort.

„Lukeson, hast du mich gehört? Jim ist frei. Sie haben Jim und Rick befreit. Und jetzt sind die anderen an der Reihe."

Immer noch keine Antwort. Ich schlug gegen die Wand.

„Lukeson, kannst du mich hören?"

„Ja."

Vielleicht hatte er geschlafen, oder vielleicht war er einfach schon sehr schwach geworden; in jedem Fall wollte ich, dass er neue Hoffnung schöpfte durchzuhalten. Die Retter würden schon bald zu uns kommen.

20

Entscheidungen

Palmsonntag 1998

Monrovia, Kalifornien

„Lass mich allein!", sagte Christy und drückte den Knopf auf ihrer Seite des Autos hinunter. Aber sie machte den Fehler, das Fenster heruntergekurbelt zu lassen.

Ich lehnte mich durch das Fahrerfenster, griff über sie hinweg und versuchte den Schlüssel aus der Zündung zu ziehen, aber sie war schneller. Mit ihrer linken Hand hielt sie meinen Arm fest, nahm die Schlüssel mit ihrer rechten Hand und streckte sie über den Beifahrersitz aus, damit ich nicht an sie herankam.

Sie war so aufgebracht, dass ich Sorge hatte, sie würde sich etwas antun. Ich wollte sie auf keinen Fall so fahren lassen. „Du fährst jetzt nicht", sagte ich und stürzte mich kopfüber durch das Fahrerfenster. Ich quetschte meinen Oberkörper zwischen sie und das Lenkrad, sodass ich an die Schlüssel herankommen und sie aus ihrer rechten Hand befreien konnte. Als mein rechter Arm zurückzuckte, stieß ich ihr unglücklicherweise mit meinem Ellbogen an die Nase.

„Au!", schrie sie.

„Entschuldige." Ich fühlte mich schlecht und war froh, dass sie nicht anfing zu bluten. „Aber du bist sauer, und ich werde nicht zulassen, dass du einfach das Auto nimmst."

Ich entriegelte die Fahrertür und öffnete sie, um sie zu bewegen hinüberzurutschen. „Lass mich fahren", protestierte sie matt und hielt sich immer noch die Nase. Aber sie hatte keine Wahl: Ich war bereits dabei einzusteigen, egal ob ihr das nun passte oder nicht. Also kletterte sie über den Schaltknüppel auf den Beifahrersitz. Die Beifahrertür klemmte seit einem Unfall, sodass Christy nicht aussteigen konnte.

Ich startete den Wagen.

„Was machst du?", fragte sie, als sie die Sonnenblende hinunterklappte und den Spiegel aufschob, um einen Blick auf ihre Nase zu werfen.

„Ich dachte, du wolltest eine Spritztour machen", erwiderte ich und legte meinen Gurt an.

Sie knallte die Sonnenblende wieder nach oben und schnallte sich ebenfalls an. „Das wollte ich auch, aber nicht mit dir."

„Wir fahren zusammen."

Ich sah über meine Schulter und legte den Rückwärtsgang ein. Sie ließ sich in ihren Sitz zurückfallen und drehte den Kopf weg, um aus dem Fenster zu sehen. Wir hatten mittlerweile 5 Jahre Ehe hinter uns, fünf Jahre mit Christys Depression.

Es war Palmsonntag und ein wunderschöner Tag. Ich fuhr den Berg hinauf, zu einem Platz mit Ausblick über Azusa und Glendora. Wir waren früher oft hierhergekommen, als wir noch nicht verheiratet waren, hatten das Auto hier geparkt und uns stundenlang unterhalten. Auch jetzt mussten wir uns unterhalten, und ich konnte mir keinen besseren Ort dafür vorstellen.

• • •

Als wir die Gebirgsausläufer hinauffuhren, erblickte ich die ersten Vorboten des Frühlings. Die Pflanzen wurden langsam grün, Blumen bekamen ihre ersten Knospen und Vögel sangen. Aber in meinen Gedanken war kein Platz für Frisches und Neues. Ich dachte an Dinge, die dabei waren zu sterben – Christys Glaube, unsere Ehe und meine Hoffnung.

Irgendetwas musste sich ändern, und es musste heute geschehen. Ich fuhr unser Auto auf seinen angestammten Parkplatz, von dem aus man über das gesamte Tal blicken konnte. Ich machte den Motor aus. Dann wartete ich darauf, dass sie etwas sagte.

„Das funktioniert so nicht. Ich würde am liebsten aufgeben."

Es war nichts übrig von meinem üblichen aufmunternden Optimismus. Stattdessen sagte ich die Wahrheit. „Du hast recht. Das funktioniert so nicht. Also, was sollen wir jetzt machen?"

Ich steckte mitten in einer Glaubenskrise. Nach Jahren der Frustrationen und Enttäuschungen fühlte ich mich sehr weit entfernt von Gott. Ich wusste nicht, wie ich mit ihm reden und ihm noch vertrauen sollte. *Gott, was ist hier eigentlich los? Hab ich irgendwas verpasst?*

„Ich habe nachgedacht." Ihre braunen Augen suchten meine, als sie anfing zu reden. „Vielleicht sollte ich zu meinen Eltern zurückziehen. Ich halte dich nur von einem neuen Leben zurück. Wenn ich bei ihnen lebe, können sie sich um mich kümmern. Du kannst dich von mir scheiden lassen und alles hinter dir lassen."

„Ist es das, was du willst?"

„Ich will gesund werden, aber das scheint nicht zu passieren. Und ich will dich nicht weiter verletzen." Ich konnte die Mutlosigkeit in ihren Augen erkennen und sah, wie Tränen sich darin sammelten, bevor sie sie mit ihren Fingerspitzen wegwischte.

„Sollen wir dann einfach aufgeben?"

„Ja." Ihre Antwort überraschte mich nicht. Sie hatte das in den vergangenen Monaten schon öfter gesagt.

„Okay", sagte ich. „Vielleicht sollten wir wirklich aufgeben."

Ich konnte sehen, wie meine Antwort ihr Angst machte. Sie drehte sich zu mir und sah mich an. Das war nicht die Art und Weise, wie diese Unterhaltung normalerweise vonstattenging. Sonst war sie es, die aufgeben wollte, und ich derjenige, der dagegen ankämpfte. Diesmal stimmte ich ihr zu. Vielleicht konnten ihre Eltern tatsächlich etwas für sie tun, das ich nicht vermochte. Wir waren am Ende. Wir hatten alles versucht. Nichts würde sich ändern, wenn wir nicht etwas Drastisches unternahmen.

„Vielleicht sollten wir auch Gott aufgeben." Ich sah aus meinem Fenster. „Warum hat er nicht eingegriffen und die Depression geheilt?"

Vor ein paar Monaten hätte ich mir nicht einmal vorstellen können, so etwas zu denken, geschweige denn, es laut vor Christy auszusprechen. Aber ich war vollkommen ausgelaugt. So lange war ich für uns beide stark gewesen und hatte um Hoffnung gekämpft und für Glauben gebetet. Ich war liebevoll und geduldig, nur um dann doch immer wieder zu versagen. Ich hatte keinen Glauben mehr daran, diesen Kampf noch länger durchzustehen.

„Ist das dein Ernst?", fragte sie. Ich schaute sie an und sah, wie Tränen ihr Gesicht herunterliefen.

„Ja, das ist es. Ich weiß nicht mehr, was ich noch tun soll." Ich wischte mir meine eigenen Tränen mit dem Handrücken weg und schloss die Augen.

Sie weinte ein paar Minuten leise vor sich hin. Ich saß unbeholfen da und wusste nicht, was ich tun oder sagen sollte. *War das wirklich mein Wunsch? Gab es keine andere Wahl?*

Christy sagte nichts.

Das musste sie auch nicht.

Ich wusste auch so, dass sie dasselbe fühlte. Wenn *ich* nicht mehr um Hoffnung kämpfte, wer dann? Als ich begriff, was das bedeutete, brach auch ich in Tränen aus. Ich vergrub mein Gesicht in meinen Händen und weinte um Christy, um unsere Ehe, die gerade zerbrach, und um den Verlust meines Glaubens, der mir einmal so viel bedeutet hatte.

21

„Wir stehen auf der Liste!"

Donnerstagnacht

Hotel Montana, Port-au-Prince

Ich wusste, dass ich nicht mehr so oft über die neuesten Entwicklungen informiert werden würde, seit Jim gegangen war. Also versuchte ich angestrengt zu lauschen und die Geräusche der Retter selbst einzuordnen. Ich hörte die Stimme einer Französisch sprechenden Frau, und obwohl ich kein Französisch verstand, schien es mir, als ob sie das Sagen hatte. Die anderen redeten von ihr als *Capitaine*. Ich nahm an, dass das auf Französisch Kapitän bedeutete. Sie hatte eine laute, klare Stimme, und es war einfach, die Dinge zu hören, die sie sagte, egal ob ich sie nun verstand oder nicht.

Dann vernahm ich, wie Capitaine die Liste mit unseren Namen laut vorlas. Als sie „Dan Woolley" sagte, klang es mehr nach „Dan Jelly". Es war mir egal, wie sie mich nannte, solange sie nur wusste, dass ich hier war. In den nächsten paar Minuten hörte ich die französischen Rettungshelfer untereinander reden. Ich nahm an, dass sie sich ihren Plan zurechtlegten.

„Dan, hören Sie mich?" Es war Capitaine.

„Ja, ich höre Sie!"

„Okay, die letzten beiden Rettungsaktionen dauern etwas länger als erwartet. Wir haben Sie nicht vergessen. Wir wissen, dass Sie und Ihr haitianischer Freund im Fahrstuhl sind, und sobald wir hier fertig sind, sind Sie an der Reihe."

Soweit ich es mitbekommen hatte, war die Mannschaft gerade

dabei, Clint und Sam abzutransportieren, die beide Beinverletzungen hatten. Weil die Rettungsarbeit nun keinen Lärm mit schweren Maschinen mehr verursachte, war es schwierig zu hören, wie schnell sie vorankamen. Im Anbetracht der letzten Berichte hatte ich damit gerechnet, dass sie etwa zwei Stunden dafür brauchen würden, Jim und seine Freunde zu befreien, aber es hatte mehr als doppelt so lange gedauert. Ich machte mir um Lukeson Sorgen, der kontinuierlich schwächer wurde. *Kann er noch lange genug durchhalten?*

Ein paar Minuten, nachdem ich mit Capitaine gesprochen hatte, hörte ich etwas, das wie ein Schichtwechsel klang. Neue Leute kamen dazu, und Capitaine verließ das zusammengestürzte Hotel. Es klang, als ob Ann, die Frau, die mit Jim zusammen eingeschlossen gewesen war, zur gleichen Zeit ging. Obwohl ich immer noch ab und zu französische Stimmen hören konnte, vernahm ich nun keine englischen mehr. Ich hoffte, dass sie wussten, dass Lukeson und ich immer noch hier saßen und warteten.

● ● ●

Seit ich die Stimmen der Rettungshelfer zuletzt gehört hatte, war schon eine lange Zeit vergangen; wie viel genau, wusste ich nicht. Aus Jims altem Quartier war schon seit geraumer Zeit nichts mehr zu hören gewesen. Ich konnte also nur annehmen, dass dort nun alle weg waren.

Die Geräte wurden jetzt in anderen Teilen des Gebäudes eingesetzt. Zu meiner Rechten konnte ich entfernt das Pulsieren des Pressluftbohrers und den Lärm der Sägen hören. Aber in Jims Gegend, links und etwas unter mir, war es still. Ich nahm an, dass das französische Team von dort kommen würde. Also wartete ich geduldig, dass dieselben Rettungsgeräusche auch aus dieser Richtung einsetzten.

Ich konnte nicht mit Genauigkeit sagen, was zwischen meinem

und Jims früherem Quartier lag. Aber ich glaubte, dass ein oder zwei Betonwände uns voneinander trennten und dann noch die Decke, die heruntergekommen war und mich am Kopf verletzt hatte. In meiner sehr vereinfachten Sicht der Situation stellte ich mir vor, dass die Rettungshelfer einfach vier Schnitte in jede Wand machen mussten – linke Seite, oben, rechte Seite, unten – und dann ein Quadrat herausschieben konnten, um in den dahinterliegenden Bereich zu gelangen. Wenn sie noch nicht zu mir vorgedrungen waren, weil doch mehr Wände zwischen uns lagen, würden sie den Prozess einfach wiederholen.

Wenn sie das zwei- oder dreimal machen würden, so stellte ich mir vor, würden sie irgendwann in der Lobby genau vor den Aufzügen herauskommen. Natürlich war es möglich, dass es nicht ganz so glatt lief. Vielleicht mussten sie auch einen Deckenbalken abstützen und aufpassen, dass nichts einstürzte. Trotzdem ging ich davon aus, dass es sie nur etwa eine oder zwei Stunden kosten dürfte, mich zu erreichen. Danach würden sie Lukesons Tür aufbrechen und auch ihn herausholen – und dann wären wir beide frei. Ich wartete auf den Klang der Betonsägen.

• • •

Die Maschinen blieb still. Vielleicht teilte man sich nur neu auf. Vielleicht war es doch komplizierter, als ich gedacht hatte. Vielleicht brauchten sie mehr Zeit, um einen Rettungsplan auszutüfteln, der für alle gleich sicher war.

Noch mehr Zeit verging.

Vielleicht brauchten sie auch eine Pause? Ich wusste, dass die Arbeit schweißtreibend, staubig und ermüdend war. Wahrscheinlich hatten sie eine Pause eingelegt, um etwas zu trinken oder sich etwas zu essen zu holen. Es war mitten in der Nacht. Wenn sie schon den gesamten Tag an anderen Einsatzorten unterwegs gewesen waren, mussten sie natürlich erst einmal etwas essen und sich auch kurz ausruhen. Dann würden sie bestimmt in ein oder zwei Stunden weitermachen.

• • •

Noch mehr Zeit verging. Holten sie weiteres Werkzeug und Maschinen?

Langsam gingen mir die Erklärungen aus. Sie hatten mich glauben lassen, dass sie die ganze Nacht hindurch arbeiten würden, um mich zu befreien, aber nun schien es Stunden her zu sein, seit ich irgendwelche Anzeichen von Rettungsarbeiten gehört hatte. Das französische Team wusste, dass ich hier war; mein Name stand schließlich auf einer Liste, oder? *Vielleicht ist etwas dazwischengekommen, und sie haben uns vergessen.* Ich beschloss, gegen die Fahrstuhlwand zu schlagen, um die Aufmerksamkeit der anderen Rettungshelfer zu wecken, die noch im Gebäude zugange waren. Ich wollte alle daran erinnern, dass Lukeson und ich noch in den Fahrstühlen saßen.

Ich nahm ein Stück Beton in die Hand, schlug damit gegen die Wand und schrie: „Hiiiilfeee!" Das wiederholte ich mehrere Male und hielt dann inne, um zu horchen. Ich hoffte, die Stimme von Capitaine zu hören, die sagte: „Wir sind immer noch da und holen euch gleich raus." Aber ich vernahm nichts.

Als das französische Team zu Beginn Kontakt zu Sarla bekommen hatte, war es ihnen wunderbar gelungen, konstant mit uns in Verbindung zu bleiben und uns alles mitzuteilen, was sie unternahmen und was wir zu erwarten hatten. Auch während und nach Jims Rettung hatte Capitaine mich direkt über alles informiert; aber seit dem Schichtwechsel hatte ich nichts mehr gehört.

Haben sie mich vergessen?

Ich wiederholte das Schlagen und Schreien und bemerkte, dass Lukeson dieses Mal mitmachte. Ich war froh, ihn zu hören und hoffte, dass er sich ausgeruht und Kraft gesammelt hatte. Wir schlugen noch eine ganze Weile weiter, dann lauschten wir gebannt. Immer noch keine Antwort. Meine Sorge stieg weiter an.

Alle zwei oder drei Minuten nahm ich nun einen Betonklotz in die Hand und machte Klopfgeräusche. Ich konnte nicht jedes Mal rufen, weil es zu viel Kraft kostete. Aber wenn ich es tat, brüllte ich, so laut ich nur konnte. Je schwächer ich wurde, desto leiser wurden auch meine Laute. Also versuchte ich es zweckmäßiger anzugehen und hämmerte so rhythmisch wie möglich gegen die Wand. Tap, tap. Pause. Tap, tap, tap. Ich wollte nicht, dass es nur wie irgendein zufälliges Geräusch klang, sondern dass jeder, der es hörte, sofort wusste, dass es mit einer bestimmten Absicht erzeugt worden war.

Nachdem wir geklopft hatten, hielten wir immer wieder inne, um zu horchen. Manchmal konnte ich kleine Fetzen einer Unterhaltung hören oder wie irgendwelche Teamleiter Anweisungen an ihre Mannschaften ausriefen; aber es schien, als ob uns niemand hörte.

Das Lärmen ermüdete uns beide zusehends. Alle zwei oder drei Minuten hörten wir auf und warteten doppelt so lange. Ab und zu riefen wir: „Hier sind noch zwei! Wir sind im Fahrstuhl." Irgendwann ließen wir das Krachmachen aus purer Erschöpfung sein. Genau in diesem Augenblick vernahm ich die Stimme eines amerikanischen Rettungshelfers – ich nahm an, dass es der Teamleiter war –, der sagte: „Ich habe zwei neue Kontakte hier. Meine Mannschaft kommt nicht ran. Ich brauche neue Leute!"

Seine Worte ängstigten mich und machten mich gleichzeitig wütend. *Neue Kontakte?* Sofort brüllte ich zurück: „Wir sind nicht neu. Wir stehen auf der Liste!" Ich hielt inne, aber niemand gab ein Zeichen, dass ich gehört worden war. „Wir stehen auf der Liste! Vergesst uns nicht." Ich wechselte nun ständig zwischen Brüllen und Lauschen, bekam aber keine Antwort.

Dann dachte ich darüber nach, was wohl da draußen los war. Wer hatte das Sagen? Würde dieser Teamleiter eine neue Mannschaft bekommen? Hatten sie die Liste? Wussten sie, dass wir immer noch hier unten waren?

Den Geräuschen der Werkzeuge und Maschinen nach zu schließen, waren jetzt mehrere Mannschaften am Werk, mit jeweils eigenen Aufgaben. Und da verstand ich plötzlich: In diesem Chaos konnte ich ohne Weiteres vergessen werden. Mein Herz versagte fast, während meine Beunruhigung zunahm. *Sie haben die Liste nicht an die neue Schicht weitergegeben. Sie wissen nicht, dass wir hier sind! Haben sie Lukeson und mich vielleicht für andere Überlebende gehalten? Haben sie jemand anderen gerettet und gedacht, dass wir es waren?*

Ich hatte immer gewusst, dass meine einzige Hoffnung auf Rettung von außen kommen würde. Aber ich hatte nie die Möglichkeit in Betracht gezogen, dass – wenn sie erst mal da waren – ich mich nicht darauf verlassen konnte, dass sie mich herausholten. Da so viele Mannschaften hier am Hotel arbeiteten, fragte ich mich, nach was für einem System sie vorgingen, um sicherzustellen, dass ihnen niemand verloren ging – und was für Entscheidungen sie in diesem Tumult gezwungen waren zu fällen. Wenn andere Überlebende leichter zu retten waren, würde man diese dann nicht zuerst befreien?

Meine ursprüngliche Hoffnung, nach dem Erdbeben gerettet zu werden, war nichts als glimmende Asche gewesen. Während der letzten paar Stunden war die Glut durch die Hoffnung auf Rettung angefacht worden und brannte nun sachte. Aber jetzt, da ich mir das Chaos vorstellte, das außerhalb dieses Schuttberges herrschen musste – die unterschiedlichen Rettungsmannschaften, Sprachen und Befehlsstrukturen –, sah ich ein, dass meine Hoffnung gestorben war. Vergessen worden zu sein, schien eine sehr reale Möglichkeit.

Unglücklicherweise war ich in diesem Moment anfälliger als je zuvor. Obwohl überall um mich herum Rettungshelfer waren, war ich ohne Jim und Sarla nicht mit der Außenwelt verbunden; niemand konnte wissen, wo ich genau war. Ich befand mich in der Mitte des Gebäudes, unter sechs Betonstockwerken begraben, und dann noch im abgelegensten Teil des Gebäudes, das früher einmal das Hotel Montana gewesen war. Niemand würde hier nach Überlebenden suchen.

Wieder einmal zog ich in Betracht, dass mein Tod nicht mehr so unwahrscheinlich war. Aber mich damit auseinanderzusetzen, war jetzt noch schwerer, weil ich bereits so viel Hoffnung auf Rettung geschöpft hatte.

Mein Atem wurde schneller und flacher. *Ich darf jetzt nicht hyperventilieren!* Ich fühlte, wie Adrenalin durch meine Adern raste, und Wut wallte direkt dahinter.

Der Gedanke zu sterben, weil jemand vergessen hatte, eine Liste mit meinem Namen weiterzugeben, machte mich wahnsinnig. Ich verstand, dass ich jetzt alles in meiner Macht Stehende tun musste, damit die Rettungshelfer wussten, dass ich hier war. Bisher hatte ich die Verantwortung, um Aufmerksamkeit zu brüllen, immer mit den anderen geteilt – es war Teamarbeit gewesen. Und auch wenn Lukeson alles mitmachte, worum ich ihn bat, gab er nie den Anstoß. Es lag nun ganz allein an mir, uns für die Außenwelt bemerkbar zu machen.

Einige Minuten lang schlug und brüllte ich fast ununterbrochen. Ich hörte nur auf, um auf Antwort zu warten. Nach einer Weile musste ich mich hinlegen und ausruhen, weil ich mich körperlich so verausgabt hatte.

Auf dem Fahrstuhlboden liegend, setzte sich der Staub in meiner Nase fest und bedeckte meine Lippen. Langsam fing ich an zu verzweifeln. Ich wollte die Batterie meines iPhones nicht weiter strapazieren, aber ich schaltete es einmal kurz an, um auf die Uhr zu sehen.

Es war drei Uhr fünfzehn in der Früh.

Sarla war in dieser Nacht, gegen elf Uhr, als Erste gerettet worden, Ann um etwa ein Uhr morgens als Letzte.

Es war jetzt etwa acht Stunden her, dass die ersten Rettungshelfer angekommen waren, und mindestens zweieinhalb Stunden seit dem letzten Kontakt mit dem französischen Team.

Wenn ich mir vorher nicht sicher gewesen war, dann wusste ich es jetzt.

Die Rettungshelfer würden nicht zurückkommen.

22

Zeit der Anbetung

Ich werde sterben, weil jemand eine Liste verloren hat.

Ich nahm einen Betonstein und klopfte und brüllte, was das Zeug hielt. Es war eine gesunde Art und Weise, meine Wut und meinen Frust rauszulassen. Ich würde mein Fahrstuhltodesurteil nicht akzeptieren, nur weil es einen Kommunikationsfehler gegeben hatte.

• • •

Noch mehr Zeit war vergangen, und wieder einmal dachte ich über meinen Endspielplan nach, aber es gab immer noch einige Probleme dabei. Selbst wenn ich eine Möglichkeit fand, mein iPhone als Lichtquelle zu nutzen, selbst wenn ich mich hochhieven und in den Fahrstuhlschacht ziehen konnte und selbst wenn ich den Schacht hochkletterte, ohne hinunterzufallen, wie würde ich dann in der Etage über mir die Fahrstuhltür aufkriegen? Dafür bräuchte ich zumindest eine Brechstange.

Ich hätte mir wahrscheinlich Sorgen darüber machen sollen, wie schwach ich geworden war. Stattdessen lag ich keuchend auf dem Boden und versuchte mir einen Plan für den nächsten Schritt zurechtzulegen.

Okay, Gott. Wenn ich hier sterben werde, dann ist das eben so. Aber ich mache mir immer noch Sorgen wegen meiner Familie. Und ich verstehe nicht, wie für sie etwas Gutes aus meinem Tod entstehen soll.

Ich hatte eine Unmenge Energie mit dem Klopfen und Brüllen verschwendet; trotzdem war es eher meine schwindende Hoffnung, die mir meine letzte Kraft raubte. Fast gerettet worden zu sein und dann zu merken, dass es doch nicht passierte, war schlimmer, als zu glauben, dass man gar nicht gerettet wird.

Irgendwo weiter weg setzte wieder das Summen der Sägeblätter und Bohrer ein, aber sie schienen sich nicht näher auf uns zuzubewegen. Ich konnte keine Stimmen mehr hören, und es gab keine weiteren Hinweise auf den amerikanischen Leiter, der damals ein weiteres Team angefordert hatte, um die Überlebenden zu retten, die er noch entdeckt hatte.

Es wäre so leicht, einfach die Augen zu schließen und hier an Ort und Stelle zu sterben. Aber ich kämpfte gegen den Impuls an. *Die Retter sind ganz in der Nähe. Irgendwann kommen sie auch zu uns. Halte einfach nur durch, bis sie hier sind.* Trotzdem hatte ich die Befürchtung, dass es eher Tage als Stunden dauern würde, bis sie mich holten. Es war genauso möglich, dass die Werkzeuge, die sie benutzten, eine Erschütterung auslösen und die restlichen Wände auch zum Einsturz bringen würden.

Ich fragte mich, was für Anweisungen die Rettungsmannschaften wohl bekommen hatten. Wurde ihnen, wie den *Marines*, befohlen, einfach alle rauszuholen und niemanden zurückzulassen? Oder war es eher wie bei zivilen Organisationen, denen gesagt wurde, nur die zu retten und zu versorgen, die unter Wahrung aller Sicherheitsmaßnahmen gerettet werden konnten? Ich hoffte, dass da draußen eher die Marine-Mentalität herrschte, aber ich verstand auch, warum es in einer Situation, in der so viele Menschen gerettet werden mussten, klug war, sich erst einmal die einfachen Fälle herauszupicken. Wenn es irgendwo in Port-au-Prince einen Klassenraum mit fünfzig Kindern gab, war es wohl sinnvoller, die Rettungskräfte dorthin zu schicken, um so viele wie möglich zu retten. Eigentlich hoffte ich, dass sie ihre Entscheidungen genau so trafen. Nur was passierte dann mit mir?

Ich war mir nicht sicher, ob es überhaupt wichtig war, was für einen Plan sie hatten. Selbst wenn sie mich gerne retten wollten, wusste ich nicht, ob sie es überhaupt konnten. Offensichtlich hatte selbst der Leiter des amerikanischen Teams nicht den geforderten Nachschub bekommen. Und das französische Team hatte Versprechen gemacht und war dann von der Bildfläche verschwunden. Nur weil jemand einem Rettungsteam angehörte, bedeutete das nicht, dass er oder sie volle Kontrolle darüber hatten, wer gerettet wurde und wer nicht. Ich stellte mich also darauf ein, noch mehrere Tage im Fahrstuhl eingesperrt zu bleiben.

Als ich darüber nachdachte, noch mehr Zeit in Gefangenschaft zu sein, machte ich mich mir noch mehr Sorgen zu dehydrieren. Ich merkte schon, wie ich schwächer wurde. Ohne Essen konnte ich wahrscheinlich noch mehrere Tage durchhalten, aber ich konnte nicht genauso lange ohne Wasser auskommen.

Mein Rucksack! Ich hatte zwei Flaschen Wasser, die jeweils an den beiden Seiten befestigt waren. Wenn ich meinen Rucksack finden konnte, hätte ich genug Wasser, um ein paar Tage länger zu überleben.

Die Nachbeben schienen vorüber zu sein, und die Wände und der Schutt außerhalb des Fahrstuhls hatten sich nach dem ersten Nachbeben nicht mehr bewegt. Auch wenn ich es vorher nicht riskiert hatte, schien es das Risiko jetzt wert zu sein, mich aus dem Fahrstuhl herauszubewegen, um in der Lobby nach meinem Rucksack zu suchen. Er konnte nicht weit weg von dem Ort sein, wo ich stand, als er mir während des Bebens vom Rücken gerissen wurde.

Ich hatte nicht viel zu verlieren – ich fühlte mich auch jetzt schon ziemlich wackelig – und konnte nur gewinnen. Also zog ich mich am Geländer hoch und bemerkte, wie viel weniger Kraft ich bereits besaß. Ich brauchte beide Arme, um mich hochzuhieven, und dann musste ich erst einmal sicheren Stand gewinnen, bevor ich ein paar zaghafte Schritte tat.

Ich war mittlerweile an das dunkle Gefängnis meines Fahrstuhls gewöhnt, aber draußen außerhalb des Schachts herumzulaufen, war gefährlich, weil ich nicht wusste, was mich hier erwartete. Ich entschied mich, mein iPhone als Licht zu benutzen. Ich wusste, dass ein weiterer Akku in meinem Rucksack war. Wenn ich ihn fand, würde ich auch wieder mehr Energie zur Verfügung haben.

Ich bewegte mich vorsichtig, tastete mich mit meinen Händen voran und setzte mein Licht nur sparsam ein. Den Rucksack sah ich nirgends. Ich leuchtete mit dem Telefon grob in die Richtung, wo ich Davids Bein gesehen hatte, weil ich wusste, dass auch ich dort gewesen war. Zögerlich ging ich ein paar Schritte näher zur Wand, weil ich auf keinen Fall auf … *Das ist ja gar nicht Davids Bein!*

In Wahrheit war es ein Brett voller Blut. Es war *mein* Blut! Ich musste auf meinem Weg zum Fahrstuhl darübergeklettert sein. Überrascht starrte ich auf die große Menge meines eigenen Blutes. Ich hatte es für Davids Bein gehalten, als ich das Foto gesehen hatte. Und jetzt konnte ich sehen, dass es nur ein Brett war. Eine Welle der Erleichterung durchspülte mich.

Ich wollte nicht länger als nötig in der Lobby bleiben, also schaute ich mich noch einmal schnell um, sah aber keine weiteren Hinweise auf meinen Rucksack oder David. Eine Futon-Couch mit tropischem Muster fiel in mein Blickfeld. Ich versuchte mir eins der Polster zu greifen, aber als ich es nicht schaffte, es zu bewegen, begnügte ich mich mit einem der staubigen Kissen und griff mir eins, um es mit in den Fahrstuhl zurückzunehmen. Auch wenn mein Versuch, meinen Rucksack zu finden, fehlgeschlagen war, würde mir das Kissen nun wenigstens ein bisschen Bequemlichkeit verschaffen.

Ich humpelte in den Fahrstuhl zurück. Als ich mich wieder hingelegt hatte, atmete ich schwer. Ich dachte an das blutverschmierte Brett und musste mich erneut damit konfrontieren, wie ernst wohl meine Wunde am Bein war.

Zu wissen, dass es nicht Davids Bein war, beglückte mich dagegen. Obwohl das Beben zweieinhalb Tage her war und ich noch nichts von ihm gehört hatte, konnte ich jetzt nicht mehr sicher davon ausgehen, dass er tot war. Es gab immer noch Hoffnung.

„Lukeson, bist du da?"

„Ja, Dan-jell." Seine Stimme zitterte.

„Ich bin gerade in der Lobby herumgelaufen, um zu sehen, ob ich Wasser finden kann. Weißt du noch, dass ich dir erzählt habe, dass mein Freund David tot ist?"

„Ja."

„Also, das, was ich für sein Bein gehalten habe, war es gar nicht. Es gibt also immer noch eine Chance, dass er am Leben ist."

„Oh."

„Hör zu, Lukeson. Wenn die französischen Rettungshelfer wiederkommen und ich nicht mehr da bin, könntest du ihnen bitte sagen, dass sie auch nach David suchen sollen?"

Ich musste nicht erklären, was ich damit meinte, dass ich vielleicht nicht mehr da sein könnte. Lukeson wusste es, weil auch er den Hauch des Todes im Nacken spürte.

„Ja."

„Danke."

Aus seinen knappen Antworten vernahm ich, dass er keine Kraft mehr hatte, sich noch weiter zu unterhalten, was in Ordnung war, weil es mir genauso ging. Da ich kein Wasser finden konnte, versuchte ich darüber nachzudenken, was für andere Nahrungsquellen es noch geben konnte. Ich überlegte, ob ich ein paar Seiten aus meinem Notizbuch essen sollte, wusste aber, dass darin keinerlei Nährstoffe enthalten waren. *Ob der Einband von meinem Pass wohl aus Leder ist?* Auch wenn er das nicht war, fragte ich mich, ob etwas anderes – irgendetwas – in meinen Magen eventuell die Hungerschmerzen lindern würde, die immer stärker geworden waren. Ich hielt mir die Option offen und tat das Einzige, das ich hier im Fahrstuhl ganz praktisch tun konnte: Ich betete.

Vater, ich möchte gerne glauben, dass Du Gutes aus jeder Situation entstehen lassen kannst und selbst bei meiner Familie sein wirst, wenn ich sterbe. Aber ich kann das im Moment einfach nicht sehen. Ich kann mir nicht vorstellen, wie irgendetwas anderes außer meiner Rettung ein guter Plan für sie sein soll. Bitte greif ein!

Ich werde jetzt nicht mit Dir verhandeln, Gott. Ich werde jetzt nicht sagen: „Wenn Du dies machst, mache ich dafür jenes." Aber Du sagst, dass wir unsere Bitten vor Dich bringen sollen. Also sage ich Dir einfach noch mal, was ich will. Vater, ich will zu meiner Familie zurück. Und Du kannst das machen. Du hast die Macht, mich hier sicher herauszuholen. Du hast Daniel aus der Löwengrube gerettet und seine Freunde im Feuer bewahrt. Du hast jetzt schon Wunder bewirkt, um mich am Leben zu halten. Um mich herum sind überall Rettungshelfer, also bitte, Gott, bitte rette mich!

Obwohl ich hier unten bereits Gottes Ermutigung und seinen Frieden gespürt hatte, fühlte ich jetzt nichts davon; in mir waren nur Sorge und Schmerz. Seit dem Erdbeben hatte ich immer wieder zwischen Todesangst und Hoffnung auf Rettung hin und her geschwankt. Und ich hatte beide Optionen immer wieder im Kopf durchgespielt. Jetzt, in meinem geschwächten Zustand, schien der Tod wahrscheinlicher denn je, und ich fühlte, wie alle beängstigenden Momente der vergangenen Stunden sich über mir auftürmten wie die Stockwerke dieses zusammengestürzten Hotels.

Ich fing an zu zittern. Mein Herzschlag hallte in meinen Ohren wider. Er beschleunigte sich zunehmend. Mein Atem ging jetzt auch schneller und flacher, und ich versuchte bewusst, langsamer zu atmen, um nicht zu hyperventilieren. *Dreh jetzt nicht durch!* Mein T-Shirt sog sich mit Schweiß voll. Ich merkte, wie ich die Kontrolle über meinen Körper verlor, so als ob er jetzt bald den Geist aufgeben würde, und ich hatte keine Möglichkeit, ihn aufzuhalten. Die Verzweiflung übermannte mich wie noch nie zuvor in meinem Leben.

Plötzlich hörte ich Gottes beruhigende Stimme in meinem Innern: „Bete mich an."

In diesem Moment? Wirklich? Normalerweise pries ich Gott mit Gebeten und Liedern, aber ich hatte das Gefühl, zu nichts von beidem fähig zu sein. Aber ich beschloss, es wenigstens zu versuchen. Auch wenn ich noch nicht so weit war, Gott in allem zu vertrauen, wollte ich trotzdem seiner Bitte nachkommen.

Ich schloss meine Augen und fing an „Erhebe dich, meine Seele, erhebe dich" zu singen. Als ich zu der Stelle mit den Worten kam „Mein Name steht in Seiner Hand geschrieben", schnürte es mir die Kehle zu: Selbst wenn das französische Team die Liste mit Überlebenden verloren hatte, wusste Gott, wo ich war – ich stand auf *seiner* Liste. Dann ging ich irgendwann zu „Sei stille, meine Seele" über und merkte, wie mein Körper und mein Geist allmählich ruhiger wurden. Dann sang ich die erste Strophe: „Gott ist's, der alles zum Besten will fügen, der dir getreu bleibt in Schmerzen und Tod." Mit meinem Verstand wollte ich Gott alles überlassen – ihm meine Situation und meine Ängste voll und ganz anvertrauen. Aber ich schaffte es immer noch nicht, es auch mit meinem Herzen zu tun. Ich war noch nicht bereit, den Gedanken zu akzeptieren, dass er immer für meine Familie da sein würde – egal ob ich lebte oder starb.

Strophe, Refrain, Strophe – immer weiter sang ich Anbetungslieder.

Mein Puls wurde langsam wieder ruhiger, und mein Angstgefühl ebbte ab. Ich legte mich auf den Rücken und stützte die Beine über mir an der Wand ab. Während ich sang, sah ich mich mit einem Mal in einem großen Feld stehen. Über mir blinkte der Baldachin funkelnder Sterne einer klaren und dunklen Nacht. Sie tanzten und blitzten, und ich war ihr einziger Zuschauer. Nichts beeinträchtigte meine Sicht.

Ich staunte. Es war kein festes Bild, keine statische Szene. Ich sah zarte Wolken unter den Sternen entlangziehen. Und ich beobachtete das alles nicht nur; ich war mittendrin. Ich fühlte sogar eine leichte Brise auf meiner Haut. All der Schutt hatte es im Fahrstuhl muffig werden lassen, und ich hatte nie auch nur einen Luftzug gespürt. Und trotzdem konnte ich jetzt den Windhauch spüren, der über mich hinwegging, während ich dalag und die vorbeiziehenden Wolken beobachtete. Ich hatte das Gefühl, an einen anderen Ort gebracht worden zu sein. Ich befand mich nicht mehr im Fahrstuhl, ich lag vielmehr in einem flachen Schwimmbecken mit warmem Wasser oder einem Whirlpool. Ich hatte sogar das Gefühl, wenn ich meine Finger ins Wasser eintauchte, würden sie nass werden.

Alles fühlte sich so echt an, dass ich mich fragte, ob ich halluzinierte. Ich öffnete die Augen, und die ganze Szenerie verschwand; ich fand mich im dunklen Fahrstuhl wieder. Also schloss ich meine Augen und kehrte zur Vision zurück. Es war ein bisschen so, wie wenn man aufwacht und dann die Augen wieder schließt und weiterträumt – nur dass ich bei vollem Bewusstsein war und die ganze Zeit Kontrolle darüber behielt.

Im College hatte mich mal jemand gefragt: „Welcher Teil der Natur verbindet dich am engsten mit Gott?" Für mich war es immer dasselbe: Meereswellen, Sterne und Bäume auf einem Berg, die vom Wind bewegt werden. Das waren Symbole seiner Kraft, und in ihrer Gegenwart war es leicht, daran zu glauben, dass Gottes Geist immer noch auf der Erde und in unserem Leben am Werk war. Wenn ich den friedlichsten Ort der Welt hätte benennen sollen, den einen Platz, wo ich mich Gottes Liebe am nächsten fühlte, dann wäre es ein offenes Feld unter den Sternen gewesen. Genau das erlebte ich gerade.

Mein Mitbewohner zu College-Zeiten hatte zu Psalm 40 eines meiner Lieblingslieder geschrieben. Der Text sprach direkt zu mir, als ich ihn jetzt sang:

Ich hoffte auf den Herrn.
Da neigte Er sich mir zu und hörte mein Schreien.
Er zog mich herauf aus der Grube des Grauens,
  aus Schlamm und Morast.
Er stellte meine Füße auf den Fels,
  machte fest meine Schritte.
Er legte mir ein neues Lied in den Mund,
  einen Lobgesang auf Ihn, unseren Gott.

Während ich sang, schloss ich meine Augen und machte das Lied zu meinem Gebet. Ich wusste, dass Gott mein Rufen gehört hatte – als ich ihn um seine Gegenwart und seinen Trost gebeten hatte, hatte er mir geantwortet. Die Anbetungserfahrung hob mich heraus aus meiner Grube tief unten im Hotel und brachte mich auf unerschütterlichen Boden, wo ich in vollkommenem Frieden und völliger Sicherheit sitzen konnte.

Mein Singen dauerte an, und ein Lied folgte dem nächsten, als ob es einen göttlichen Lobpreisleiter gab und ich einfach nur mitmachte. Ich fühlte den Wind auf meinem Gesicht und das Wasser, das meinen Körper sanft wärmte.

Tränen liefen meine Wangen hinab – Freudentränen. Ich konnte Gottes Gegenwart inniger spüren als je zuvor in meinem Leben. Er war bei mir, genau wie ich ihn gebeten hatte. Er war nicht einfach nur ein Zuhörer dieser Anbetung, er nahm vielmehr teil an unserem gegenseitigen Austausch. Während ich sang, kommunizierte mein Geist mit ihm, über meine Sorgen, die Hoffnung für mein Leben, meine Familie, meine Dankbarkeit für seine Gnade und sein Opfer am Kreuz. Ich hörte Worte der Ermutigung von ihm, Erinnerungen an seine Kraft und Liebe für mich – ja sogar seine Freude an mir.

Auch wenn ich sein Gesicht nicht sehen und seine Hand nicht halten konnte, hatte ich das Gefühl, dass er mich mit seiner Gegenwart beschenkte. In der Stunde meines Todes war er hier bei mir, ganz vertraut und mächtig zugleich. Ich kann nicht sagen, wie lange diese Zeit anhielt. Vielleicht eine halbe Stunde, vielleicht viele Stunden – die Erfahrung ging über jegliche zeitliche Dimension hinaus.

Allmählich kam die Anbetung zum Ende, und ich ließ die Vision, wenn auch widerwillig, ziehen. Als ich dort lag, völlig überwältigt und ausgelaugt – aber zugleich noch im Nachglanz meines Erlebnisses –, wurde ich mir einer ganz klaren und unmissverständlichen göttlichen Botschaft bewusst. Dieses Mal kamen mir keine konkreten Worte in den Sinn, ich hatte eher den Schlussakkord unserer gemeinsamen Anbetungszeit im Ohr wie einen anhaltenden Nachhall, der nach einem Glockenschlag in der Luft bleibt.

Vertraue mir, in allem.

Und das tat ich dann auch. Ich vertraute Gott inmitten meiner größten Not. Ich vertraute ihm meinen Tod an. Ich vertraute ihm für die Zeit nach meinem Tod meine Familie an – Christy, Josh und Nathan. Meine Fragen waren beantwortet. Meine Ängste waren verschwunden. Es war nicht so, dass ich auf einmal wusste, wie genau Gott etwas Gutes aus meinem Tod entstehen lassen würde, aber ich wusste, dass er es dank seiner Kraft und Liebe irgendwie schaffen würde. Die Herrlichkeit und unfassbare Schönheit, die ich gerade erlebt hatte, und die Liebe und Gnade, die er auf so persönliche Art und Weise über mir ausgegossen hatte, waren mir Beweis genug. Mein Vater würde die Situation zum Besten wenden. Garantiert.

Er würde ein Vater für Josh und Nathan und ein Ehemann für Christy sein. Er würde dafür sorgen, dass sowohl mein Leben als auch mein Tod in ihrem Leben von Bedeutung sein würde und seine guten Absichten erfüllt würden. Und auch durch Davids Tod würde irgendwie Gutes entstehen; Gott würde auch für seine Familie auf seine besondere Weise sorgen. Selbst für die Menschen auf Haiti, die so viel durchleiden mussten, würde Gott trotz der Tragödie des Erdbebens Gutes zutage bringen.

Danke, Vater, dass Du mir gezeigt hast, dass ich Dir ganz vertrauen kann! Ich vertraue Dir! Lass Deinen Willen in dieser Situation geschehen egal was er auch sein mag.

Meine Gedanken wurden von einer Stimme über mir unterbrochen.

„Hallo. Ist da jemand?"

23

Stimmen hören

Obwohl ich mich erschreckt hatte, wusste ich, dass die Stimme echt war und kein Hirngespinst. „Ja. Ja! Ich bin hier. Ich bin hier!", schrie ich. „Können Sie mich hören?"

„Ja, ich kann Sie hören. Wie heißen Sie?"

„Dan. Dan Woolley, ich stecke hier unten im Fahrstuhl. Mein haitianischer Freund Lukeson ist im Fahrstuhl neben mir."

„Okay, Dan. Ich heiße Sam, und ich bin im Fahrstuhlschacht über Ihnen. Können Sie mein Licht sehen?"

„Nein, ich sehe nichts."

„Das ist okay. Ich werde versuchen, durch den Schacht nach unten zu kommen, aber ich muss noch mal zurück und Ausrüstung holen; ich bin gleich wieder da."

Er ist gleich wieder da? Was meint er damit, dass er gleich wieder da *ist?*

Es war nicht der amerikanische Teamleiter, mit dem ich vor einer Weile geredet hatte; das hier war jemand anderes. Er hatte mit mir geredet, als ob er noch nie von mir gehört und noch nie eine Liste zu Gesicht bekommen hätte.

Was bedeutete das alles? Ich hatte schon zwei Teamkapitäne gehabt, einen amerikanischen und einen französischen, die mir beide versprochen hatten, mich rauszuholen. Beide waren nicht zurückgekommen. Was, wenn ein Vorgesetzter Sam nun auch nicht zurückließ? Was, wenn er abgezogen und einem anderen Einsatzort zugeteilt wurde? Ich hatte in den vergangenen Stunden schon zu oft Hoffnung gehabt, nur um dann auf Helfer zu warten, die nicht zurückkamen.

Wer auch immer Sam war, er hatte nur meinen Verdacht bestätigt, dass es in dem ganzen Chaos Kommunikationsschwierigkeiten gab. Ich fragte mich, wie viele Teams jetzt wohl da waren, aus wie vielen unterschiedlichen Ländern sie kamen und ob überhaupt jemand das Oberkommando hatte. Der Frieden, den ich noch ein paar Momente zuvor gespürt hatte, verschwand schnell, und ich fühlte, wie Panik wieder in mir hochzusteigen begann.

Von Lukeson hatte ich während meiner Anbetungszeit nichts gehört, also hatte er wohl geschlafen; als ich jedoch anfing, gegen die Fahrstuhlwände zu schlagen, wachte er auf und fiel in mein Schlagen und Rufen mit ein.

Helfer arbeiteten jetzt in unterschiedlichen Ecken des Gebäudes, und ich konnte ihre Stimmen hören, auch wenn ich nicht wusste, ob sie auch meine hörten. Doch dann vernahm ich noch einen weiteren Amerikaner. Das war nun mindestens der dritte. Seine Stimme schien von dem Ort zu kommen, wo Jim vorher gewesen war.

Ich schrie in seine Richtung. „Hey, wir sind hier im Fahrstuhl. Wir sind zu zweit und sind in den Fahrstühlen gefangen!"

Er hörte mich.

„Hier drüben ist noch ein Kerl." Ich hörte, wie er seine Kollegen rief. Dann rief er zu mir zurück: „Wir werden versuchen, Sie da rauszukriegen."

Ich bin mir nicht sicher, ob er genau das gesagt hat, weil der Klang seiner Stimme vom Maschinenlärm übertönt wurde, der in einiger Entfernung von einer anderen Mannschaft erzeugt wurde.

Ich vernahm das Surren der Betonsägen aus Jims früherem Quartier, was ein Hinweis darauf war, dass die Rettungshelfer sich tatsächlich einen Weg zu mir bahnten. Ich versuchte die Anzahl der Schnitte zu zählen: Eins, zwei. Pause. Drei. Vier. Dann eine längere Pause. Das passte zu meiner vorherigen Annahme, dass es wahrscheinlich immer vier Schnitte gab und dann eine Pause, in der sie versuchten, das lose Stück Beton durch die Wand zu schieben, um zu sehen, ob ich dahinter war.

Das Muster wiederholte sich. Dann noch einmal.

Ich fühlte mich ermutigt. Die Geräusche erschienen mir logisch; sie waren dabei, mich herauszuholen.

Dann gab es wieder eine lange Pause, nach der wieder das Muster einsetzte. *Wie viele Schnitte müssen sie denn noch machen, um zu mir zu gelangen?*

Die Geräusche passten nicht mehr zu den Bildern in meinem Kopf. Es waren doch sicher nicht so viele Wände zwischen dem Ort, an dem Jim gesteckt hatte, und dem, wo ich jetzt war. Es dauerte einfach zu lange. Irgendetwas stimmte nicht.

Als die Säge innehielt, brüllte ich wieder los.

„Hey, ich bin immer noch hier! Ich bin im Fahrstuhl." Manchmal dienten meine Schreie dazu, ihnen nur meinen Standort wieder ins Gedächtnis zu rufen, aber vor allem sollten sie die Rettungshelfer überhaupt wieder an uns erinnern.

Die Sägen hörten auf.

Der amerikanische Teamleiter kam zu dem Mann, der mir am nächsten schien. Die Wände, die uns trennten, dämpften ihre Stimmen, sodass ich nur Teile ihrer Unterhaltung mitbekam.

„Was machen Sie da?"

„Ich arbeite mich voran, um diesen Typen aus dem Fahrstuhl rauszuholen."

Der Leiter sagte irgendetwas, das klang wie: „Wie viele Leute helfen Ihnen dabei?"

„Srmpfzehn."

Obwohl ich die undeutliche Antwort des Mannes nicht verstand, war die Reaktion des Teamleiters überaus verständlich. „Wir können es uns gerade nicht leisten, so viel Zeit darauf zu verschwenden. Unsere Schicht ist fast vorbei."

Es folgte noch eine undeutliche Aussage von meinem Rettungshelfer, und danach setzte wieder der Lärm der Pressluftbohrer ein.

„Dann machen Sie das jetzt in Ihrer Privatzeit", schrie der Leiter ärgerlich gegen den Lärm der Maschinen an.

Hat er das wirklich gerade gesagt? Was bedeutet das?

Mit Schrecken wurde mir klar: Auch wenn der Rettungshelfer wusste, dass ich da war, hingen seine Möglichkeiten, mich zu retten, offensichtlich von den Anweisungen seines Teamleiters ab. Wenn seine Schicht vorbei war, wenn er sich verletzte oder wenn er eine Pause einlegte, gab es keinerlei Garantie, dass irgendjemand anders noch wusste, wo ich mich befand.

Mittlerweile glaubte ich nicht mehr daran, dass irgendjemand da draußen meinen Namen kannte oder wusste, dass ich im Fahrstuhl feststeckte. Ich konnte mich nicht auf die Rettungsmannschaften verlassen.

Mir wurde klar, dass es ganz allein von mir abhing, ob sie wussten, wo ich war. Selbst wenn da draußen nur *ein* hilfsbereiter Kerl war und selbst wenn er entgegen den Wünschen seines Teamleiters arbeitete, wollte ich sichergehen, dass er mich hörte. Also nahm ich alle paar Minuten einen Steinklotz und schlug damit kräftig gegen die metallene Seite des Fahrstuhls. „Vergesst uns nicht", schrie ich. Oder: „Wir sind hier!" Wieder klopfte und schrie ich, bis ich nicht mehr konnte. Dann ruhte ich kurz aus und wiederholte die Prozedur. Ich musste dafür sorgen, dass er wusste, dass ich hier war und dass man mich nicht vergaß.

Dann hörte das Bohrgeräusch auf.

Ich konnte nichts mehr hören. *Warum macht er nicht weiter? Was geht hier vor sich? Hat der Teamleiter ihm gesagt, dass er aufhören soll? Hat er selbst beschlossen, dass er nicht mehr von seiner privaten Zeit opfern will? Ist er weggegangen, um mit dem Leiter zu reden?*

Weiter entfernt konnte ich Pressluftbohrer hören.

Von oben kam das Geräusch von Sägen.

Links hörte ich Stimmen.

Sie sprachen Französisch.

Und Englisch.

Und andere Sprachen, die ich nicht verstand.

Es wurde immer schwieriger mitzubekommen, woher die jeweiligen Geräusche kamen. Das Klappern von Werkzeugen und die Stimmen vermischten und trennten sich wie zwei Tonspuren bei einer Stereoanlage mit kaputter Box.

Meine Verzweiflung stieg, und ich fing an zu schreien: „Wir haben Verletzungen. Wir sind verletzt."

Meine Kehle schnürte sich zu, und meine Brust wurde eng. Mein kurzer, flacher Atem ließ mein Herz immer schneller rasen, und ich schnappte nach Luft. Zum ersten Mal seit dem Erdbeben musste ich eine echte Panikattacke über mich ergehen lassen.

Ich war verwirrt. Ich war im Moment gefangen und konnte mich an nichts mehr erinnern, was vor ein paar Minuten passiert war. Langsam fing ich an, den Verstand zu verlieren.

Vater, ich akzeptiere Deinen Willen in dieser Situation, auch wenn es mein Tod sein sollte. Aber die Rettungshelfer sind genau hier! Bitte gib mich nicht auf, wenn meine Rettung schon so nah ist, so greifbar. Wenn ich jetzt hier sterben soll, dann bitte mach, dass es schnell geht, zieh es nicht noch mit Rettungsaktionen und Momenten der Hoffnung in die Länge.

Ich konnte hören, wie die Mitarbeiter sind unterhielten. Meine Stimme war schon merklich schwächer geworden, aber die Panik gab mir neue Entschlossenheit, und so rief ich: „Hey, wir sind hier im Fahrstuhlschacht. Helfen Sie uns! Wir sind verletzt. Wir sind hier zu zweit in den Fahrstühlen. Können Sie mich hören?"

„Ruhe jetzt!"

Der Maschinenlärm erstarb, und ich hielt den Atem an. *Hat er mich gehört?* Ein Amerikaner redete, aber ich konnte nicht verstehen, was er sagte. Also schrie ich erneut aus vollem Hals: „Wir sind hier zu zweit. Wir sind im Fahrstuhl. Wir sind verletzt!"

Ich konnte die Stimme des Rettungshelfers so deutlich hören, als ob er genau neben mir stehen würde. „Wir kommen nicht an Sie ran", war die barsche Antwort.

Dann begann das Team andere Rettungsaktionen zu besprechen, an denen sie arbeiteten. Ich konnte hören, wie sie spezifische Details ihrer Ausrüstung diskutierten. Sie schienen so nah zu sein, dass es sich anhörte, als wären sie mit mir im Fahrstuhl.

„Wie brauchen noch eine Säge."

„Ich muss dieses Teil hier auswechseln."

Es war, als ob sie nicht wussten, wie nah ich bei ihnen war. Warum konnten sie mich nicht hören? Ich gab jetzt alles, was ich noch hatte: „Wir sind genau hier! Im Fahrstuhl!"

Aber ihre Unterhaltung ging weiter ohne irgendeine Bestätigung, dass sie mich gehört hatten.

„Hören Sie mich? Hallo, hören Sie mich? Können Sie mich denn nicht hören?" Lukeson half mir bei meinen verzweifelten Hilfeschreien und rief auch auf Französisch und Kreolisch und in anderen Sprachen, die ich nicht verstand. Ich wiederholte seine Sätze und gab mein Bestes, Sprachen zu imitieren, die ich nicht sprach.

Dann vernahm ich eine amerikanische Stimme: „Wir können uns nicht um diesen Typen kümmern", daraufhin eine französische. Ich versuchte, auch die Aufmerksamkeit des französischen Mannes zu bekommen. „Vergessen Sie uns nicht! Lassen Sie uns jetzt einfach allein? Sie können uns nicht hierlassen!"

„Ruhe. Ruhe jetzt!", brüllte irgendjemand.

Aber ich war nicht ruhig. Ich schrie weiter.

Meine Kraft ließ immer weiter nach. Ich hatte das Gefühl, dass mein Körper langsam am Ende war, so wie wenn man schon halb schläft und sich fühlt, als ob man fällt. Ich hörte nicht auf zu schreien und zu klopfen. Die Rettungshelfer waren so nah wie nie zuvor, und ich würde alles in meiner Macht Stehende tun, damit sie mich hörten.

Sie *zwingen*, mir zu antworten.

Und dann tat es schließlich einer von ihnen.

„Wir werden Sie nicht holen kommen. Wir werden Sie nicht retten! Seien Sie jetzt endlich still!"

24

In der Hölle

Es war, als ob jemand mit einem Pürierstab den Klang der Sägeblätter, Bohrspitzen und Presslufthämmer mit den Stimmen zusammen zu einem Stück vermischte, es rückwärts abspielte und darauf
herumkratzte. Alles, was ich hörte, war die lang gezogene Stimme:
„Wir werden Sie nicht holen kommen. Wir werden Sie nicht retten! Seien Sie jetzt endlich still!"

„Hey, wir kommen zu Ihnen. Ich kann Sie hören", sagte einer
der Helfer ein paar Minuten später.

„Sie kommen her?" Ich war überrascht, dass sich das Blatt so
schnell gewendet hatte. „Wir sind hier", antwortete ich. „Wir sind
hier in den Fahrstühlen." Er klang, als ob er genau neben mir stand.

Ich hörte, wie er seinen Posten verließ, um mit seinem Vorgesetzten zu reden. „Wir können das nicht nur wegen zwei Personen
machen", sagte der Chef. „Wir können diese ganzen Ressourcen
nicht nur für diese beiden einsetzen. Sie müssen jetzt aufhören zu
arbeiten."

Also hörte der Rettungshelfer auf.

Ich konnte die Helfer in anderen Teilen des Gebäudes hören,
aber sie kamen Lukeson und mir keinen Schritt näher. „Hören Sie
uns? Kommen Sie uns holen? Vergessen Sie uns nicht!", rief ich.

„Da unten ist jemand!"

Es war noch eine neue Stimme, jemand, der uns helfen wollte,
aber sofort unterbrach ihn jemand: „Vergiss die beiden. Lass uns
lieber auf die hier drüben konzentrieren."

Es gab Rettungsmannschaften aus den USA, Frankreich und anderen Ländern. Obwohl sie in verschiedenen Teilen des Gebäudes

am Werk waren und alle ihre eigenen Sprachen sprachen, konnte ich ihre Unterhaltungen hören und jedes Wort verstehen, das gesagt wurde.

Sie verhöhnten mich und machten sich lustig über meine Hoffnung auf Rettung. Immer versprachen sie zurückzukommen, aber dann gingen sie weg und arbeiteten einfach woanders weiter. *Warum tut ihr mir das an?* Ich konnte mir keine schlimmere Folter vorstellen.

Gott, bist Du immer noch hier bei mir? Bist Du da? Warum rettest Du mich nicht? Wenn ich hier sterben soll, lass mich schnell sterben, nicht mit dieser grausamen Hoffnung auf Rettung.

Dann kam mir ein anderer Gedanke.

Vielleicht wird er mich gar nicht retten. Vielleicht hat Gott mich auch alleingelassen.

Ich spürte, wie meine körperliche Kraft zusehends abnahm. Ich schrie wieder.

„Halt die Klappe!", kam jetzt als Antwort.

Die Worte hallten in meinem Kopf nach, und ich versuchte ihre Bedeutung zu verstehen. Selbst in meiner verwirrten Verfassung wusste ich, dass kein Rettungshelfer jemals so etwas sagen würde. Ich war überzeugt, dass es nicht real gewesen sein konnte. Aber wenn es nicht real war, warum gingen die Unterhaltungen dann weiter?

Ich war völlig durcheinander. Es war, als ob den kurzen Lichtblicken der Hoffnung immer Stunden der Verzweiflung folgten. Dunkelheit war alles, was ich im Fahrstuhl erlebt hatte, aber jetzt hatte ich das Gefühl, dass eine schwere Decke völliger Finsternis sich wie ein Leichentuch auf meinen Geist gelegt hatte und versuchte, jeden rationalen Gedanken in mir auszulöschen. Die Hoffnung lag da, in viele tausend Betonstücke zerbrochen, wie eine heruntergefallene Glühbirne, deren Splitter sich auf dem Boden ausbreiten.

Im Dunkeln konnte ich die Wände nicht sehen, aber es kam mir vor, als ob sie weg waren. Vor mir sah ich Rettungshelfer mit Werkzeugen; sie gruben und schnitten und sägten, aber sie konnten mich nicht sehen. Wenn sie redeten, klang es, als ob sie genau neben mir stünden.

Mein Herz raste. Ich konnte mir nicht erklären, wo ich war oder was mit mir passierte.

Stimmen vermischten sich in meinem Kopf.

Flüsterten mir ins Ohr.

Mein Hals schnürte sich wieder zu, und in meiner Brust wurde es eng.

Es wurde immer schwieriger zu atmen. Die Dunkelheit nahm mir jegliche Luft.

Und dann plötzlich ... wusste ich es.

Ich war *tot*.

Ich war gestorben und in der Hölle gelandet. Ich wusste, dass ich in der Hölle war, weil ich gefoltert wurde und Gott nicht länger bei mir war. Er hatte mich nun ganz aufgegeben. Die Rettungshelfer, die ich gesehen und gehört hatte, waren nicht real; sie waren Visionen, die dazu dienten, mich zu quälen.

Die Hölle war ein Ort, wo Heroin vor den Augen von verzweifelt Süchtigen hin und her baumelte, aber dann von einem wütenden Dealer weggeschnappt wurde, bevor ihre zitternden Hände zupacken konnten. Meine Droge war die Hoffnung. Ab und zu konnte ich einen Blick darauf erhaschen, doch sie wurde immer wieder weggenommen, bevor mein Verstand sie greifen konnte.

Es war eine Hoffnung wie eine Wunderkerze: Sie leuchtete hell und verwandelte sich dann schnell und zischend in Asche. Ich war in der Hölle und hielt die abgebrannte, verkohlte Wunderkerze mit ausgestrecktem Arm von mir weg. Die grausamen Qualen waren schlimmer als jeder körperliche Schmerz, den ich je gefühlt hatte.

Ganz offensichtlich stimmte es nicht, dass Gott mich angenommen hatte. Es stimmte nicht, dass er gnädig war. Mein Herz war nicht gut, und er hatte mir nicht vergeben.

Das bedeutet, dass alle meine Gebete nicht erhört werden. Meiner Fa-
milie wird es schlecht gehen, und Gott wird ihr nicht helfen.

Aber warum war dann Lukeson hier? Ich verstand Gottes Urteil,
dass *meine* Reue nicht echt gewesen war. Ich hatte mich schon oft in
meinem Leben von ihm abgewandt, aber mein haitianischer Freund
betete doch mit reinem Herzen. Er verdiente es wirklich. Ich dachte, dass ich ihn an das Himmeltor gebracht hatte, aber stattdessen
waren wir jetzt zusammen in den Tiefen der Hölle.

Mein Herz klopfte laut, und Schweiß rann mir den Rücken herunter. Diese Erfahrung der Hölle war übler, als ich es mir je vorgestellt hatte. Und jetzt würde ich hier bis in alle Ewigkeit zu Hause
sein. Ich konnte nicht anders, als um mich selbst zu trauern, um
Lukeson und vor allem um meine Familie.

Es gab kein Mittel gegen den stechenden Schmerz, den ich bei
dem Gedanken fühlte, dass meine Familie nun ohne jede Hoffnung
leiden musste. Wenn Gott meine Gebete ignorierte, dann beachtete
er ihre Gebete sicherlich auch nicht. Das war das schlimmste Szenario für Christy und die Jungs, das ich mir ausmalen konnte: Ich war
in der Hölle, und Gott würde sich um niemanden von uns kümmern.

Ich gab die Vorstellung, doch noch gerettet zu werden, auf. *Wenn
ich in der Hölle bin, dann bin ich eben in der Hölle.* Es hatte keinen Sinn
mehr, Lärm zu machen und zu schreien. *Warum soll ich diesen ganzen
Affentanz hier noch mitmachen?*

Ich rollte mich auf den Bauch und griff nach der Ecke der Fahrstuhlkabine. Halb zog ich mich, halb kroch ich aus dem Fahrstuhl
hinaus. Als ich über den Boden glitt, spürte ich, wie meine Brust
anfing zu brennen, weil sie von den herumliegenden Betonsplittern
und dem Schotter zerkratzt und zerschnitten wurde. Ich hieß den
Schmerz willkommen. Er fühlte sich besser an als die Flammen der
Verzweiflung, die in meinem Verstand hochschlugen. Auf halbem
Weg aus dem Fahrstuhl drehte ich mich um, sodass mein Rücken
auf den Glas- und Betonstücken lag, die überall auf dem Boden
verstreut waren. *Was macht das schon? Ich bin in der Hölle.*

Dort in der Dunkelheit suchte ich das Angesicht meines Anklägers. Aber bevor ich dem Bösen ins Auge sehen konnte, vernahm ich eine bekannte Stimme.

„Dan. Dan! Hören Sie mich?"

25

Glauben

Palmsonntag 1998

Monrovia, Kalifornien

„Dan. Dan! Hörst du mich?"

Es war Christy. „Ich habe gesagt, dass ich finde, wir sollten Gott noch mal eine Chance geben."

Ich war wie benommen. Ihre Aussage traf mich völlig unvorbereitet.

„Dieses Mal müssen wir uns wirklich entscheiden, ihm ganz zu vertrauen, und nichts mehr zurückhalten."

„Aber wir haben doch versucht, ihm zu vertrauen, oder etwa nicht?", fragte ich.

„Ja, das haben wir. Aber ich glaube, das wir ihm in manchen Dingen nicht mehr vertrauen. Wir sind nicht mehr in die Kirche gegangen, als es zu schwer wurde. Vielleicht sollten wir es wieder versuchen und beten, dass Gott uns hilft, eine Gemeinde zu finden, die uns in unserem Schmerz besser unterstützen kann. Wir haben schon lange nicht mehr zusammen gebetet oder in der Bibel gelesen. Ich bin bereit, dem Ganzen noch mal eine Chance zu geben. Wie steht es mit dir?"

Ich starrte sie an und wusste nicht, was ich sagen sollte. Es war, als ob die alte Christy langsam wieder zum Leben erwachte. „Wie kommt dieser Wandel?", fragte ich.

„Wahrscheinlich bin ich einfach noch nicht bereit, ganz aufzugeben."

Sie nahm meine Hand. Sanft streichelte ich mit dem Daumen ihren Handrücken. Ich merkte, wie entscheidend es für mich war, dass es diesmal Christys Idee war, nicht meine.

Diese Wende der Ereignisse war kein Zufall. Sie ist nicht einfach so passiert. Gott hatte zu Christy geredet, und sie reagierte darauf. Und durch Christy redete er auch zu mir. Gott zeigte uns, dass er uns nicht aufgegeben oder vergessen hatte – auch in dieser Krise unseres Lebens war er bei uns, obwohl ich schon drauf und dran gewesen war, mit ihm abzuschließen.

● ● ●

Am folgenden Sonntag war Ostern, und wir besuchten endlich wieder einmal einen Gottesdienst. Eine Gemeinde zu finden, in der wir uns wohlfühlten, dauerte ein paar Monate. Es war nicht leicht, dort unser kaputtes Leben auszupacken, aber schließlich ließen wir uns ganz darauf ein und engagierten uns sogar. Das war besonders für Christy ein mühevoller Schritt, aber langsam begannen sich Dinge zu verändern.

Ironischerweise schien es, als ob Gott meinen Moment der Schwäche am Palmsonntag benutzt hatte, um Christy zu helfen, ihre verloren geglaubte innere Stärke wiederzubeleben. Ihr Kampfgeist und Überlebenswille erwachten zum neuen Leben. Es gab keine sofortigen Wunder. Christy hatte noch eine ganze Weile mit ihrer Depression zu kämpfen. Der Palmsonntag war ein Wendepunkt, aber es gab noch andere Faktoren, die Einfluss darauf nahmen.

Die oft sehr anstrengenden Unterhaltungen, die wir über frühere Verletzungen geführt hatten, zahlten sich aus. Und Christy fing an, Befreiung von diesen angestauten Gefühlen zu erleben. Mit der Zeit lernte ich, geduldiger und sensibler zu sein, und Christy fand heraus, wie sie mit den Enttäuschungen und Herausforderungen des Lebens auf gesunde Art umgehen konnte. Als wir uns öffneten und mehr Hilfe von anderen annahmen, wurden Christys Eltern immer wichtiger für uns. Ihre Unterstützung im Gebet und durch Zuhören und ihre bedingungslose Liebe waren von großer Bedeutung.

Ich glaube nicht, dass ich je verstehen werde, warum Gott oft in den Zeiten am schweigsamsten und distanziertesten erscheint, wenn wir ihn am meisten brauchen. Aber im Rückblick kann ich Hinweise darauf entdecken, dass Gott uns nie im Stich gelassen hat, selbst in den dunkelsten Stunden. Und er benutzte diese Widrigkeiten, um unseren Glauben zu stärken und in uns einen Hunger auf seine Gegenwart zu schüren.

Als mehr Zeit vergangen war, merkten wir, dass viele Sachen einfacher wurden und immer seltener Schwierigkeiten auftraten. Wir gingen abends aus, machten Picknicks und trafen Freunde zum Essen. Wir fingen wieder an, unser Leben zu genießen.

• • •

Auf dem Tisch standen Kerzen, und Christy hatte uns ein besonderes Essen gekocht. Ich schaute ihr tief in die Augen, freute mich, dass sie wieder zu funkeln angefangen hatten, und dachte darüber nach, wie sehr ich diese Frau liebte.

„Herzlichen Glückwunsch zum 6. Hochzeitstag, Schatz. Auf fünfzig weitere!", sagte ich und hob mein Glas. „Ich liebe dich." Vierzehn Monate waren seit dem folgenreichen Palmsonntag vergangen, an dem wir im Hinblick auf ihre Depression eine Wende eingeleitet hatten.

„Ich liebe dich auch", sagte sie und ließ ihr Glas an meines stoßen, sodass ein sanfter Klang entstand. „Würdest du mich immer noch heiraten, wenn du wüsstest, was wir bis zu diesem Jahrestag alles durchmachen müssen?"

Ich sah ihr tief in die braunen Augen und zögerte nicht mit meiner Antwort. „Auf jeden Fall! Ich würde alles wieder durchmachen, nur um bei dir zu sein. Du bist immer noch so süß wie an dem Tag, an dem ich dich geheiratet habe!"

„Süß?", sagte sie und klimperte scheinbar empört mit den Wimpern. „Hast du süß gesagt?"

„Ja, das habe ich. Was dagegen?"

„Na ja, letzte Woche hast du gesagt, dass ich *wunderschön* bin." Das Lächeln erfüllte ihr ganzes Gesicht. Ihr ganzer Körper schien zu leuchten – und das kam nicht von den Kerzen.

„Vielleicht ist es ja möglich, beides zu sein", sagte ich und zwinkerte ihr zu.

Und dann wurde mir bewusst, dass ich nicht länger versuchen musste, mich daran zu erinnern, wann ich Christy zum letzten Mal lachen gesehen hatte; jetzt tat sie es jeden Tag.

• • •

Ich saß auf einem harten Plastikstuhl und spielte geistesabwesend mit meinem Ehering, drehte ihn vor und zurück, während ich den Ölwechsel unseres Autos abwartete.

In Zeiten der Not hatte ich immer die Tendenz, standhalten zu wollen – rational zu bleiben, und den Schwierigkeiten mit Hartnäckigkeit und Willensstärke zu begegnen. Aber Christys Depression überstieg meine Fähigkeiten, alles alleine zu meistern, und ich bat um Gottes Hilfe wie nie zuvor.

Als Christy gesünder wurde, machte sie ein Examen in Lerntherapie und half Kindern, ihre Lernschwierigkeit zu überwinden. Sie wusste etwas über Beharrlichkeit und den Kampf gegen die Widrigkeiten des eigenen Gehirns, und sie benutzte ihre eigenen Erfahrungen, um ihnen zu helfen, sich in der Schule zu verbessern. Mit der Zeit gründeten wir eine Familie und lebten nun die Zukunft, die wir uns immer erhofft hatten.

Als ich meinen Ehering betrachtete, erinnerte ich mich, dass wir beim Aussuchen Prediger 4,9-12 im Sinn gehabt hatten. Da heißt es:

Zwei haben es besser als einer allein,
  denn zusammen können sie mehr erreichen.
Stürzt einer von ihnen,
  dann hilft der andere ihm wieder auf die Beine.
Doch wie schlecht steht es um den, der alleine ist, wenn er hinfällt!
  Niemand ist da, der ihm wieder aufhilft!
Wenn zwei in der Kälte zusammenliegen,
wärmt einer den anderen,
  doch wie soll einer allein warm werden?
Einer kann leicht überwältigt werden,
  doch zwei sind dem Angriff gewachsen.
Man sagt ja auch: „Ein Seil aus drei Schnüren reißt nicht so
  schnell!"

Ein Seil aus drei Schnüren, das war die richtige Beschreibung für unseren Glauben und unsere Beziehung. Ich dachte daran, wie ich Jahre damit verbracht hatte, Christy immer wieder aufzubauen. Aber als wir am Ende des Seils angekommen waren, war sie diejenige, die daran festhielt; und Gott zeigte uns, dass seine Kraft die ganze Zeit über in uns am Werk gewesen war.

Er war unser sicheres Fundament und das Band, das uns zusammenhielt. Ich hatte allen Grund zu glauben, dass es immer so sein würde.

26

Die Stimme von oben

Früh am Freitagmorgen

Hotel Montana, Port-au-Prince

„Dan. Dan! Hören Sie mich?"

„Ja?" Ich war verwirrt. Die Stimme klang vertraut, aber ich konnte sie nicht zuordnen.

„Dan, ich komme Sie jetzt holen."

Es war Sam, der Helfer, der gesagt hatte, dass er durch den Fahrstuhlschacht zu mir herunterkommen wollte! So viel war passiert, seit er weggegangen war, um seine Ausrüstung zu holen, dass ich nicht mehr an seine Rückkehr geglaubt hatte. Ich hatte versucht abzuschätzen, wie viel Zeit wohl vergangen war, seit ich seine Stimme zum ersten Mal gehört hatte. Ich konnte es nicht. Vielleicht war es eine Stunde her, vielleicht auch mehrere. Ich hatte kein Zeitgefühl mehr.

Ich merkte, dass ich auf dem Rücken lag, halb im Fahrstuhl, halb draußen. *Wie war ich in die Lobby gekommen?* Hier war ich nicht sicher. Schnell kroch ich wieder zurück in den Fahrstuhl. Dann erinnerte ich mich, was passiert war. *War ich in der Hölle gewesen, oder hatte ich einfach nur Halluzinationen gehabt?*

Ich blieb an der vorderen Kante der Fahrstuhlkabine, damit ich Sams Stimme über mir hören konnte. „Ich komme durch den Fahrstuhlschacht. In ein paar Minuten bin ich da."

Als ich Sam zum ersten Mal kurz sah, war es immer noch dunkel, abgesehen vom Schein seiner Stirnlampe, die immer dorthin einen

Lichtstrahl warf, wo er gerade den Kopf hindrehte. Ich sah zu, wie er sich mithilfe einer Konstruktion aus Seilen und Flaschenzügen zwischen dem Schacht und der Kabine hinabließ. Innerhalb von ein oder zwei Minuten stand er vor mir.

„Hier, trinken Sie das", sagte er und reichte mir eine Wasserflasche und dann eine Taschenlampe. Das Wasser und das Licht ließen mich sofort wieder zur Vernunft kommen. Es war egal, wo ich gewesen oder was mir dort passiert war. In diesem Moment war die Hoffnung fassbar: eine Flasche Wasser, eine Taschenlampe und ein Weg aus dem Fahrstuhl heraus. Nachdem ich zweieinhalb Tage unter dem Hotel Montana verschüttet gewesen war, fing das Blatt nun an sich zu wenden. Ich hätte nicht einmal sagen können, ob das Wasser warm oder kalt war oder Raumtemperatur hatte; es war egal. Als es meine ausgetrocknete Kehle hinablief, hatte ich das Gefühl, Gold zu trinken – kostbarer, als Worte es je beschreiben könnten. Ich schmeckte den Optimismus im Wasser und trank die Flasche komplett leer. Dann leckte ich mir noch die letzten Tropfen von den Lippen.

Zum ersten Mal konnte ich meine Umgebung sehen. Alles in dem winzigen Aufzug war mit staubigem Grau bedeckt – die Wände, der Boden, sogar ich. Einzige Farbkleckse waren die rostroten Flecken meines getrockneten Blutes an den Wänden und auf dem Boden, wo meine Wunden in Kontakt mit einer Oberfläche gekommen waren. Sogar darauf lag noch eine Staubschicht.

„Sind Sie verletzt?", fragte Sam.

„Ja, etwas am Kopf, aber mein Bein ist schlimmer. Ich hab eine tiefe Schnittwunde, und ich glaube, dass es gebrochen ist."

Sam kniete neben mir nieder, schnitt vorsichtig das Hemd weg, das ich um mein Bein gebunden hatte, und ließ nur einen kleinen Rest übrig, der direkt in der Wunde lag. Er versuchte, ihn aus der Wunde herauszuziehen, aber als ich schmerzhaft das Gesicht verzog, hörte er auf und umwickelte die Wunde wieder – diesmal allerdings mit einem Verband.

Obwohl ich meine Brille nicht trug, konnte ich sehen, dass Sam ebenfalls voller Staub war. Er trug eine dunkelblaue Jacke mit einem feuerroten Aufnäher aus Fairfax, Virginia, dazu dunkelblaue Hosen und Arbeitsstiefel. Sein Gesicht war dreckverschmiert. Die Stirnlampe, die an seinem Schutzhelm befestigt war, ließ mich jedes Mal die Augen zusammenkneifen, wenn sie in meine Richtung zeigte. Wie ein urbaner Cowboy hatte er seinen Klettergurt ausgehakt und ihn und die Seile zur Seite geworfen, als er sicheren Boden unter den Füßen erreicht hatte. Er war die Verkörperung jedes Superhelden, von dem ich je gehört hatte. Ich fragte mich, ob seine Familie – und die Menschen in Fairfax – wussten, was für ein Held er war. Zum ersten Mal seit dem Erdbeben fühlte ich mich sicher. Jemand kannte meinen Namen, wusste, wo ich war und dass ich lebte.

„Waren Sie während des Erdbebens im Fahrstuhl?", fragte Sam.

„Nein, ich war da draußen", sagte ich und deutete zur Lobby. Ich erklärte, wie David und ich gerade hereingekommen waren, als das Erdbeben losging, und wie ich nur knapp der einstürzenden Wand entkommen war.

„Haben Sie vorhin nicht etwas davon gesagt, dass noch jemand hier im Fahrstuhl steckt?"

„Ja, mein Freund Lukeson." Ich wusste, dass Lukeson uns gehört haben musste. „Lukeson, Sam ist hier, um uns zu retten."

„Dan-jell, hier bin ich."

Als ich zur gegenüberliegenden Wand sah, konnte ich seine Finger sehen, die von einer Ecke des Fahrstuhls aus zu mir herüberwackelten und winkten. Lukeson hatte das Licht aus meiner Kabine gesehen und ein Loch gefunden, durch das er seine Hand schieben konnte. Sam fragte Lukeson, ob er verletzt war, und zwängte eine Flasche Wasser durch die Öffnung zu ihm durch.

Während Lukeson trank, ging Sam in die Lobby und schaute nach Hinweisen auf David, konnte aber keine finden. Dann versuchte er Lukesons Tür mit einem Feuerwehrhebel aufzubiegen –

ein besonderes Sicherheitswerkzeug, das benutzt wurde, um in Notfällen Fahrstuhltüren aufzustemmen. Aber es funktionierte nicht.

„Also, Jungs, ich muss mal kurz ein paar Sachen regeln", meinte Sam. „Ich muss noch mal hoch und mit meinem Team beraten und mehr Werkzeuge mitbringen. Ich bin in ein paar Minuten zurück. Kann ich euch allein lassen?"

Nachdem er sich überzeugt hatte, dass wir beide stabil waren, legte Sam seinen Finger an die Nase und fuhr wie der Weihnachtsmann im Schacht nach oben; vielleicht benutzte er auch einfach nur seine Seile und Flaschenzüge. Es war auf jeden Fall beeindruckend, wie er diesen Ort, an dem ich so lange gefangen gewesen war, scheinbar spielend verlassen und erreichen konnte.

„Wie geht es dir, Lukeson?"

„Besser. Danke, Dan-jell." Das Wasser hatte gutgetan, seine Stimme klang kräftiger.

● ● ●

Obwohl Sam durch den Schacht davongezogen war, hielten er und sein Partner Raul uns auf dem Laufenden. Raul überbrachte uns Nachrichten, während Sam weg war. Und manchmal blieb Sam und bat Raul, ihm Werkzeuge zu bringen. In jedem Fall waren Lukeson und ich in ständigem Kontakt mit einem oder beiden, während sie vor- und zurückliefen, um sich ihre nötigen Utensilien zu holen. Das war sehr beruhigend.

„Hey, Raul, ich brauche eine andere Säge", rief Sam, als die, die er gerade benutzte, nicht durch das dicke Metall kam. Raul rief dann zu Mike hoch, und Mike rief Carlos. Die Säge wurde dann wieder über dieselbe Kette von Männern heruntergereicht. Sie arbeiteten als Team offensichtlich sehr gut zusammen.

Ich hörte Sam wieder etwas den Schacht hinaufrufen. „Der Strom ist aus!"

Manchmal musste man warten, wenn ein anderer Arbeiter die Stromzufuhr für ein anderes Gerät brauchte. Die Nachricht ging durch denselben Kanal nach oben, bis jemand ihn wieder einschaltete. Dann bewegten sich die Sägeblätter wieder. Aber diesmal, kurz nachdem sie wieder eingesetzt hatten, standen sie still.

„Was ist da los?", brüllte Sam.

„Du kannst die Säge nicht benutzen. Das französische Team sagt, sie wollen nicht, dass wir jetzt sägen", war die Antwort.

„Dann sag Evan, dass er Mike sagen soll, dass ich nur 15 Minuten brauche und dann einen Überlebenden rausholen kann. Sag den Franzosen, dass sie mir Strom geben sollen. Ich muss den Mann hier rausholen. Er ist schwer verletzt."

Sam und sein Team zu hören, machte mir klar, dass das Chaos, das ich mir draußen auf dem Schuttberg vorstellte, sehr real war. Aber die Gefangenschaft in völliger Dunkelheit, machte es schwer zu sagen, was real war und was in meiner Vorstellung passierte. Was war da mit mir geschehen? *War ich tatsächlich gestorben und in der Hölle gewesen, oder hatte ich eine Halluzination gehabt?*

Ich glaube an die Existenz von Satan, an eine böse Macht, die alles dafür tun würde, mich davon abzubringen, Gott zu vertrauen. Ich würde es ihm auch zutrauen, an meinem Verstand herumzupfuschen und mich zum Verzweifeln zu bringen. Aber warum hatte ich so schnell mein ganzes Vertrauen in Gott aufgegeben, das ich noch in meiner Anbetungszeit gehabt hatte? Hatte der Teufel tatsächlich so viel Kraft, mich zu beeinflussen?

Vielleicht war es auch ein körperliches Phänomen. Vielleicht hatte der Mangel an Nahrung und Flüssigkeit dazu geführt, dass ich die Kontrolle über meinen Verstand verloren hatte. Ich hatte so hart dafür gekämpft, meine Gedanken in Schach zu halten, aber ich wusste aus anderen Überlebensberichten, dass es irgendwann den Punkt gibt, wo der Wille allein nicht mehr stark genug ist. Die Kräfte nehmen immer weiter ab, bis die Person keine Kontrolle mehr über ihren Körper oder Verstand hat. Ich hasste die Vorstellung, dass ich nach all meinen Bemühungen in den letzten Momenten keinerlei Widerstand mehr leisten konnte.

Wahrscheinlich war es eine Kombination aus der körperlichen Schwächung und einem Angriff auf meinen Verstand gewesen. Meinem Körper ging es immer schlechter, bis ich ihn nicht mehr in der Hand hatte, und gleichzeitig wurden auch meine Gedanken immer empfänglicher für die Finsternis. Auch wenn ich wahrscheinlich nie ganz sicher sein würde, was wirklich vor sich gegangen war, dankte ich Gott dafür, dass er mich da durchgebracht hatte.

Das Hin und Her zwischen den Rettungsteams ging noch weiter; dann brachte Sam mich auf den neuesten Stand: „Die Franzosen machen sich Sorgen wegen der Vibrationen und wegen des Lärms der Sägen. Sie haben Angst, dass im Schacht noch mehr Geröll herunterkommt und ihren Versuch gefährdet, einen anderen Überlebenden zu retten." Vor ein paar Stunden hatte Sam versucht, ein Loch zwei Stockwerke über dem Schacht auszuschneiden, aber die Franzosen hatten ihn daran gehindert. Stattdessen hatte er sich durch die gesamte Länge der sechs Stockwerke arbeiten müssen. Ich konnte die Frustration in seiner Stimme hören. „Diese Franzosen – die lassen uns einfach nicht das tun, was wir tun müssen."

Auch ich war nicht gerade glücklich über die Franzosen. Hätten sie die Liste nicht verloren, wäre ich vielleicht schon längst draußen gewesen. Es war nicht so, dass ich ihren Einsatz kleinreden wollte oder ihnen nicht dankbar dafür war – heldenhaft hatten sie meine Freunde gerettet; sie verdienten meine volle Wertschätzung. Aber wenn sich auch nur *eine* Person in der Mannschaft erinnert hätte, dass Lukeson und ich hier waren, und diese Information weitergegeben hätte, dann wäre all die Ausrüstung, die Vibrationen auslöste und ihnen so Sorgen machte, jetzt nicht nötig gewesen. Aber inmitten dieser unbekannten Gefahren und komplexen Umstände riskierten diese Männer auch ihr Leben, um Menschen zu retten. Der Zeitdruck und die Sicherheitsvorkehrungen zogen jede Aufgabe und jede Entscheidung in die Länge. Ich musste mehr Nachsicht für sie aufbringen. Meine Kenntnis ihrer Herausforderungen war sehr begrenzt.

Ich war froh, dass Sam jetzt für meine Rettung verantwortlich war. Seine Prioritäten und Hingabe an mich waren klar. Ich vertraute darauf, dass er alles Nötige tun würde, um uns herauszuholen.

Am Anfang hatte Sam mich gefragt, ob er jemanden kontaktieren und ihm Bescheid geben sollte, dass ich hier war. Ich hatte ihm Christys Namen und Telefonnummer genannt und auch die von Compassion und eines Ansprechpartners vor Ort. „Haben Sie Christy oder jemanden im Büro erreicht?", fragte ich.

„Ich habe die Informationen an unsere Kontaktperson in der Botschaft weitergegeben. Diese Anrufe laufen alle über eine Zentrale. Und wenn sie es bis jetzt nicht geschafft haben, werden sie bald dazu kommen", antwortete Sam.

Ich entspannte mich ein wenig, weil Christy bald wissen würde, dass ich am Leben war.

„Wir werden ein paar Minuten warten müssen, bis wir unser Problem mit dem französischen Team geklärt haben. Kann ich Ihnen in der Zwischenzeit irgendetwas bringen?", fragte Sam.

„Kann ich einen Müsliriegel haben? Das ist wirklich das Einzige, was ich will – irgendwas zu essen."

„Ja, klar. Ich hole einen." Sam kletterte den Fahrstuhl halb wieder hoch, um Proviant zu ordern. Ich konnte hören, wie er seinen Kollegen etwas zurief, und ein paar Minuten später ließ er sich wieder zu mir herunter. „Tut mir leid. Der Sanitäter, der auf Sie wartet, hat gesagt, dass Sie nichts essen dürfen." Ich wusste, was das bedeutete. Sobald ich draußen war, würde ich operiert werden. Ich war enttäuscht, aber ich verstand es.

Sam bat mich, aus dem Fahrstuhl herauszutreten, damit er ein Loch in die Decke schneiden konnte. Die Säge machte jedoch so viel Krach und verursachte so viel Chaos, dass er meinte, Lukeson und mich schneller und einfacher durch die Seitenwände unserer Fahrstuhlkabine herausholen zu können als durch die Decke. Die

Seiten waren aus dünnerem Metall, das viel leichter durchgesägt werden konnte.

„Haben Sie beide sich eigentlich schon mal gesehen?", fragte Sam.

Ich humpelte zu Lukesons Seite des Fahrstuhls und leuchtete mit meiner Taschenlampe durch das Loch, durch das er vorher seine Finger gesteckt hatte. Lukeson streckte seinen Kopf so weit nach oben, wie es ging, und ich tat dasselbe. Auch wenn ich sein Gesicht kaum erkennen konnte, sah ich, dass seine dunklen Augen hell strahlten und die Freude in seiner Stimme widerspiegelten. Auch er konnte mein Gesicht kaum ausmachen, aber der Blickkontakt fühlte sich für uns beide trotzdem gut an.

„Das Loch, durch das ich in den Schacht gekommen bin, ist nicht groß genug, um Sie herauszukriegen", sagte Sam. „Also werden wir Sie den ganzen Schacht entlang herausziehen. Er verläuft nicht nur senkrecht; etwa zwei Stockwerke über Ihnen knickt er L-förmig ab. Das heißt, dass Sie mithelfen müssen, durch das Labyrinth aus Hindernissen und Schotter zu finden. Glauben Sie, dass Sie das schaffen?"

„Ja!", antwortete ich.

„Ich kann es schaffen auch!"

„Wir werden Sie zuerst rausholen, Lukeson", meinte Sam.

Ich war froh, das zu hören, denn Lukeson war in sehr viel schlechterem Zustand als ich. Auf dem Boden liegend wartete ich darauf, dass ich an der Reihe war. Ich war immer noch sehr geschwächt.

Sam zwängte sich zurück in den Schacht zwischen unseren beiden Kabinen und schnitt ein großes Loch in Lukesons Seite. Als er Zugang zu Lukeson hatte, kletterte er hinein, half Lukeson, sich den Gurt umzulegen, und führte ihn durch das Loch im Fahrstuhl. Mithilfe der Flaschenzugkonstruktion zog das Team Lukeson dann hoch und durch den Schacht nach draußen. Es dauerte etwa zwanzig Minuten, Lukeson zu befreien.

Dann kam Sam wieder den Schacht hinunter und schnitt in meine Fahrstuhlwand ein Loch, das groß genug für mich war.

Er sah mir in die Augen und sagte: „Es würde vielleicht noch fünf oder mehr Stunden dauern, um ein größeres Loch rauszuschneiden, durch das wir Sie hochziehen könnten, aber wenn Sie bereit sind, sich selbst durch den Schacht zu navigieren, können wir Sie auch jetzt holen."

„Holt mich jetzt raus! Ich schaffe das. Ich habe noch Kraft in meinen Armen, auch wenn meine Beine zu schwach sind."

„Okay. Dann mal los!"

Er half mir, in einen L-förmigen Sitz zu klettern. Er war aus dickem, gepolstertem Segeltuch, hatte einen harten Metall- oder Plastikkern und eine Art Halskrause sowie riesige Gurte, die Sam jetzt festzog, um mich zu fixieren.

„Ich werde noch ein bisschen brauchen hier unten", sagte Sam. „Gibt es noch irgendetwas, das ich hier für Sie tun kann?"

„Bitte suchen Sie nach David – nach irgendwelchen Hinweisen." Ich hatte nicht mehr viel Hoffnung, dass er noch lebend entdeckt wurde, aber ich wollte alles tun, was in meiner Macht stand, um wenigstens sicherzugehen, dass sein Körper gefunden wurde. Durch unsere vorherigen Unterhaltungen wusste Sam, wie wichtig mir das war. „Und könnten Sie dann noch, auch wenn es nicht so wichtig ist, nach meinem Rucksack gucken?"

Sam versprach, beides zu tun. Dann zog er einmal an der Kette, und unter Sams Anleitung fing ich an, mich durch das Loch nach oben und aus dem Fahrstuhl herauszubewegen.

In meinem begrenzten Verständnis der Lage stellte ich mir den Schacht so vor wie in Filmen – ein vertikaler Tunnel, in dem rechts und links eine Leiter die Wand hochging. Als Sam mich gefragt hatte, ob ich mich selbst zurechtfinden könnte, dachte ich, dass das kein Problem sein würde. Ich war davon ausgegangen, dass ich meine Arme benutzen konnte, um mich den Schacht entlang hochzuziehen, Sprosse um Sprosse.

Aber die Realität sah anders aus und war auch um einiges gefährlicher. Der Schacht war sehr eng. Er führte einige Stockwerke lang gerade nach oben, dann machte er einen Knick und bog scharf nach links ab. Zerborstener Beton und dicke Metallspitzen ragten aus den Wänden heraus und machten die Öffnung in der Mitte des Durchgangs so eng, dass es kaum genug Raum auch nur für eine Person gab.

Ich hatte gedacht, dass nur Sam und Raul mit meiner Rettung beschäftigt waren, aber dann bemerkte ich, dass sehr viel mehr Rettungshelfer involviert waren. Als ich an ihnen vorbeikam, lächelten sie mich an und machten mir Mut. Vor ein paar Stunden hatte ich noch an der Kompetenz der Rettungshelfer, ihrer Hilfsbereitschaft und ihrem Willen gezweifelt, Überlebende wie Lukeson und mich zu retten. Wir meinten, dass man uns vergessen hatte. Aber jetzt standen da acht oder zehn Männer, die ihr Leben riskierten, um mich herauszuholen. Sie schienen sich zu freuen, mich zu sehen. Ich war tief bewegt und dankte jedem von ihnen für seine Hilfe.

Wegen des engen Durchgangs standen die Helfer in Ecken gedrängt oder klammerten sich wie Spiderman in Spalten fest, um mir genug Platz zum Durchkommen zu gewähren. Am oberen Ende des Schachts war der Flaschenzug befestigt, aber zusätzlich wurde ich von Mann zu Mann weitergezogen. Sie griffen mich an den Armen, um mich an Hindernissen vorbeizudirigieren, und ich benutzte meine Hände, um das Geröll zu umschiffen. Während der gesamten Prozedur riefen sie mir hilfreiche Tipps zu, um mich vor Gefahren zu bewahren.

„Sie müssen Ihren Körper um etwa 45 Grad drehen, um durch den nächsten Abschnitt zu passen."

„Vorsicht, links von Ihnen kommen Metallstäbe aus der Wand. Lassen Sie sich nicht aufschlitzen."

Es war gefährlich und langwierig. Ich stieß an eine Wand und prallte dann gegen die Trümmer auf der anderen Seite. Ich ergriff die Hände der Rettungshelfer und zog mich am nächsten Hindernis vorbei weiter nach oben. Alle paar Meter ergriff ein neuer Feuerwehrmann oder Rettungshelfer meinen Sitz und half mir beim Manövrieren. Sie versuchten mich immer so zu positionieren, dass der gepolsterte Rücken meines Sitzes mich vor den größten Gefahren und neuen Verletzungen schützte.

Als ich zu der Stelle kam, wo der Schacht abknickte, musste ich aus dem Sitz aussteigen, um um die Kurve zu kommen und in den letzten, horizontalen Abschnitt des Schachtes zu gelangen.

Mich aus dem Sitz auf eine Art Schlitten umzusetzen, erschien mir gefährlich. Ich wurde nur vom Gurt gehalten, während die anderen den Schlitten in Position brachten. Ich hatte das Gefühl, jeden Moment wieder dorthin zurückzufallen, wo ich hergekommen war. Aber diese Männer waren Experten. Sie wussten, was sie taten, und ich vertraute ihnen.

Der orangene Schlitten war aus dickem Plastik und sah wie ein Bob aus. Als ich erst mal drin war, sicherte man mich mit Gurten, sodass ich wie eine Mumie festgezurrt dalag. Das machte es leichter, mich durch den engsten Teil des Schachtes zu lavieren.

Obwohl ich nicht mehr so gut wie zuvor sehen konnte, wo ich hinfuhr, merkte ich, wie der Schlitten sich in Bewegung setzte. *Nur noch ein paar Minuten, dann bin ich draußen!*

Plötzlich stieß der Schlitten gegen irgendetwas, und ich fühlte, wie ich nach rechts kippte und der Schlitten vom Weg abkam. Ich hörte einen der Rettungshelfer rufen: „Hey, du verlierst ihn. Du verlierst ihn!"

27

Christy, Teil 1: Vermisst

Freitag, 15. Januar, 5:20 Uhr (Ortszeit)

Colorado Springs, Colorado

Ich rollte mich auf die Seite und öffnete meine verschlafenen Augen. Von der Schlaftablette, die ich die Nacht zuvor genommen hatte, fühlte ich mich benebelt und orientierungslos. Ich sah, wie meine Mutter im Dunkeln neben dem Bett stand.

„Christy, wach auf! Das Auswärtige Amt ist am Telefon!"

Sofort setzte ich mich auf und nahm das Telefon. Seit dem Erdbeben hatte ich auf diesen Anruf gewartet. Mein Magen zog sich zusammen, und mein Hals wurde trocken. Ich hatte Angst vor dem, was sie mir jetzt sagen würden. Riefen sie an, um mir mitzuteilen, dass man Dans Leichnam, zertrümmert in seinem Bett im Hotel Montana, gefunden hatte? Auch wenn es unerträglich gewesen wäre, das zu hören – die letzten drei Tage waren eine Zerreißprobe, und ich wollte endlich die Wahrheit wissen – egal wie sie aussah.

Dienstag, 12. Januar, 14:30 Uhr

Nathan war endlich eingeschlafen. Länger als sonst betrachtete ich seinen kleinen, erschöpften Körper und lächelte beim Anblick seines engelhaften Gesichtes, dass von verschwitzten kleinen Locken eingerahmt wurde. Ich hatte ihn zum Mittagsschlaf hingelegt und ihm vorgesungen, bis er müde geworden war. Ich schloss die Tür und ging nach unten zu Josh, damit wir mit seinem Nachmittagsunterricht anfangen konnten. In diesem Moment klingelte mein Telefon. Es war Dan. Er war am Sonntag nach Miami geflogen und von dort aus weiter nach Haiti. Heute arbeitete er in den Slums mit Müttern und ihren Babys. Ich konnte es kaum abwarten zu hören, was er zu berichten hatte.

„Hallo?"

„Hi, Liebling. Wie war dein Tag? Hast du den Scheck abgeholt und eingezahlt?"

„Ja, hab ich heute Morgen gemacht."

„Danke. Wie läuft's bisher?"

„Josh und Nathan haben heute Morgen echt den Vogel abgeschossen. Aber ich erzähle dir jetzt keine Einzelheiten. Wenn du zurück bist, okay? Wie gefällt es dir auf Haiti?"

Dan berichtete mir kurz, dass Haiti wie ein tropisches Paradies aussah, aber mit extremer Armut zu kämpfen hatte. Es erinnerte ihn daran, warum er dort war und wie wichtig die Arbeit war, die er für Compassion machte.

„David und ich fahren jetzt ins Hotel zurück. Wir sind ziemlich müde, also legen wir uns wahrscheinlich kurz hin und gehen dann was essen. Ich rufe dich heute Abend an, wenn ich mehr Zeit habe."

„Okay. Ich gehe mit den Jungs nachher zum Turnen und dann schwimmen, also werden wir erst spät zurück sein. Bis nachher dann."

„Ich liebe dich."

„Ich liebe dich auch."

Josh und ich machten uns an seine Schulaufgaben, bis Nathan von seinem Mittagsschlaf erwachte. Ich ließ sie ein paar Minuten spielen, während ich Joshs Turnzeug packte, ein paar Spielsachen für Nathan zusammensuchte und dann das Schwimmzeug der Jungs holte. Schließlich bugsierte ich die beiden zum Auto.

• • •

Das Kinderturnen hatte zwei Vorteile. Erstens konnte ich es als Sportstunde für Joshs häuslichen Unterricht anrechnen lassen, zweitens war es für mich ein Ort, um Freunde zu treffen. Seit mehreren Jahren besuchte ich mit denselben Müttern und Kindern dieselbe Turnstunde; schon lange waren wir zu Freunden geworden. Während die älteren Kinder am Sportunterricht teilnahmen, beschäftigten wir unsere kleineren Kinder und tauschten Neuigkeiten aus. Das Kinderturnen gehörte zu meinen wöchentlichen Lieblingsterminen.

Als der Unterricht zu Ende war, klingelte mein Handy wieder. Es war meine Schwester.

„Hol schon mal deine Socken und Schuhe, während ich mit Tante Valerie rede", sagte ich zu Nathan. „Hey, Valerie", meldete ich mich am Telefon.

„Christy, hast du schon was von Dan gehört?"

„Ja, ich hab gerade vorhin mit ihm geredet. Warum?"

„Geht es ihm gut?"

„Ich glaube schon. Was ist denn?"

„Na ja", sagte sie zögerlich. „Ich hab gerade in den Nachrichten gesehen, dass es ein furchtbares Erdbeben in Port-au-Prince gegeben hat. Hast du seitdem von Dan gehört?", fragte sie noch einmal.

„Ich habe keinen Anruf von ihm erwartet. Er wollte sich heute Abend wieder melden."

„Okay, hör zu, Christy. Versuch doch am besten ihn jetzt kurz anzurufen, und dann sag mir Bescheid, was los ist."

Ich legte auf und wählte Dans Nummer.

„Diese Rufnummer ist nicht mehr in Betrieb", lautete die mechanische Nachricht.

Das war merkwürdig. Ich versuchte es noch einmal.

Dieselbe Nachricht.

Vielleicht hatte das Erdbeben die Handynetze lahmgelegt. Das würde auch erklären, warum meine Anrufe nicht zu Dan durchkamen, oder er zu mir.

Ich schickte Dan gerade eine SMS, als meine Freundin Holly zu mir herüberkam. Sie sah sofort, dass etwas nicht stimmte. „Dan ist auf Haiti, und es hat ein Erdbeben gegeben. Ich kann ihn nicht erreichen."

„Oh, Christy!" In ihren Augen sah ich eine Besorgnis, die sich bei mir noch gar nicht eingestellt hatte. „Lass uns kurz zusammen beten."

Holly holte unsere Freunde zusammen und betete für Dan, während ich versuchte, die Nachricht richtig zu verdauen. Ich wusste nicht viel. Ich kannte Dan; wenn es ein Erdbeben gegeben hatte, würde er helfen, die Überlebenden zu retten. Er würde mich anrufen, sobald er konnte.

Holly beendete ihr Gebet. „Amen."

„Danke", murmelte ich abwesend, sammelte meine Jungs ein und brachte sie zum Auto.

• • •

Es schien unnötig, unsere Pläne für den Tag zu ändern. Unser Festnetztelefon war gleichzeitig mein Handy. Wenn Dan versuchen sollte anzurufen, konnte er mich erreichen, egal, wo ich gerade war. Ich beschloss, die Jungs zum Schwimmunterricht zu fahren. Holly fuhr hinter uns her. Sie wollte sehen, ob der Unterricht etwas für ihre eigenen Söhne war, und dachte, dass ich vielleicht Gesellschaft brauchen könnte.

Während der Fahrt rief ich meine Eltern an, sagte ihnen, was ich wusste, und bat sie, Nachrichten zu gucken, um vielleicht noch mehr herauszufinden. Ich wollte das Radio nicht anmachen, um zu vermeiden, dass die Jungen etwas mitbekamen, bis ich genauere Informationen hatte.

Im Auto rief dann Rick an, einer von Dans Vorgesetzten bei Compassion.

„Hast du schon was von Dan gehört?", fragte er.

„Nein, aber ich hab vom Erdbeben gehört."

„Alle Leitungen sind tot, also haben wir auch noch keine Nachricht. Kennst du seine Pläne vor Ort?"

„Nein, ich weiß nur, wann seine Flüge gehen."

„Weißt du, wo er übernachtet?"

„Nein."

„Weißt du, ob er ein Satellitentelefon dabeihat?"

„Nein, hat er nicht."

„Weißt du, was er heute vorhatte?"

„Er ist in den Slums unterwegs gewesen. Als ich vor ein paar Stunden mit ihm geredet habe, war er gerade auf dem Weg zurück ins Hotel."

„Würdest du uns die Erlaubnis geben, uns Zugang zu seinem Bürocomputer zu verschaffen, um zu sehen, ob wir da irgendeinen Hinweis finden können?"

„Natürlich!"

Rick versprach mich anzurufen, falls er etwas Neues hörte, und gab mir seine Nummer, damit ich dasselbe tun konnte.

Am Schwimmbad angekommen, fühlte ich mich ziemlich hilflos. *Was kann ich tun?* Während die Jungs im Wasser waren, nahm Holly mich zur Seite.

„Christy, ich hab mit meinem Mann geredet. Er hat in den Nachrichten Berichte über das Erdbeben gesehen. Es hat die Stärke 7 gehabt; das Zentrum war Port-au-Prince. Bisher weiß man nur, dass ein Krankenhaus und ein Hotel – das Hotel Montana – zusammengestürzt sind. War das Dans Hotel?", fragte Holly.

„Ich glaube nicht. Er hat ein Hotel erwähnt, aber ich glaube, es war ein französisch klingender Name."

Als sie weitererzählte, konnte ich sehen, wie sehr sie sich Sorgen machte. *Sehe ich auch so besorgt aus? Sollte ich vielleicht besorgter sein?* Ich fühlte mich ganz taub, wie eine Unbeteiligte. Solche Sachen passierten nicht Leuten, die ich kannte, und ganz bestimmt nicht mir selbst. Wörter wie *eingestürzt* oder *vermutlich Tausende Tote* hallten in meinen Ohren wider. Ich versuchte weiter, Dan anzurufen und ihm zu schreiben.

Aber wieder kam keine Antwort.

. . .

Auf dem Weg vom Schwimmbad nach Hause rief ich Dans Mutter an. Die Jungs lachten und quasselten hinten auf der Rückbank, also versuchte ich leise zu sprechen, als ich ihr erzählte, was ich in Erfahrung gebracht hatte. Sie hatte vom Erdbeben gehört, wusste aber nicht, dass Dan in Port-au-Prince war.

„Ich habe nichts von ihm gehört, und ich weiß nicht, ob er tot ist oder am Leben", sagte ich und wurde bei jedem Wort unruhiger.

„Oh, Christy ..."

Die Traurigkeit in ihrer Stimme bohrte ein Loch in meine emotionale Schutzmauer. Ich konnte meine Tränen nicht länger zurückhalten und fing an zu weinen.

Die Jungs hatten aufgehört zu spielen und einen Teil der Unterhaltung mit angehört. Ich verabschiedete mich von Dans Mutter und versprach ihr, wieder anzurufen, sobald es Neuigkeiten gab.

Als ich mein Handy in den Becherhalter gelegt hatte, sagte Josh, unser 6-Jähriger: „Wo ist Papa?"

Ich holte tief Luft. „Ich weiß es nicht. Niemand kann ihn finden. Aber Jesus kümmert sich um ihn." Die Antwort schien ihn zu beruhigen. Ich musste vorsichtiger sein, wenn die Jungs in der Nähe waren.

. . .

Als wir in die Auffahrt einbogen, erblickte Nathan, unser 3-Jähriger, Dans Auto und meinte: „Oh nein, Mami! Papa ist vor uns heimgekommen. Guck, da ist sein Auto!"

„Nein, er ist nicht zu Hause, Nathan", sagte Josh hart. „Papa ist tot. Wir haben keinen Papa mehr."

„Neiiiin! Ich will meinen Papa!" Nathan fing an zu weinen. „Ich liebe meinen Papa. Ich brauche meinen Papa!"

Vater, zeig mir, was ich tun soll, was ich den Jungs sagen soll.

Josh sieht Dan sehr ähnlich, aber er hat mein emotionales Temperament. Er ist sehr leidenschaftlich, und alles ist entweder wunderbar oder grauenhaft. Es gibt bei ihm wenig Raum für Grauabstufungen. Normalerweise versuche ich ihm schlechte Nachrichten sehr vorsichtig beizubringen, damit wir darüber reden können.

Ich parkte das Auto, schaltete den Motor ab und drehte mich zu den Jungs um.

Nathan starrte mich an, seine großen blauen Augen noch tränennass. Er war so klein und hatte so ein weiches Herz. *Wie kann er das hier nur verstehen?*

Was konnte ich sagen, ohne ihnen Angst zu machen? Ich durfte ihnen nicht erzählen, dass ihr Papa vielleicht verletzt war oder sogar Schlimmeres. Ich musste sie beschützen; aber ich konnte auch nicht lügen und sagen, dass alles in Ordnung war, weil das nicht stimmte.

„Jungs, Papa ist bei Jesus. Vielleicht ist er im Himmel, vielleicht auch in Haiti, aber er ist in Jesus' Hand. Wir beten mal für Papa."

Wir neigten alle drei den Kopf, und ich betete mit den Jungs.

Lieber Jesus, bitte hilf Papa. Bitte hilf Leuten, ihn zu finden, damit er uns anrufen kann und wir wissen, dass es ihm gut geht. Wenn er anderen hilft, dann mach, dass ihm nichts passiert. Danke, dass Du bei ihm bist, egal, wo er gerade ist, im Himmel oder in Haiti. Amen.

Ich konnte ihre süßen Stimmen hören, wie sie mir nachsprachen: „Amen."

Ich öffnete die Türen und half ihnen aus ihren Sitzen. „Okay, Jungs, ich brauche jetzt eure Hilfe. Josh, zieh schon mal deinen Schlafanzug an, und Nathan, du kannst eine Gutenachtgeschichte aussuchen. Ich muss noch ein paar Leute anrufen."

...

Um zehn vor neun schrieb ich folgende Mitteilung auf meine Face-book-Seite, die ich seit Monaten nicht benutzt hatte:

Liebe Freunde, Dan ist in Port-au-Prince, Haiti, wo es heute das schwerste Erdbeben der Geschichte der Insel gegeben hat. Niemand kann Dan finden. Niemand kann ihn erreichen, weil es viele Strom-ausfälle gibt. Niemand kommt bis ins Stadtzentrum, wo sein Hotel war. Bitte betet für sein Leben. Bitte betet, dass sein Leben verschont wurde. Danke.

...

Um etwa halb zehn kamen meine Eltern herüber. Die Jungs hätten eigentlich schon um acht im Bett sein sollen, aber ich war so beschäftigt damit gewesen, Anrufe entgegenzunehmen, dass ich sie weiter herumlaufen lassen hatte. Meine Eltern boten an, die Jungs bettfertig zu machen, und ich war für jede Hilfe dankbar. Als ich ihnen dann Gute Nacht sagte, tat ich, was ich immer tat, wenn Dan unterwegs war. „Wann kommt Papa nach Hause?", fragte ich sie.

„Freitag!", sagte Josh.

„Genau. Wie viele Tage sind es noch bis Freitag?"

Wir zählten an unseren Fingern ab, wie viele Tage es noch dau-ern würde, bis Papa zurückkam. Drei Tage. Ich betete, dass es so sein würde.

...

Der Rest der Nacht ist mir nur in dumpfer Erinnerung. So viele Leute riefen mich an, dass ich den Überblick verlor, mit wem ich alles geredet hatte. Leute gaben mir hoffnungsvolle und deprimie-rende Nachrichten durch, gute Informationen und Gerüchte. In meinem Kopf drehte sich alles, als ich versuchte, das Gehörte in mich aufzunehmen.

Zwischen zwei Anrufen googelte ich die Hotels, die etwa dem Preisspektrum entsprachen, das Dan mir für seine Übernachtung in Port-au-Prince genannt hatte. Es gab nur ein Hotel, das dem entsprach – das Hotel Montana. Es war genau das Hotel, das in den Nachrichten auftauchte, weil es so schnell in sich zusammengestürzt war. Ich dachte an Dan, wie er von seiner Arbeit zurückgekehrt und erschöpft auf sein Bett gefallen war und dann gerade lange genug hochschreckte, um zu erleben, wie die Decke über ihm zusammenstürzte.

Rick hatte gesagt, dass ich ihn anrufen sollte, falls ich Neuigkeiten hatte, also tat ich es, auch wenn es schon spät war.

„Dan hat im Hotel Montana übernachtet."

„Bist du sicher?", fragte Rick.

„Ja, und er ist wahrscheinlich immer noch da. Ich hab zwanzig Minuten vor dem Erdeben mit ihm telefoniert, als er gerade auf dem Weg zurück zum Hotel war. Er hat gesagt, dass er sich vor dem Essen noch hinlegen wollte. Bitte schickt doch jemanden hin, der im Hotel nachschaut. Vielleicht ist er immer noch in seinem Zimmer."

„Wir können niemanden erreichen. Bisher konnten wir keinen Kontakt mit jemandem von unseren Leute vor Ort aufnehmen", sagte Rick. „Wir denken gerade eine Menge Möglichkeiten durch, vielleicht chartern wir sogar ein Flugzeug. Wir haben ein Team in der Dominikanischen Republik, und sie werden versuchen, über die Grenze zu kommen."

„Sag ihnen, sie sollen im Hotel Montana nach Dan und David suchen", sagte ich, noch bevor ich auflegte.

Etwa um halb elf in der Nacht aktualisierte ich meine Facebook-Seite:

Danke für all eure wunderbaren Nachrichten, liebe Freunde. Ich kann euch nicht sagen, wie sehr mir das geholfen und mein Herz getröstet hat! Update: Bisher gab es keine Nachrichten über US-amerikanische Todesopfer, aber noch hat niemand Dan gefunden.

Es war schon spät, und jetzt riefen nicht mehr so viele Leute an. Als das Telefon klingelte und eine unbekannte Vorwahl anzeigte, ging ich sofort ran.

„Hallo. Hallo?" Ich hörte nur Rauschen. Mein Herz blieb fast stehen, und jedes Haar an meinem Körper sträubte sich, während ich verzweifelt versuchte, etwas durch das Rauschen zu verstehen. Aber dann wurde die Leitung getrennt.

Dann klingelte das Telefon wieder mit derselben Nummer. „Hallo?" Wieder dasselbe. Nur Rauschen, keine Stimme. Ich begann ins Telefon zu schreien: „Dan! Dan, bist du das? Dan, bist du das?" Meine Eltern kamen vom anderen Zimmer herüber und sahen hilflos zu, wie ich weiter ins Telefon brüllte. Wieder wurde die Leitung unterbrochen.

Ein drittes Mal kam der Anruf mit derselben Nummer durch. Es konnte nur Dan sein. Wer sonst würde so hartnäckig versuchen, mich zu erreichen? Diesmal sagte ich nicht mal mehr Hallo. „Dan, ich kann dich nicht hören. Bitte schrei einfach ganz laut Ja, dann höre ich dich vielleicht und weiß, dass es dir gut geht."

Aber wieder wurde der Anruf abgebrochen. Ich war überrascht, wie sehr ich mir wünschte, dass Dan der Anrufer war.

Schließlich klingelte das Telefon ein viertes Mal, aber als ich die Stimme am anderen Ende hörte, wusste ich, dass es nicht Dan war. Es war Dustin, Dans direkter Vorgesetzter bei Compassion.

„Christy, ich rufe dich vom Telefon eines Freundes an. Ich bin in Kalifornien, aber auf dem Weg zurück nach Denver. Hier ist die Nummer, unter der du mich erreichen kannst, wenn du mich brauchst."

Ich griff nach einem Beistift und notierte die Ziffern. Die Mine brach. Schnell suchte ich mir einen neuen Stift. Anscheinend war ich doch angespannter als gedacht. Ich bekam kaum mit, was Dustin sagte. Ich konnte nicht. Mein Herz war dabei zu zerbrechen.

Man redet ja metaphorisch über gebrochene Herzen, aber ich fühlte *echten* Schmerz in meiner Brust. Irgendetwas Schlimmes musste Dan zugestoßen sein, weil er mich sonst längst angerufen hätte. Natürlich würde er helfen, andere Leute zu retten, aber gleich in seiner ersten Pause hätte er mich wissen lassen, dass es ihm gut ging. Ich hatte jedoch noch kein Wort von ihm gehört, und das sah Dan gar nicht ähnlich. Er wusste, dass ich mir Sorgen machen und alles tun würde, um zu ihm durchzukommen.

Die Situation war schrecklich.

Sehr schrecklich.

Ich fing an, darüber nachzudenken, wie das Leben ohne Dan sein würde. *Kann ich die Jungs auch alleine großziehen?* Egal, ob ich das konnte oder nicht, ich wollte es jedenfalls nicht. Ich wollte mein Leben nicht ohne ihn bestreiten.

Gott, bitte hilf mir!

Es war fast Mitternacht. Ich schickte meine Eltern nach Hause, damit ich allein sein und weinen konnte.

• • •

Bevor ich ins Bett ging, zog ich Dans dreckige Wäsche aus dem Wäschekorb und vergrub mein Gesicht darin, sog ihn in mich ein. Ich wollte seinen Duft bei mir haben. Aber es reichte nicht. Es war nicht er. Ich schlüpfte in seine Kleidung und versuchte mir seine Umarmung vorzustellen. Angst, Sorgen und meine Einsamkeit kamen an die Oberfläche, und ich ließ meinen Tränen freien Lauf. Ich weinte, wie ich noch nie zuvor geweint hatte.

Und ich betete. Aber je mehr ich betete, desto weniger verständlich waren meine Worte. Irgendwann lag ich nur noch mit dem Gesicht nach unten auf unserem Bett und rief: „Gott, rette Dan! Bitte, Gott, rette Dan!"

In den dunkelsten Stunden der Nacht konnte ich mir nicht mal mehr Dans Gesicht in Erinnerung rufen. *Bitte, Gott, hilf mir, mich zu erinnern, wie Dan aussieht.* Sofort sah ich Bilder von Dans zertrümmertem Körper vor meinem inneren Auge. Dan, wie er ausgestreckt dalag und Betonbrocken seinen Körper und seinen Kopf zerquetschten. Wie er tot dalag.

Bei jedem einzelnen dieser Bilder betete ich: *Bitte, Herr, nimm das Bild weg.*

Und das tat er auch. Aber sobald eins verschwunden war, tauchte auch schon ein neues auf.

Der nächste Morgen konnte gar nicht schnell genug kommen.

28

Christy, Teil 2: Stiefel und Handschuhe

Mittwoch, 13. Januar

In der gesamten Nacht schlief ich nicht einmal zwanzig Minuten. Irgendwann gab ich meine halbherzigen Einschlafversuche auf und setzte mich ans Internet. Um halb sechs hatte ich so ziemlich alle Nachrichtenseiten abgesucht, aber es gab immer noch sehr wenig Informationen aus Haiti. Dann rief ich Rick von Compassion an: „Hast du irgendwas gehört?"

„Nein, aber ich rufe dich nachher vom Büro aus zurück. Vielleicht weiß ich dann mehr."

Über Nacht hatten wir Dans Identität auch auf die Vermisstenliste des Auswärtigen Amtes setzen lassen. Es hatte zwei Versuche gebraucht, aber dann nahm man ihn schließlich auf die Liste, und nun suchte man nach ihm.

Meine Eltern kamen früh am Morgen zu uns und nahmen die Jungs zum Frühstück mit zu sich. Ich hatte vorgehabt, alles wie sonst auch zu erledigen; schnell wurde mir jedoch bewusst, dass ich sofort jede Beherrschung verlieren würde, wenn ich einen Anruf mit schlechten Nachrichten bekommen sollte und gerade mit den Jungen unterwegs war. Ich würde nicht mal nach Hause zurückfahren können. Es war also sicherer, einfach hierzubleiben.

• • •

Den ganzen Tag über fiel es mir schwer, mich zu konzentrieren. In einer Minute wollte ich mich um die Jungs kümmern, dann wieder dachte ich daran, was ich tun würde, wenn Dan nicht mehr zurück-kam. Ich spürte, wie mein Herz raste, und wusste, dass ich etwas essen musste, aber allein beim Gedanken an Essen zog sich mein Magen nur noch mehr zusammen.

Ich bekam weitere Anrufe von Verwandten und Freunden, die wissen wollten, ob es Neuigkeiten gab. Meine Schwester Valerie half mir, Kontakte zu knüpfen und überall nach Informationen zu suchen. Ein Repräsentant des Auswärtigen Amtes rief an, um zu sagen, dass ein Flugzeug mit 130 evakuierten Amerikanern gerade die Dominikanische Republik verließ und auf dem Weg zurück in die USA war. Er wollte mir eine Liste der Passagiere zukommen lassen und versprach anzurufen, falls er Dans Namen darauf ent-decken sollte.

Er meldete sich nie wieder.

● ● ●

Während die Jungs bei meinen Eltern waren, schaltete ich kurz den Fernseher an. Es gab Sondersendungen über das Erdbeben auf Ha-iti. Sie zeigten, wie Leichname in langen Reihen die Straßen säum-ten. Der Reporter berichtete, dass es so viele Tote gab, dass man nicht einmal mehr genug Tücher hatte, um sie alle zu bedecken. Ich sah die grotesken Fratzen auf den leblosen Gesichtern – leere, starre Augen, verdrehte Münder, auf denen sich Fliegen nieder-ließen, und gebrochene Knochen, die aus steif gewordenen Glied-maßen hervorstachen.

Ich schaltete den Fernseher wieder aus.

● ● ●

Später am Nachmittag klingelte das Telefon mit unbekanntem An-rufer. Die Vorwahl war aus Washington D.C. Ich schluckte schwer, als ich den Hörer abnahm.

„Hallo?"

„Ich würde gern mit dem nächsten Verwandten von Daniel Woolley sprechen."

„Ich bin seine Frau." Ich hielt den Atem an.

„Hier ist das Auswärtige Amt. Wir benötigen ein paar Informationen von Ihnen."

„Ja?"

„Mrs. Woolley, könnten Sie uns eine Beschreibung von Ihrem Mann geben und was er möglicherweise getragen haben könnte?"

Langsam atmete ich aus. Ich war froh, dass ich Dan am Sonntag geholfen hatte, seinen Koffer zu packen. Jetzt wusste ich genau, was er mitgenommen hatte. „Er trägt wahrscheinlich ein schwarzes T-Shirt mit einem Hemd darüber. Dazu Jeans oder Khakihosen. Und schwarzgelbe Turnschuhe. Er hat eine Brille, hat sie aber wahrscheinlich nicht auf, weil er sie vor dem Schlafen abnimmt. Und er trägt einen Ring an jeder Hand. Hmm, was noch? Mehr weiß ich gerade nicht."

„Gut, Mrs. Woolley. Noch eine Frage."

„Natürlich, was denn?" Es fühlte sich gut an, einen aktiven Beitrag zu seiner Suche zu leisten, auch wenn es nur am Telefon war und tausende Kilometer weit entfernt.

„Hat Dan irgendwelche charakteristischen Geburtsmale oder Narben an seinem Körper?"

Ich war erstaunt.

Meine Gedanken wanderten zu den Leichnamen zurück, die ich vorher im Fernsehen gesehen hatte. Ich wusste, wonach sie fragten. Sie wollten in der Lage sein, seine *Körperteile* zu identifizieren, falls sie welche davon fanden.

Mir kam die Galle hoch, und ich musste mich beherrschen, mich nicht zu übergeben.

• • •

Im Laufe des Tages hatte Dans Schwester erwähnt, dass sie ein paar Medienkontakte hatte. Wir diskutierten, ob es sinnvoll war, sie zu nutzen. Dann entschieden wir, dass es vielleicht hilfreich war, Dans Gesicht und seine Geschichte unter die Leute zu bringen. Es würde wenigstens die Journalisten, die auf Haiti arbeiteten, auf ihn aufmerksam machen. Und vielleicht erkannte einer von ihnen Dan ja.

Die Sendung *Good Morning America* meldete sich als Erste. Sie fragten, ob sie zu uns nach Hause kommen und mich später am Abend interviewen könnten. Ich willigte ein. Ich war bereit, alles, was in meiner Macht stand, zu tun, um Dan zu helfen, nach Hause zu kommen. Und ich wusste, dass nur wenige Dinge mehr Aufmerksamkeit erregen als eine verzweifelte Ehefrau.

Ich badete die Kinder, und mein Vater half mir, das Haus sauber zu machen, bevor das Fernsehteam kam. Es war eine willkommene Abwechslung – und es fühlte sich gut an, etwas Handfestes zu tun zu haben.

Das Interview verlief gut. Am nächsten Morgen sollte es gesendet werden. Ich hatte das Gefühl, Dan und Gott mit meinen Worten gewürdigt zu haben. Indem ich Dans Foto ins Fernsehen brachte, hoffte ich, dass jemand ihn wiedererkennen oder zumindest die Suche nach ihm angeheizt würde.

Bevor die Produzentin wieder ging, fragte sie mich noch, ob ich ihr ein paar Fotos von Dan schicken könnte, um sie auch in der Sendung zu zeigen. Die Suche nach Fotos stellte sich als schwieriger heraus als angenommen – Dan war normalerweise der Fotograf der Familie, also war er auf den meisten Bildern selbst nicht drauf. Ich verbrachte mehrere Stunden damit, ein aktuelles Foto von Dan und unserer Familie zu suchen. Als ich ein paar zusammen hatte, schickte ich sie an unsere Fernsehleute. Ich hoffte, dass es helfen würden, Dan vor Augen zu haben, wenn sie nach Überlebenden suchten.

• • •

Der Fernseher lief bis zwei Uhr morgens; dann machte ich das Licht aus und fiel in einen ruhelosen Schlaf. Aber eine Stunde später wachte ich auf, weil ich das Gefühl hatte zu ersticken. Ich konnte nicht atmen, und mein Herz raste. Ich war schweißgebadet und hatte das Gefühl, die Kontrolle zu verlieren. Eine bedrohliche Panikattacke verschaffte sich Raum.

Wie besessen dachte ich über unsere Finanzen nach, von denen ich so gut wie keine Ahnung hatte. Ich hatte Dan gebeten, alle Dokumente an einem Ort aufzubewahren, damit ich an sie herankam, sollte ich sie einmal brauchen, aber er hatte es vergessen, bevor er abgeflogen war. Wir waren anscheinend gerade etwas knapp, sonst hätte Dan mich am Dienstag nicht angerufen, um sicherzugehen, dass ich den Scheck einbezahlt hatte. Am Freitag bekam Dan sein Geld, aber ich hatte keine Ahnung, welche Rechnungen bezahlt werden mussten. Ich wusste nicht, wo ich hingehen und wie ich das herausfinden sollte. *Was, wenn wir unser Haus verlieren, weil ich nicht weiß, wohin ich die Raten überweisen soll?* Ich kannte unsere Bank und den Ort, wo Dan sein Scheckbuch aufbewahrte, aber das war auch schon alles. Mein Kehle schnürte sich zu, und es wurde immer schwerer, tief einzuatmen.

Vielleicht konnten wir ohne Dan weiterleben – aber wie? Ich würde wieder zu meinen Eltern ziehen müssen; sie würden mir helfen, die Jungs großzuziehen. Und ich würde wieder arbeiten gehen müssen, was bedeutete, dass ich sie nicht mehr selbst unterrichten konnte. Das würde mir noch mehr das Herz brechen.

Die restliche Nacht blieb ich wach und versuchte mir eine Zukunft ohne Dan vorzustellen.

In der Nacht hatte ich immer wieder Stoßgebete zum Himmel geschickt, aber als der Morgen anbrach, fragte ich mich: *Wie soll ich eigentlich beten?* Gott hatte in seiner Allmacht ja längst über Dans Schicksal entschieden. *Können meine Gebete seinen Entschluss ändern?* Ich wusste, dass er sich wünscht, dass wir alle unsere Sorgen vor ihn bringen und dass er unsere Gebete immer anhört. Ich beschloss, für das zu beten, was ich mir am meisten wünschte: dass Dan heil zu mir zurückkehrte. Ich vertraute darauf, dass sich Gott in seiner Liebe zu uns so entscheiden würde, wie es am besten war für unsere Familie, auch wenn das hieß, dass er Dan vielleicht zu sich rief. Es war schwer sich vorzustellen, dass das für uns das Beste sein sollte.

Früh am Morgen kam meine Mutter weinend in mein Zimmer gestürzt. Ein Vertreter des Auswärtigen Amtes hatte angerufen und gesagt, dass ich eine E-Mail mit einem vorgegebenen Text dorthin schicken sollte, damit sie sie an die Botschaft in der Dominikanischen Republik weiterleiten konnten. Warum ich dies tun sollte, wurde uns nicht erklärt. Ich hatte Angst, dass man seinen Leichnam gefunden hatte und auf diese Weise sichergehen wollte, dass man es wirklich mit der Nächstverwandten zu tun hatte.

Ich war sowieso die ganze Nacht wach gewesen, also krabbelte ich aus dem Bett, ging zu meinem Computer und tippte: *Ich bin Christina Schroeder Woolley und die nächste Verwandte von Daniel William Woolley.* Ich gab seine Sozialversicherungsnummer, seine Personalausweisnummer, eine Beschreibung seiner Person und meine Kontaktinformationen an. Dann klickte ich auf Senden.

Man hatte uns gesagt, dass wir innerhalb von zwei Stunden zurückgerufen würden.

Haben sie Dans Leichnam gefunden? Oder ist er in einem Flugzeug nach Miami? Die Knie unters Kinn gezogen, saß ich auf der Couch und wollte von niemandem angefasst werden. Ich schaute mir nicht *Good Morning America* an – ich war zu aufgelöst und musste mich nicht noch selber im Fernsehen sehen. Ich schaukelte immer nur vor und zurück und weinte, hielt mein Handy fest umklammert und wartete auf Nachricht von offizieller Seite.

Ich dachte an die vor mir liegenden Stunden. *Wie kann ich nur den heutigen Tag überleben?* Für Josh und Nathan wollte ich eine starke Mutter sein, aber ich konnte mich kaum noch zusammenreißen. Ich brauchte Gottes Stärke wie nie zuvor. Ich wusste, dass ich diesen Tag ohne ihn nicht überleben würde.

Irgendwann aktualisierte ich meine Facebook-Seite:

Ich wurde von Good Morning America interviewt. Sie haben mehrere Fotos von Dan gezeigt, und ein paar der Journalisten vor Ort haben auch ein Foto von ihm. Bisher haben wir nichts von Dan gehört. Auf Haiti fängt man gerade an, Amerikaner nach Kuba, Miami und in die Dominikanische Republik auszufliegen. Es gibt aber noch keine Listen der Passagiere.

Eine Minute später ergänzte ich:

Überall werden Listen mit Überlebenden veröffentlicht, bitte wartet auf die des Auswärtigen Amtes. Sie soll am zuverlässigsten sein. Es gibt so viele Gerüchte. Während wir heute Morgen die Listen der Gefundenen gelesen haben und ich auf einen Anruf des Auswärtigen Amtes gewartet habe, ist mein Herz schon ein paarmal stehen geblieben. Bitte betet für mich, dass ich eine gute Mutter für die zwei verängstigten Jungs bin, auch wenn ich gerade Mühe habe, mich selbst zusammenzureißen.

Die Jungs schliefen aus, weil sie am Abend zuvor so spät ins Bett gegangen waren. Als sie aufwachten, nahm meine Mutter sie mit zu sich, und mein Vater blieb bei mir.

Die zwei Stunden waren gerade um, als mein Telefon klingelte.

Es war Valerie. „Christy, ich glaube, ich habe ihn gesehen. Ich glaube, ich habe ihn bei *Good Morning America* gesehen."

„Was?"

„Sie haben da Überlebende am Flughafen gezeigt, und ich glaube, ich habe Dan gesehen, wie er auf den Rückflug wartete."

Nervös lief ich auf und ab und hoffte verzweifelt, dass Dan die Person am Flughafen auf dem Weg nach Hause war; gleichzeitig erwartete ich den Telefonanruf, in dem mir mitgeteilt wurde, dass sein Leichnam gefunden wurde. Schließlich konnte ich nicht länger warten. Es waren nun schon drei Stunden vergangen und niemand hatte angerufen. Ich musste irgendetwas unternehmen! Eine Freundin hatte mir unseren Teil von *Good Morning America* aufgenommen, also schnappte ich mir die Lupe aus meinen Unterrichtsutensilien und bat meine Mutter, mich zu ihr zu bringen. Mein Vater blieb bei den Jungs.

• • •

Auf dem Großbildschirm meiner Freundin schaute ich mir den Beitrag über Haiti in Zeitlupe an. Auch ich sah ihn – selbst ohne Vergrößerungsglas: einen Mann, der wie Dan aussah und eine Fernsehkamera auf seine Schultern hob.

Vielleicht ist Dan am Leben! Ich bemerkte nicht, wie fahrig ich war, bis ich den Gesichtsausdruck meiner Mutter wahrnahm.

Ich hatte mich nicht umgezogen, sondern trug immer noch eine Kombination aus Dans dreckiger Wäsche und einem T-Shirt, das ich seit Dienstag anhatte. Mein Haar war verfilzt, und ich war so nervös, dass ich angefangen hatte zu zittern. Meine Mutter brachte mich zurück nach Hause.

Die Möglichkeit, dass Dan am Flughafen war, gab mir die Hoffnung, die ich brauchte, um den Tag zu überstehen. Wieder aktualisierte ich meine Facebook-Seite:

Ich habe mit den ABC-Nachrichten in New York gesprochen. Sie werden versuchen, langsam über die Amerikaner am Flughafen in Haiti zu schwenken. Wenn jemand von euch ABC guckt, könntet ihr bitte nach Dan Ausschau halten und mich wissen lassen, falls ihr ihn seht? Danke!

Und dann eine Minute später:

Er hat möglicherweise eine große Fernsehkamera mit Teleobjektiv auf der Schulter. Vielen Dank!

• • •

Aufgrund der Berichterstattung hatten noch mehr Leute von Dan erfahren. Aus der ganzen Welt erhielten wir Nachrichten von Freunden und Gemeinden, die für Dan beteten. Dass Dan vielleicht im Fernsehen gewesen war und dass sich auch das Außenministerium nicht wieder gemeldet hatte, machte mich hoffnungsvoller, als ich es seit dem Erdbeben gewesen war. Aber die Realität, dass wir immer noch nichts außer Spekulationen gehört hatten, laugte mich aus.

„Christy, du musst etwas essen", sagte meine Mutter sanft.

Sie hatte recht. Seit Dienstagmittag hatte ich nicht mehr richtig gegessen, und das war über 48 Stunden her.

Ich ging zu meinen Eltern nach nebenan und setzte mich mit meiner Familie zu einem späten Abendessen an den Tisch. Es war das erste Mal seit dem Erdbeben, dass wir alle zusammen waren und redeten. Als ich ihnen anvertraute, wie beunruhigt ich war und wie große Angst ich vor der Zukunft hatte, versuchten sie mir Mut zu machen. „Christy, du bist nicht allein. Du wirst dich niemals um irgendetwas alleine kümmern müssen. Wir werden dir helfen, egal was passiert."

Wir saßen noch immer beieinander, als um halb acht mein Telefon klingelte. Es war Rick von Compassion. „Christy, hast du schon etwas gehört?" Die Frage war zu unserer Standard-Begrüßung geworden.

„Nein." Ich stand vom Tisch auf und lief telefonierend zu unserem Haus hinüber. „Habt ihr andere Mitarbeiter von Compassion auf Haiti finden können?"

„Deshalb rufe ich an. Wir haben Dans Fahrer, Ephraim, gefunden, und er lebt. Er hat gesagt, dass er Dan und David nur ein paar

Minuten vor dem Erdbeben vor dem Hotel Montana abgesetzt hat. Also wissen wir jetzt sicher, dass sie im Hotel waren."

An das Ende der Unterhaltung kann ich mich nicht mehr erinnern oder dass ich aufgelegt habe; ich war wie betäubt. Dan konnte nicht am Flughafen sein. Er war genau pünktlich ins Hotel Montana hineingegangen, damit es über ihm zusammenstürzen konnte.

Mitten auf unserem Küchenboden brach ich zusammen und schrie wütend nach Gott. Es drängte mich, jetzt ehrlich zu sein in meinem Zorn, in meiner Sorge und Hoffnungslosigkeit. Und ich musste das alles aussprechen, selbst wenn es gegen Gott ging. All meine Gefühle schleuderte ich ihm entgegen.

Du hast ihm das angetan. Du hast alles genau auf Dans Tod ausgerichtet. Erst wurde der Termin für die Reise verschoben; eigentlich hätte er diese Woche gar nicht auf Haiti sein sollen! Dann wurde seine Hotelreservierung in letzter Minute in das Hotel Montana verlegt. Und dann hast Du noch alles darangesetzt, dass er Sekunden, bevor alles zusammenstürzte, hineingegangen ist. Danke. Vielen Dank, dass Du uns das alles antust.

Ich war sarkastisch, und ich bin normalerweise nie sarkastisch. Aber ich war so wütend und voller Angst, dass ich mich nicht zurückhalten konnte. Manche würden vielleicht sagen, dass ich verrückt war, Gott so zu beschimpfen, aber ich war nie klarer bei Verstand gewesen. Eine der wichtigsten Lektionen, die ich durch meine Depression gelernt hatte, war, dass Gott bei mir blieb und mich liebte, egal was ich tat. Es hatte also keinen Sinn, meine Wut und meinen Frust vor ihm zu verstecken. Er wusste ja bereits davon. Wenn ich es laut aussprach, war unsere Beziehung wenigstens ehrlich und authentisch. Ich hatte zu viele Jahre damit verbracht, meine wahren Gefühle zu verstecken.

Danke, dass Du alles so gemacht hast, dass ich jetzt keinen Ehemann mehr habe. Wie soll ich das denn jetzt alles schaffen? Du hast mir einen Mann gegeben, und wir sind eins geworden. Wie kannst Du jetzt von mir erwarten, dass ich mich entzweireiße?

In meiner Wut hatte ich das Gefühl, dass ich mein Herz daran erinnern musste, zu schlagen, und meine Lunge, zu atmen. Ich hatte den ganzen Tag noch nichts getrunken und auch in meinem Abendessen nur herumgestochert.

Als mein Vater mich irgendwann fand, war ich ein einziger Haufen Elend.

„Wenn Dan es nicht schafft, müssen Mama und du unsere Kinder adoptieren und sie großziehen", sagte ich.

Mein Vater versuchte mich zu trösten, aber ich ließ ihn nicht an mich heran.

„Ich will nur wissen, ob er tot oder lebendig ist. Ich muss spätestens morgen irgendetwas wissen. Ich kann einfach nicht so weitermachen."

• • •

Meine Mutter kam mit den Kindern herüber, und ich blieb im Schlafzimmer, bis sie oben waren. Ich wollte nicht, dass sie mich so sahen. Sie steckte die Jungs in ihre Schlafanzüge und brachte sie ins Bett. Es war das erste Mal, dass sie ins Bett gegangen waren, ohne dass ich ihnen einen Gutenachtkuss gegeben hatte.

Meine Mutter erklärte mir, dass sie sich Sorgen machte, weil ich so wenig geschlafen hatte, und schlug mir vor, eine Schlaftablette zu nehmen.

„Nein, ich muss wach sein, wenn morgen etwas passiert."

„Christy, du hast tagelang fast nicht geschlafen. Wenn du bereit sein willst für das, was morgen passiert, dann brauchst du Schlaf."

„Was, wenn mitten in der Nacht jemand anruft? Ich will dann richtig wach sein."

„Ich bleibe die Nacht hier bei dir und gehe ans Telefon."

Widerwillig ließ ich mich darauf ein.

Während die vergangenen 60 Stunden vor meinem inneren Augen vorbeizogen, wurde mir klar, dass erst zweieinhalb Tage seit dem Erdbeben vergangen waren, aber es waren die längsten und stressigsten Tage meines Lebens gewesen. Als ich das Telefon von meiner Mutter entgegennahm, wusste ich, dass dies der Anruf war, der mein Leben für immer verändern würde. Meine Hand zitterte, als ich den Hörer an mein Ohr legte. „Hallo."

„Ist da Christina Woolley?"

„Ja."

Eine namenlose weibliche Stimme vom Auswärtigen Amt fragte, ob ich die nächste Verwandte von Dan Woolley sei.

„Ja."

„Wir rufen an, um Ihnen mitzuteilen, dass Dan lebend gefunden wurde."

Ich sog meinen Atem ein und ließ ihn dann in einem lauten Schrei wieder heraus. „Er lebt?"

„Er war am Leben, als uns diese Informationen übermittelt wurde. Das war vor etwa 10 Stunden. Rettungshelfer haben einen Dan Woolley in einem Fahrstuhlschacht unter den Schuttbergen gefunden, die ehemals das Hotel Montana waren."

„Also ist er immer noch dort? Im Fahrstuhl?"

„Wir haben leider keine weiteren Informationen, Madam."

„Hat er reagiert? Als man ihn nach seinem Namen gefragt hat, konnte er reden? Ist irgendjemand dabei, ihn herauszuholen?" Meine Fragen kamen schneller als ihre Antworten.

„Das weiß ich nicht. Das sind alle Informationen, die wir zurzeit haben."

Ich dankte ihr und legte auf. Ich saß aufrecht im Bett und war sprachlos. Meine Mutter umarmte mich und machte sich dann daran, den Rest der Familie anzurufen. *Was jetzt?*

Schlagartig wusste ich es.

Ich ging zum Kleiderschrank, holte meinen Koffer heraus und fing an, Sachen hineinzuwerfen – als Letztes meine Wanderstiefel und Arbeitshandschuhe. Dann suchte ich noch schnell Wechselkleidung für Dan zusammen.

Meine Eltern und meine Schwester Anna eilten herein.

„Er lebt!", sagte ich, als ich sie umarmte. Dann machte ich mich wieder los und packte weiter meine Sachen. „Er ist in einem Fahrstuhl begraben worden, und sie wissen noch nicht, wann und ob sie ihn herausholen können."

„Was willst du jetzt machen?"

„Ich fliege nach Haiti."

Ungläubig fragten sie: „Was willst du denn machen, wenn du dort bist?"

„Ich werde neben den Trümmern stehen, bis sie ihn herausholen. Und wenn es sein muss, werde ich ihn mit meinen bloßen Händen ausgraben."

29

Wiedervereint

Dan

An meinem Helm befand sich eine Stirnlampe, sodass es im Aufzugsschacht nicht völlig dunkel war. Ich drehte meinen Kopf in jede Richtung, bis ich das Problem erkannte. Es gab Metallstäbe, die parallel zueinander den Fahrstuhlschacht entlangliefen. Die Helfer hatten den Schlitten, auf dem ich festgebunden war, an diesen Stäben entlanggeschoben, um mein Gewicht abzufangen und mich davor zu bewahren, in einen der tückischeren Bereiche des Schachts zu stürzen. Eine der Kanten des Schlittens war nun von den behelfsmäßigen Schienen abgerutscht, weshalb die Helfer mich jetzt nicht mehr so gut im Griff hatten wie vorher.

Einer von ihnen rief noch einmal: „Ihr verliert ihn. Holt ihn wieder auf die Stäbe zurück!"

Sofort tauchten noch ein paar Hände zwischen den Helfern über mir auf, und mit viel Ächzen, Stöhnen und ein bisschen Fluchen hievten sie den gekippten Schlitten hoch und setzten ihn wieder sicher auf die Schienen. Meine Reise durch den Schacht ging weiter.

Nachdem ich ein paar Körperlängen weitergekommen war, sagte jemand: „Dan, wenn Sie jetzt über Ihre linke Schulter gucken, können Sie die Sonne sehen." Ich bog meinen Kopf nach hinten; sogleich konnte ich die Wärme der Sonne auf meinem Gesicht spüren. Ich blinzelte gegen die Helligkeit an, schaute aber nicht weg. Ich konnte nicht – ich wollte meine Augen nicht von der seligen, wunderschönen Sonne abwenden. Ich starrte sie an, bis grüne Punkte vor meinen Augen zu tanzen anfingen.

Danke, Jesus!, betete ich durch meine Tränen. *Ich hätte nicht gedacht, dass ich noch einmal die Sonne sehen würde. Aber Du hast über mich gewacht, mich beschützt und mich jetzt gerettet!*

Die Sonne hatte meine Urinstinkte und neue Energie in mir geweckt. Was für eine wunderbare Erinnerung daran, dass ich dem dunklen Abgrund entkommen war! Bald würde ich wieder bei meiner Familie sein und eine neue Chance bekommen, ihr meine Liebe zu beweisen. Gott hatte einen Plan für mich, und ich nahm mir fest vor, den Rest meines Lebens damit zu verbringen, ihn zu erfüllen.

Christy

Januar, 15. Januar, Freitagmorgen

Natürlich hatte ich nicht wirklich geglaubt, dass ich sechs Etagen Bauschutt mit meinen bloßen Händen wegschaffen konnte; aber ich war clever genug, um zu wissen, dass eine verzweifelte Ehefrau, die versuchte, ihren Mann aus Trümmer zu befreien, eine Menge Medienaufmerksamkeit bekommen würde. Und dadurch würde ich vielleicht noch mehr Hilfe für Dans Rettung bekommen.

Die nächsten Stunden vergingen wie im Flug. Eine Freundin aus der Gemeinde half mir, fertig zu packen; ich fragte über meine Facebook-Seite, ob irgendjemand bereit wäre, mir ein Flugticket nach Haiti zu bezahlen. Innerhalb weniger Minuten hatte ich drei Angebote von Freunden, aber dann rief Compassion an und versprach, alles zu übernehmen.

Mich von den Jungs zu verabschieden, war hart. Nathan war mir beim Packen die ganze Zeit durchs Haus hinterhergelaufen. Er merkte, dass ich weggehen würde.

„Wo gehst du hin, Mama?"

Ich bückte mich zu ihm hinunter und küsste ihn. „Ich fahre weg, um Papa abzuholen und ihn nach Hause zu bringen. Und du darfst solange bei Oma und Opa bleiben."

Ich schaute mich nach Josh um, konnte ihn aber nirgends sehen.

„Alles in Ordnung mit ihm", beruhigte mich meine Mutter. „Er ist oben in seinem Zimmer und spielt mit Legos."

Als ich in sein Zimmer trat, um mich zu verabschieden, hatte er sich versteckt. Ich fand ihn weinend.

„Was ist denn, Josh? Warum versteckst du dich?", fragte ich.

„Papa kommt nicht nach Hause. Alle seine Knochen sind kaputt."

Ich hatte Josh nie wirklich erklärt, dass Dan in ein Erdbeben geraten war und was das genau bedeutete – ich hatte ihm nur gesagt, dass man Papa nicht finden konnte.

„Oh, Josh!" Ich nahm ihn in den Arm und hielt ihn fest. Dann erklärte ich ihm, dass ich einen Anruf erhalten hatte, dass sein Vater immer noch am Leben war. „Schatz, wir wissen nicht, ob Papa verletzt ist. Deshalb will ich ihn abholen fahren. Ich bin ein paar Tage weg und weiß noch nicht genau, wann ich zurück bin, aber ich *werde* zurückkommen, und ich bringe Papa mit nach Hause, okay?"

Als er sich beruhigt hatte, verließ ich das Zimmer und bat meine Mutter: „Gib den Kindern alles, was sie wollen." Ich stellte mir vor, wie Dan darüber lachen würde, wenn er es hören könnte. Normalerweise sagte ich so etwas nicht.

Draußen in der Einfahrt warteten Lokalreporter. Ich hatte keine Zeit, mit ihnen zu reden. Auf dem Weg zum Auto sagte ich schnell ein paar Worte, aber ich blieb noch nicht einmal stehen, um ihre Fragen zu beantworten. Wahrscheinlich hätte ich auch gar keine Antworten gehabt.

Mit sehr wenig Geld und keinem konkreten Plan machte ich mich auf den Weg. Zwar konnte ich meinen Pass nicht finden, aber ich hatte ein Ticket von Colorado Springs nach Dallas und von dort nach Miami. Mein Ziel war es, von Miami aus mit einem Nachrichtenteam einen Flug nach Haiti oder in die Dominikanische Republik zu bekommen. Ein Reporter meinte, dass er vielleicht ein paar Leute anrufen könnte, um mich nach Haiti zu bringen.

Still rechnete ich die Stunden nach, seitdem das Auswärtige Amt angerufen hatte, um mir mitzuteilen, dass man Dan gefunden hatte. Jetzt war es 15 Stunden her, dass die Rettungshelfer berichtet hatten, dass Dan am Leben war. Ich hatte keine Ahnung, wie es ihm jetzt ging, aber ich kam der Lösung meiner Fragen immer näher.

Halt durch, Dan! Ich komme!

Dan

Als ich die Sonnenstrahlen auf allen Teilen meines Körpers spürte, wusste ich, dass ich endlich draußen war. Das Klicken Dutzender Kameras und die zahlreichen Fotografen und Reporter, die sich auf beiden Seiten neben mir aufreihten, ließen keinen Zweifel mehr. Ich vernahm die aufgeregten Stimmen um mich herum. Ein paar Reporter stellten mir Fragen, aber nicht alle sprachen Englisch, sodass ich nicht verstand, was sie sagten. Innerhalb weniger Sekunden legte ein Sanitäter mir einen Tropf an. Jemand anderes fing an, meine Hose wegzuschneiden – nicht nur an einer Stelle, er schnitt sie vollständig ab. Als ich nach unten blickte, war sie weg und ich konnte nur noch meine Boxershorts sehen. Doch das war jetzt wahrscheinlich nicht der richtige Zeitpunkt, sich dafür zu schämen.

Sanitäter schwirrten um mein Bein herum und untersuchten die Wunde. Sie piksten und drückten daran herum, während sie versuchten herauszufinden, was unter dem Verband war. Schließlich entschieden sie, dass es das Beste war, alles verbunden zu lassen.

Etwa zur selben Zeit bemerkte ich einen groß gewachsenen Haitianer, der auf mich zukam. Seine Haltung war sehr aufrecht, fast steif. Er erschien mir so förmlich, dass er fast etwas Majestätisches ausstrahlte. Seine freundlichen Augen blickten mich an, und ich bemerkte, dass sein Grinsen immer breiter wurde. Dann beugte er sich über mich und legte seine Hand auf meine Wange.

„Hallo Dan-jell!"

„Lukeson! Wie schön, dich endlich mal zu sehen, Mann!"

Dieser Moment zwischen uns war voller Zärtlichkeit und Glück und dem angemessen, was wir gemeinsam durchgemacht hatten. Ich erinnerte mich daran, wie wir immer wieder versucht hatten, einander zu ermutigen, wie er mich gefragt hatte, wie es mir ging, und an die Lieder, die wir zusammen gesungen hatten. Und nun konnte ich endlich sein Gesicht sehen, und er konnte meines sehen. Seines war wunderschön.

Doch dann begann ich mir Sorgen zu machen, dass meine Verletzungen doch schlimmer sein könnten, als ich gedacht hatte. Mir war jetzt klar, dass sie Lukeson nicht deshalb zuerst herausgeholt hatten, weil es ihm schlechter ging als mir, sondern weil seine Gesundheit stabiler war.

Der Sanitäter bat alle, einen Schritt zurückzugehen, während man mich auf eine Trage hob. „Lass mir irgendwie deine Adresse da", sagte ich noch zu Lukeson, als sie mich auf die Ladefläche eines alten Busses verfrachteten, den ein Freiwilliger in einen provisorischen Rettungswagen umgebaut hatte. Die Türen wurden gerade geschlossen, als ich einen Mann rufen hörte.

„Wartet!"

Es war Sam.

Er kletterte in den Bus und sagte: „Schauen Sie mal, was ich gefunden habe."

„Das ist mein Rucksack!" Es ist vielleicht schwer nachzuvollziehen, aber ich war überglücklich, ihn wiederzuhaben. Ich schüttelte Sams Hand und dankte ihm noch einmal. Dann war er mit einem Mal wieder weg, und ein Sanitäter kam an meine Seite. Jemand schloss die Tür, und ich spürte, wie ein Motor startete.

Natürlich konnte ich nicht beeinflussen, wohin sie mich brachten, und ich wollte auch niemanden beleidigen, aber ich machte mir

Sorgen, wie sicher wohl ein haitianisches Krankenhaus unter diesen Umständen war.

„Fahren Sie mich ins Krankenhaus?"

„Nein, wir bringen Sie zur amerikanischen Botschaft. Dann wird man Sie mit einem Rettungshubschrauber vom Militär rausfliegen."

Woran ich mich als Nächstes erinnere, ist, dass ich auf einer Trage in der Botschaft lag. Freiwillige Ärzte bereiteten mich für meinen Flug nach Miami vor.

„Meine größte Sorge ist im Moment, dass Ihre Nieren wegen der Dehydrierung versagen könnten", sagte der Arzt, der mich als Erster untersuchte. Als er fertig war, fügte er hinzu: „Ich mache mir außerdem Sorgen wegen Ihrer Beinverletzung und einer möglichen Infektion. Die Fleischwunde geht durch die Muskeln und Nerven bis zum Knochen hinunter. Sie müssen in Miami sofort operiert werden." Er gab einer Krankenschwester ein paar Anweisungen, und schon war er beim nächsten Bett.

Alles geschah sehr schnell und mit militärischer Präzision. Ein paar Minuten später flog ich mit einem Hubschrauber in die Dominikanische Republik. Ein Militärtransportflugzeug brachte mich dann nach Miami, wo eine Ambulanz mich zu einem wartenden Hubschrauber transportieren würde, der mich wiederum zum Krankenhaus flog. Bevor ich wusste, wie mir geschah, war ich schon im Traumazentrum des Jackson-Memorial-Krankenhauses in Miami angekommen. Ich wurde um 16:53 Uhr eingeliefert, auf die Minute genau drei Tage nach dem Erdbeben.

Ein Sozialarbeiter, der mir bei den Formularen half, sagte: „Der Arzt ist in ein paar Minuten bei Ihnen. Gibt es irgendetwas, was ich davor noch für Sie tun kann?"

„Bitte rufen Sie meine Frau Christy an, damit sie weiß, dass es mir gut geht."

Als ich in Dallas landete, schaltete ich sofort mein Handy ein, um den Reporter anrufen, der mir helfen wollte, mich nach Haiti zu bringen. Dabei bemerkte ich, dass der Akku meines Handys fast leer war. Ich musste ihn erst wieder aufladen. Also suchte ich nach einer Steckdose, und als ich eine fand, war sie schon in Benutzung. *Großartig!*

„Entschuldigen Sie, könnte ich vielleicht die Steckdose benutzen, um mein Handy aufzuladen?" Der Mann im Anzug sah von seinem Computer hoch. Er schien nicht gerade erfreut, aber ich sprach einfach weiter. „Es tut mir wirklich leid. Ich bin auf dem Weg nach Haiti. Mein Ehemann wird dort seit dem Erdbeben vermisst, und ich –"

„Aber natürlich!", sagte er. Noch bevor ich meinen Satz beenden konnte, hatte er schon sein Netzteil aus der Steckdose gezogen. Als ich mein Handy endlich angeschlossen hatte, funktionierte es jedoch aus irgendeinem Grund nicht. Ich barg meinen Kopf in meinen Händen. *Gott, was kann denn noch alles schiefgehen?*

Ich hielt das Telefon in den Händen und fühlte die Vibration, noch bevor ich es klingeln höre. Als ich auf das Display sah, las ich eine Vorwahl, die mir nichts sagte. In letzter Zeit hatte ich viele solcher Anrufe erhalten.

„Hallo?"

„Ist da Christina Woolley?"

Oh nein! Telefonate, die so anfingen, verhießen selten etwas Gutes. „Ja, hier spricht Christina Woolley." Ich hielt meinen Atem an und wartete darauf, was jetzt kam.

„Hier ist das Jackson-Memorial-Krankenhaus in Miami. Wir wollten Ihnen nur mitteilen, dass Ihr Mann, Dan Woolley, hier bei uns ist und wir ihn behandeln."

„Dan ist in Miami?"

„Ja."

Dan war gerettet! Und ich war gerade selbst auf dem Weg nach Miami!

Doch meine Erleichterung wurde etwas von der Sorge um seinen körperlichen Zustand beeinträchtigt. Ich hatte gehört, dass verletzte Amerikaner in die Dominikanische Republik oder nach Kuba geflogen wurden. Nur die schlimmsten Fälle wurde direkt zurück in die USA gebracht. Mein Magen wurde flau, als ich begriff, dass Dan in einem kritischen Zustand sein musste, wenn er in Miami war.

„Was für Verletzungen hat er denn?"

„Es tut mir leid, Mrs. Woolley, das darf ich Ihnen leider nicht am Telefon erklären."

„Bitte sagen Sie ihm, dass ich auf dem Weg bin!"

Danke, Gott! Danke, dass Du Dan beschützt hast. Und dass Du ihn sicher zurück in die USA gebracht hast. Es ist unglaublich, wie Du arbeitest. Ich bin nur einen Flug davon entfernt, ihn zu sehen, und auch wenn ich das nicht wissen konnte, Du wusstest es – sogar noch bevor ich mein Ticket gekauft habe. Danke, dass Du ihn am Leben gehalten hast. Danke, dass Du auch jetzt noch über Dans Gesundheit wachst.

Den gesamten Flug von Dallas nach Miami über war ich sehr nervös. Das Flugzeug konnte gar nicht schnell genug ankommen. *In welchem Zustand wird Dan sein? Fehlt ihm vielleicht ein Körperteil? Hatte er vielleicht sogar eine Gehirnschädigung erlitten?* Es war egal, wie gut es ihm ging. Ich würde ihn mit nach Hause nehmen und mich um ihn kümmern, was es auch immer war.

Der Mann neben mir hatte den Großteil des Fluges geschlafen, aber als wir zum Landeflug ansetzten, wachte er auf. Ich war mittlerweile schon völlig flattrig. Wir fingen an, uns zu unterhalten, und ich erzählte ihm, dass man Dan gefunden hatte, ich aber noch nicht wusste, wie schlimm er verletzt war.

„Gibt es irgendetwas, was ich tun kann? Ich bin Manager bei American Airlines."

Vielleicht war er Manager, aber mir kam er vor wie ein Engel.

„Könnten Sie mit mir zur Gepäckausgabe kommen? In Colorado Springs durfte ich mein Gepäck mit hineinnehmen, aber in Dallas musste ich es aufgeben. Ich bin so nervös, dass ich nicht weiß, ob ich die Schilder richtig lesen kann."

„Natürlich."

Als wir ausstiegen, begleitete er mich zur Gepäckausgabe, wo wir wegen eines Fehlers beim Gepäcktransport unglücklicherweise noch 45 Minuten warten mussten.

Eigentlich hätte ich längst einen Reporter und einen Mitarbeiter von Compassion treffen sollen. Ich schaltete mein Telefon ein, um sie anzurufen, aber jetzt war der Akku vollkommen leer. Also suchte ich eine Steckdose, um ihn während der Wartezeit aufzuladen.

Kaum hatte ich es eingestöpselt, sah ich, dass mir jemand eine Nachricht hinterlassen hatte. Es war Claudia, eine Angestellte von Compassion, die in der Nähe von Miami lebte. Ich rief sie zurück. Sie war mit dem Reporter zusammen unterwegs und wartete in einem anderen Teil des Flughafens auf mich. Sie bat mich zu bleiben, wo ich war, damit sie zu mir kommen konnten.

Dan

Der Arzt hatte mir noch in der Botschaft auf Haiti starke Schmerzmittel gegeben. Auch Stunden später spürte ich die Nachwirkungen. Ich merkte, wie ich zunehmend benommener wurde, immer wieder döste ich ein und erwachte dann, um sogleich zu fragen, ob jemand schon Christy angerufen hatte. Schließlich sagte der Sozialarbeiter, dass das eigentlich nicht erlaubt sei, dass ich jedoch sein Handy benutzen dürfe. Es war mir egal, wie viele Regeln ich brach. Ich wollte meine Frau anrufen.

Vor meinem Abflug, hatte ich noch schnell meine und Dans Mutter angerufen, um ihnen zu sagen, dass Dan in Miami war. Jetzt benachrichtigte ich meine Mutter, dass ich gut angekommen war. Wir hatten gerade erst eine Minute geredet, als mein Telefon piepte.

„Mama, ich ruf dich zurück. Jemand ruft mich auf der anderen Leitung an." Ich sah mir die Nummer an. Es war die Vorwahl von Miami. „Hallo?"

„Hallo Christina, hier ist der Sozialarbeiter vom Jackson-Memorial-Krankenhaus in Miami."

„Ich bin gerade angekommen! Ich bin in Miami. Ich bin am Flughafen und warte auf mein Gepäck. Sind Sie bei Dan?"

„Ja, ich stehe neben seinem Bett. Warten Sie kurz."

„Christy? Christy?"

„Dan? Dan! Bist du das? Bist du es wirklich?" Ich konnte nicht fassen, dass ich seine Stimme hörte. Ich hatte schon geglaubt, sie nie wieder zu hören. Meine Gefühle schlugen Purzelbäume. Mir war schwindelig, und ich glückste fast vor Glück, ihn zu hören. Wir lachten und weinten – vor allem weinten wir. Meine Freude war so überwältigend wie meine Trauer. Dans Stimme klang so gedämpft, und er hörte sich so schwach an, dass ich mir unwillkürlich Sorgen machte.

„Dan, geht es dir gut?"

„Ja, das tut es."

„Bist du verletzt?"

„Mein Bein tut etwas weh, aber es wird wieder gut. Komm einfach nur schnell her."

„Ich bin nur 20 Minuten von dir entfernt. Ich komme, so schnell ich kann."

„Ich muss jetzt auflegen. Ich liebe dich!"

„Ich liebe dich auch. In 20 Minuten bin ich da", sagte ich noch einmal. „Halte durch!"

Der Sozialarbeiter war wieder dran und erklärte mir, wie ich Dan finden würde, wenn ich erst mal im Krankenhaus war. Ich versprach ihm, so schnell wie möglich zu kommen.

Als ich auflegte, bemerkte ich, dass das Kamerateam die ganze Zeit über mitgefilmt hatte. Ich hatte sie nicht einmal bemerkt. Gemeinsam mit Claudia, der Mitarbeiterin von Compassion, waren sie bei mir eingetroffen.

„Dan ist hier in Miami im Krankenhaus! Wir müssen ein Taxi nehmen und so schnell wie möglich zu ihm."

„Mein Auto steht draußen auf dem Parkplatz. Ich fahre Sie", sagte Claudia.

Claudia fuhr vor, während ich auf meinen Koffer wartete, und dann traf ich sie vor dem Terminal. Die Fernsehleute folgten uns in ihrem Auto. Als wir am Krankenhaus ankamen, durften sie nicht mit uns hinein, also ließen wir das Team auf dem Parkplatz zurück.

Hauptsache, ich konnte Dan sehen.

30

Etwas Gutes

Dan

Dank eines geborgten Handys telefonierte ich gerade mit meiner Mutter, als sie endlich Christy zu mir hineinließen. Als ich hörte, wie die Tür aufging, blickte ich auf. Sie raubte mir den Atem. Ich hatte noch nie etwas so Wunderschönes in meinem Leben gesehen.

Sie sah mich und lief auf mein Bett zu. „Dan! Oh, Dan." Der Sozialarbeiter, der abberufen worden war, sie zu begleiten, musste sich beeilen, um mitzukommen.

Als sie sich über mich beugte, atmete ich ihren süßen Duft ein. Wenn ich an einen Herzmonitor angeschlossen gewesen wäre, hätte man kurz die Nulllinie piepen gehört, als mein Herz vor Freude stehen blieb.

Ich konnte meine linke Seite nicht bewegen, also schafften wir nur eine einarmige Umarmung und küssten uns. Ihre Lippen hatten noch nie so gut geschmeckt. Sie streichelte mein Gesicht, und ich hob meine Hand, um das ihre zu berühren. Als sie mich wieder küsste, konnte ich unsere salzigen Tränen schmecken, die sich auf meinen Lippen gesammelt hatten.

„Ich liebe dich so sehr", sagte ich und versuchte meine Tränen zu kontrollieren. „Ich habe gedacht, ich sehe dich nie wieder."

„Ich liebe dich auch!"

Der Sozialarbeiter, der am Ende des Bettes stand, sagte zu Christy: „Sie können leider nur ein oder zwei Minuten hierbleiben, dann müssen Sie wieder gehen."

Aber ich wollte nicht, dass sie ging. Ich konnte nicht aufhören, sie anzustarren. „Wie geht es den Jungs?"

„Es geht ihnen gut. Ich erzähle dir alles, wenn wir mehr Zeit haben."

Am liebsten hätte ich die beiden sofort angerufen, aber es war fast elf Uhr nachts – also 21 Uhr in Colorado –, und ich wusste, dass sie schon im Bett waren.

Vorsichtig hob Christy das Laken an und sah, dass mein rechter Arm voller Schnitte und Blutergüsse war. Dann zog sie das ganze Laken zurück, betrachtete meine Brust und schließlich mein Bein.

Ich beobachtete ihr Gesicht, während sie meinen zerschundenen Körper ansah. Meine Brust war voller Schnittwunden. Meine Beinwunde war frisch verbunden, aber mein linker Fuß war tief violett und auf die dreifache Größe angeschwollen. Meine gesamte linke Seite war voller Blutergüsse, vor allem die Schulter, von wo mein Rucksack mir beim Erdbeben heruntergerissen worden war. Ich wusste, dass ich schlimm aussah. Ich wollte nicht, dass sie sah, wie zerschrammt und zerschnitten ich war, aber Christy zuckte nicht einmal, als sie mich von Kopf bis Fuß mit ihren Augen untersuchte. Alles, was ich sah, war eine Mischung aus Liebe und Besorgnis.

Christy

Ein Hubschrauber brachte einen neuen Patienten, also musste ich die Traumastation – und Dan – verlassen. Zurück im Warteraum erklärte ich Claudia, wie es um Dan stand.

Ich fing an, unsere Versicherungsunterlagen auszufüllen, und wartete auf die nächste Möglichkeit, Dan zu sehen. Um etwa halb zwei in der Nacht kam ein Arzt zu mir, um mit mir zu reden.

„Wir werden ein paar Scans machen, um zu sehen, ob es innere Blutungen und Verletzungen gibt", sagte er. „Das wird bald passieren." Er sah auf seine Uhr. „Morgen früh werden wir ihn operieren müssen. Ich möchte, dass Sie wissen, dass wir alles in unserer Macht Stehende tun, um sein Bein zu retten."

Sein Bein? Dan konnte immer noch sein Bein verlieren?

Ich wollte noch mehr fragen, aber der Arzt wurde zu einem anderen Notfall gerufen.

Claudia hatte arrangiert, dass wir die Nacht in einem nahe gelegenen Hotel verbringen konnten. Ich sagte ihr, dass sie ohne mich gehen sollte, weil ich hier im Krankenhaus bleiben wollte. Nachdem sie versprochen hatte, gleich morgen früh wieder da zu sein, verließ Claudia mich widerwillig.

Das Wartezimmer im Krankenhaus war mit grellem Neonlicht beleuchtet. Die unbequemen Stühle füllten sich mit Familienangehörigen anderer Traumapatienten. Ich legte mich auf den Boden, benutzte meine Tasche als Kissen und versuchte meinem abgekämpften Geist etwas Ruhe zu gönnen.

Um 1:45 Uhr klingelte mein Telefon. Ich griff danach und erkannte die Vorwahl von Miami, nicht aber die Nummer selbst.

„Hallo?"

„Hi, Christy. Hier ist Dan."

„Dan? *Mein Ehemann?* Warum rufst du mich an? Geht es dir gut?"

„Sie werden mich jetzt gleich am Bein operieren."

„Ja, das haben sie mir gesagt. Irgendwann morgen früh bist du an der Reihe."

„Nein, Christy. Sie bringen mich jetzt in den OP."

„Jetzt?"

„Ja, alles wird gut. Ich wollte nur, dass du es weißt. Ich kann jetzt nicht länger reden, aber ich will, dass du weißt, dass ich wieder gesund werde und dass ich dich liebe."

Die OP dauerte mehrere Stunden. Ich blieb im Wartezimmer und betete. Als das OP-Team fertig war, kam der Arzt wieder zu mir.

„Alles ist gut verlaufen. Wir konnten sein Bein retten. Wir mussten eine Menge Dreck um seinen Knochen herum entfernen, aber erstaunlicherweise hat es keine Infektion gegeben."

Ich brach in Tränen aus und dankte Jesus still für dieses weitere Wunder.

„Er liegt jetzt auf der Aufwachstation. Wenn er zu sich kommt, wird er auf sein Zimmer gebracht. Sie können dort auf ihn warten."

Obwohl ich Dan unabhängig von bleibenden Verletzungen mit nach Hause genommen hätte, wusste ich, dass es ein Wunder war, dass er nun mit beiden Beinen zu uns zurückkommen konnte! *Danke, Herr Jesus!*

Das Krankenhaus gab Dan ein Einzelzimmer; ich ging hinein und wartete auf ihn. Es war nach sieben, als er schließlich in sein Zimmer gebracht wurde. Nachdem die Krankenschwester ihn umgebettet hatte und alle Pfleger gegangen waren, waren wir zum ersten Mal allein.

Wir weinten. Nach den furchtbaren Bildern, die während der letzten Tage durch meine Gedanken gegeistert waren, konnte ich jetzt endlich glauben, dass er wirklich am Leben war. Ich musste ihn anfassen, um mich zu vergewissern, dass ich nicht träumte. Wir küssten und umarmten uns. Und als das nicht genug war, kletterte ich zu ihm ins Bett und legte meinen Kopf auf seine Brust, um sein Herz schlagen zu hören.

„Ich dachte, dass du tot wärst", sagte ich, während ich seinen Geruch einsog.

„Das dachte ich auch."

Dan war müde und konnte noch nicht lange am Stück wach bleiben. Aber jedes Mal, wenn er aufwachte, erzählte er mir einen weiteren Teil seiner Geschichte. Den gesamten nächsten Tag über beschrieb er, wo er gewesen war, als die Decke herunterkam. Wäre er nur einen Zentimeter weiter rechts oder links gestanden, wäre er erschlagen worden.

Als ich ihn nach David fragte, wurde er sehr still. Langsam und einfühlsam erzählte er mir, was er wusste. Als er geendet hatte, weinten wir beide. Wir hielten uns an den Händen und beteten für Davids Familie. Ich fühlte von ganzem Herzen mit ihnen.

Dan erzählte mir, wie er den Fahrstuhl gefunden und dass sein schnelles Handeln ihn vor Schlimmerem beschützt hatte; schon Minuten später hatte das Nachbeben noch mehr Wände zum Einsturz gebracht. Ich konnte es kaum glauben, als er beschrieb, wie Gott ihn gerettet und ihm Mittel und Wege gegeben hatte, so lange am Leben zu bleiben, bis er aus den Trümmern geholt werden konnte.

Mit jedem neuen Detail, das er offenbarte, verstand ich, was für ein Wunder es war, dass er überlebt hatte. Ich musste einfach Gottes Wirken in allem anerkennen. Zusätzlich zu seiner schweren Beinwunde waren Dans Arme, Brust und Rücken mit schlimmen Schnittwunden und Blutergüssen übersät. Am Hinterkopf hatte er eine offene Wunde. Trotzdem versicherte uns der Arzt, dass er wieder ganz gesund werden würde. So viele wundersame Dinge waren passiert, und ich wollte nichts von all dem als selbstverständlich hinnehmen. Vor weniger als 48 Stunden war ich noch wütend auf Gott gewesen, weil ich dachte, dass er an Dans Tod Schuld hatte. Jetzt begriff ich, dass er vielmehr für Dans *Leben* verantwortlich war.

Ich spürte, wie mir Tränen die Wangen herunterliefen. *Gott, Du allein hast all das hier gemacht. Während ich Dir für alles, was Dan passiert ist, die Schuld gegeben habe, hast Du Dich gerade um die kleinsten Details gekümmert, um ihm beim Überleben und Nach-Hause-Kommen zu helfen. Danke, Herr! Du hast alles wunderbar zusammengeführt, um Dan zu retten!*

Dan

Nun, da ich wieder Zugang zu Elektrizität hatte, konnte ich meine Kamera aufladen und die Bilder auf meinen Laptop herunterladen.

Erstaunlicherweise funktionierte er immer noch, obwohl er das ganze Erdbeben über in meinem Rucksack gewesen war. Als ich mir die Bilder auf Bildschirmgröße noch einmal ansah, flößte mir der Grad der Zerstörung und Verwüstung, die ich überlebt hatte, neuen Respekt ein. Es war wirklich ein Wunder Gottes.

Die paar Tage in Miami ohne Kinder waren genau das, was Christy und ich brauchten, um wieder zueinander zu finden. Aber meine Zeit im Krankenhaus zeigte mir auch, dass in der Vergangenheit nicht nur die Hotelwände eingestürzt waren. Auch die Beziehung zwischen Christy und mir war nicht besonders gut gewesen, bevor ich nach Haiti geflogen war. Ich merkte, dass ich ihr schon seit einiger Zeit nicht mehr durch Worte, Taten und Aufmerksamkeit gezeigt hatte, wie sehr ich sie liebte und schätzte. Wir hatten uns schon lange nicht mehr Zeit für einen Abend zu zweit ohne die Kinder genommen. Und manchmal erlaubten wir es unterschiedlichen Prioritäten bezüglich Zeit und Geld, sich zwischen uns zu drängen.

Aber da waren auch noch andere gewichtigere Dinge – zum Beispiel wenn wir es zuließen, dass ein Problem sich festsetzte, statt dass wir es angingen. Das und viele andere Probleme hatten Stück für Stück eine Mauer zwischen uns aufgebaut; und deshalb waren wir uns nicht mehr so vertraut wie früher.

Ich war nicht überrascht und sogar dankbar, dass Christy es ansprach. „Als ich dachte, dass du nicht mehr nach Hause kommst, habe ich erst gemerkt, wie sehr ich es zugelassen habe, dass diese Sachen sich zwischen uns stellen. Ich will nicht, dass unsere Ehe so ist."

„Das will ich auch nicht, Christy. Dafür liebe ich dich viel zu sehr."

„Ich liebe dich auch, aber ich bin auch tief von dir verletzt worden. Und ich mache mir Sorgen ..." Ich konnte sehen, wie die altbekannte Angst sich auf ihrem Gesicht breitmachte.

„Ich hatte Zeit, über vieles nachzudenken, Christy, und ich habe sehr viel Zeit damit verbracht, über *uns* nachzudenken. Ich möchte, dass sich so manches in unserer Beziehung ändert. Ich will mich nicht mit einer mittelmäßigen Ehe zufriedengeben."

Ich verstand jetzt, dass ich Christy wehtat, wenn sie mit mir reden wollte und ich ihr nicht wirklich zuhörte. Jedes Mal, wenn ich meinen Laptop meiner Frau vorgezogen hatte, zeigte ihr mein Handeln, dass sie mir nicht so wichtig war wie das, woran ich gerade arbeitete.

„Ich verspreche dir, dass ich, egal wie viel ich zu tun habe, mir Zeit nehmen werde und wir uns einander gegenübersetzen und so lange reden, wie du es dir wünschst. Und es wird keine oberflächliche Unterhaltung sein. Ich will wirklich herausfinden, wie es dir geht und worüber du nachdenkst."

„Ich glaube, es gibt auch Dinge, die ich noch besser machen kann", sagte Christy. „Ich werde meine verletzten Gefühle nicht verstecken, wenn es ein Problem zwischen uns gibt. Ich werde dir davon erzählen, damit wir die Dinge gemeinsam angehen können."

Wir versprachen uns beide, geduldiger und verständnisvoller mit dem anderen zu sein. Ich hob meinen Arm, zog sie zu mir heran und küsste sie. „Ich habe dich immer geliebt, ich habe nie damit aufgehört. Es tut mir so leid, dass du nicht das Gefühl hattest, von mir wertgeschätzt zu sein. Für den Rest meines Lebens möchte ich dafür sorgen, dass du die Echtheit dieser Liebe nie wieder infrage stellen musst."

Ich konnte sehen, wie etwas von der Angst in ihren Augen zu schmelzen begann. Aber ich wusste auch, dass diese Versprechen sich Tag für Tag in unserem Alltag bewähren mussten, bevor ihre Zweifel ganz beseitigt waren.

Christy sah mich an, wie nur sie es konnte, innig und durchdringend. „Dan, ich liebe dich so sehr."

„Ich liebe dich auch, Süße."

„Ich habe aber noch ein Versprechen, das ich dir geben möchte." Ein Lächeln huschte über ihr Gesicht. „Ich werde nicht mehr sauer sein, wenn du deine Kleidung auf dem Boden liegen lässt."

Wir lachten beide und weinten dann wieder. Ich wusste, dass große Veränderungen auf uns zukamen. Mit einer neuen Entscheidung für unsere Ehe und neuer Leidenschaft konnte ich es kaum abwarten zu entdecken, was die nächsten Jahre für uns bereithielten.

Christy

Als wir in das Flugzeug stiegen, das uns beide nach Hause bringen würde, konnte Dan sich wegen seines Gipses nur langsam bewegen. Die Stewardess nahm seine Krücken, während ich mich hinsetzte. Ich schaute aus dem Fenster und sah, wie die Flugzeuge, die das Rollfeld entlangfuhren, schneller wurden und in den klaren, blauen Himmel abhoben. Die unglaubliche Reise, die wir hinter uns hatten, bewegte meine Gedanken.

Menschen auf der ganzen Welt hatten für Dan gebetet. Wenn ich jemanden gebeten hatte, im Gebet an uns zu denken, hatten diese Menschen ihre ganze Gemeinde aufgefordert, mit Fürbitten zu halten. Sie hatten auch noch anderen Freunden davon erzählt, und schließlich beteten Zehntausende von Menschen für uns. Es machte mich demütig, und ich war dankbar für die Leute, die uns auf diese Weise segneten. Dan und ich nannten es „Gottes soziales Netzwerk".

In der vergangenen Woche hatten wir oft unerwartet Hilfe erfahren. Jedes Mal erinnerte es mich daran, dass Gott für mich sorgte, egal was passierte. Unsere Familie, Freunde und sogar Menschen, die wir gar nicht kannten, waren zu mir gekommen: „Sie brauchen bestimmt Hilfe mit den Jungs. Wir kommen gleich rüber." Oder: „Wir bringen dir heute Abendessen vorbei." Jede Tat der Nächstenliebe half mir, noch eine weitere Stunde der Dunkelheit zu überstehen, und erinnerte mich daran, dass Gott immer noch bei mir war.

Ich dachte über all die Wunder nach, die Dan und ich in der letzten Woche erlebt hatten. Auch wenn man vielleicht denken könnte, dass das größte Wunder für uns war, dass Dan heil zu uns zurückgekehrt war, merkte ich, dass das nicht stimmte. Das größte Wunder war, dass Gott, der unendlich mächtig und heilig ist, jedem einzelnen von uns nahe gewesen war. Als er sich um Dan und mich gekümmert hatte, war er gleichzeitig bei den Rettungshelfern, mit anderen Verschütteten und mit Millionen Haitianern, die von der Tragödie betroffen waren. Er stand den Angehörigen und Freunden der Vermissten bei und war auch den Trauernden nah, die auf Antworten hofften. Und er stand auch am Himmelstor und begrüßte dort die Tausenden Seelen, die mit einem ewigen Zuhause belohnt wurden.

Gott hatte sich nicht abgewandt, als ich ihn angeschrien hatte; er gab mich nicht auf, als ich nicht bereit war, ihm zu vertrauen. Er akzeptierte mich so, wie ich war. Er ging mit mir und litt mit mir. Nicht nur in den Jahren meiner Depression, sondern auch in der letzten Woche, als ich dachte, dass mein Ehemann tot sei. Er erlebte diesen Schmerz mit mir.

Es ist schwer, Jesus zu vertrauen und ihm nachzufolgen, wenn wir nicht wissen, wohin er uns führt und was dabei herauskommen wird. Mein Herz vertraut ihm nicht so, wie es sollte, und mein Verstand bringt mich oft an falsche Orte.

Aber jetzt weiß ich mehr denn je, dass ich nichts tun kann, außer ihm dorthin zu folgen, wo er hingeht.

Gott hat mich aus dem tiefen Abgrund der Depression geholt. Ich weiß, dass ich immer wieder Rückfälle erleiden kann, aber ich weiß auch, dass Gott mir hindurchhelfen wird. Ich habe am Anfang unserer Ehe sechs furchtbare Jahre der Depression erlebt, aber seit diesem steinigen Anfang haben wir auch zehn gute Jahre gehabt. Jetzt führe ich ein Leben mit Dan und den Jungs, das ich mir nie hätte träumen lassen.

Noch im Flugzeug sah ich auf Dans Hand herunter, die sich um meine gelegt hatte. Das Erdbeben hatte auch ein paar Dinge in unserer Ehe losgetreten, die wir abschütteln mussten: unsere Klein-lichkeit, Frustration, Wut und Ungeduld. Die Mauern, die wir in unserer Ehe hochgezogen hatten, um uns davor zu schützen, ver-letzt zu werden, hatten sich in einen großen Schutthaufen verwan-delt, und ich freute mich darauf, ihn hinter uns zu lassen.

Ich würde mir niemals wünschen, dass sich etwas wie dieses fürchterliche Erdbeben wiederholt. Trotzdem konnte ich jetzt schon sehen, wie Gott es für unsere Ehe benutzt hatte. Und, was sogar noch wichtiger war, ich verstand jetzt noch besser, wie sehr Gott mich – und alle anderen – durch alle Umstände unseres Le-bens hindurch liebt und begleitet.

Ich drückte Dans Hand, als das Flugzeug sich in Gang setzte und in den strahlenden Himmel abhob. Ich fühlte mich geliebt. Geliebt von Dan und geliebt von Gott.

Irgendwie hatte unser himmlischer Vater diese grauenvolle Er-fahrung benutzt und in etwas Gutes verwandelt – etwas sehr Gutes.

31

Gerettet

Dan

Als ich nach Colorado Springs zurückkam, hatte ich jede Menge Gelegenheiten, meine Geschichte in Fernsehsendungen wie *The Today Show, NBC Nightly News, Inside Edition* und *Larry King Live* zu erzählen. In fast jedem Interview, das ich gab, machte jemand eine Bemerkung darüber, dass ich von einer iPhone-App gerettet worden war.

Sie hatte mich nicht mehr gerettet als meine eigenen Anstrengungen. Es war sehr hilfreich gewesen, solch ein Mittel zur Hand zu haben, als ich meine Wunde behandeln musste, aber es gab auch andere Dinge, die genauso, wenn nicht noch entscheidender für mein Überleben gewesen waren – etwa die Überlebenstipps von Bear Grylls, die ich behalten hatte, die Rettungshelfer, die für meine Bergung ihr Leben riskierten, oder mein starker Wille, zu meiner Frau und meinen Kindern nach Hause zurückzukehren.

Die Wahrheit ist jedoch: *Gott hat mein Leben gerettet* – aber darüber kann man viel schwerer reden. Manche Leute wollen nicht wirklich etwas von meinem Glauben wissen. Sie haben Angst, dass sich dadurch jemand beleidigt fühlt, oder vielleicht glauben sie auch einfach nicht, dass es einen Gott gibt, der sich um seine Kinder kümmert.

Um ehrlich zu sein, fällt es mir manchmal auch schwer, davon zu erzählen. Wenn ich sage, dass Gott mich gerettet hat, provoziert das so viele andere Fragen, und die größte ist: *Warum hat er dann nicht auch David gerettet? Warum sind so viele andere gestorben?*

Ich weiß es nicht. Ich stelle mir diese Frage auch sehr oft. Und ich bin zu dem Schluss gekommen, dass es in Ordnung ist, die Antwort darauf nicht zu wissen. Ich verstehe jetzt besser, dass es mehr Dinge in diesem Leben gibt, die die beschränkte Kapazität meines Gehirns übersteigen, und dass ich diese unbegreiflichen Fragen an Gottes liebevolle Fürsorge abgeben kann.

Wir wissen nicht, wann ein Erdbeben in unserem Leben passiert oder wie es aussehen würde. Aber wenn es kommt, überrascht es Gott nicht, und er steht auch nicht hilflos daneben. Und ob Gott diese Krise nun selbst initiiert oder sie nur zulässt (ein Thema, das die Möglichkeiten dieses Buches übersteigt), er wird sie für seine Zwecke nutzen. Solche Erdbeben rütteln uns auf – aber sie können auch von Gott gebraucht werden, um unseren Charakter und unseren Geist zu stärken und seine Pläne für uns wahr werden zu lassen. Und genau das ist bei mir passiert. Gott hat das Erdbeben auf Haiti benutzt, um Christy und mir beizubringen, ihm zu vertrauen.

• • •

Christy hatte sich nie wirklich wohlgefühlt bei dem Gedanken, dass ich gewisse Gefahren einging, wenn ich in Länder mit großer Armut reiste. Vor Haiti liebte ich das seltene Abenteuer meiner Überseereisen, auch wenn ich mir der Risiken natürlich bewusst war. Ich machte mir Sorgen, wie es ihr ergehen würde, falls mir etwas zustieß. Mit anderen Worten: Wir hatten Angst vor genau dem Szenario, das auf Haiti Wirklichkeit wurde. Über die Jahre hatten unsere Sorgen auch Entscheidungen bezüglich unseres Dienstes oder unserer Karriere bestimmt. Wir taten oft das, was uns als der sicherere Weg erschien.

Nach diesem letzten Abenteuer änderten Christy und ich unsere Meinung, was Risiko und Sicherheit anging. Für uns ist absolut klar, dass Gott eingegriffen hat, um mich sicher zurückzubringen, und zwar durch Wunder, die man nicht ignorieren kann. Wenn

Gott sich all diese Mühe gegeben hat, um mich in mein unfertiges Leben zurückzubringen, dann war ich niemals wirklich „unsicher". Meine Zeit zu sterben war noch nicht gekommen; deshalb hat Gott mich am Leben erhalten. Und wenn es Gottes Wille für mein Leben gewesen wäre, an jenem 12. Januar zu sterben, hätte es auch nicht geholfen, an diesem Tag zu Hause zu bleiben.

In Corrie ten Booms berühmten Buch *Die Zuflucht* macht ihre Schwester Betsie sie darauf aufmerksam, dass das Einzige, worauf es wirklich ankommt, ist, uns eins zu machen mit Gottes Absichten: „In Gottes Welt gibt es keine ‚Wenns'. Und keine Orte, die sicherer sind als andere Orte. Mitten in Gottes Willen zu sein, ist unsere einzige Sicherheit."

Die Illusion von „Sicherheit" hat zur Folge, dass wir Menschen nicht auf tragische Einbrüche in unserem Leben vorbereitet sind und keine Dringlichkeit sehen, ein Leben zu leben, dass einen Unterschied macht in der Welt. Die Illusion von „Unsicherheit" wiederum bewirkt, dass Menschen sich aus Angst im Hintergrund halten und nicht wagen, Einfluss auf Dinge zu nehmen.

Jetzt sehen Christy und ich unsere Möglichkeiten und die damit verbundenen Risiken anders und fällen unsere Entscheidungen auf einer neuen Basis. Anstatt uns nur auf die Gefahren zu konzentrieren und uns zu fragen, ob wir auf der sicheren Seite sind, wägen wir die Möglichkeiten im Hinblick auf Gottes allmächtigen Plan für unser Leben ab. Wir wissen, dass Gott uns vielleicht dazu aufruft, etwas für seine Arbeit in der Welt zu riskieren und aufzugeben; aber wir können uns darauf einlassen, weil wir wissen, dass er vertrauenswürdig ist, egal was passiert. Wir nehmen das nicht als Freifahrtschein für leichtsinniges Verhalten, sondern als Gelegenheit, unser neues Vertrauen in Gott zu beweisen und zu leben.

• • •

In der Dunkelheit dem Tod ins Auge zu blicken, bringt auch eine Erleuchtung des eigenen Lebens mit sich. Während meiner 65 Stunden in Todesnähe hat Gott Licht auf den Weg scheinen lassen, den ich in der letzten Zeit gegangen war. Unter diesem Licht entdeckte ich, dass ich mich in ein paar der wichtigsten Bereiche mit einer Art Halb-Leben zufriedengegeben hatte – alles war Routine geworden.

Ich war Nachfolger Jesu, aber meine Beziehung zu ihm war so halbherzig und lau geworden, dass es fast schon beleidigend sein musste für den Schöpfer des Universums und seinen Sohn, der am Kreuz für meine Sünden gestorben war. Es war, als ob ich mich nach allen Seiten abgesichert hatte und aus eigener Kraft versuchte meine eigenen Ideen voranzutreiben, nur für den Fall, dass Gottes Methode nicht funktionierte.

Durch meine unterirdischen Gottesbegegnungen wurde ich daran erinnert, dass es bei der Beziehung, zu der er mich berufen hatte, um mein ganzes Herz ging, um alles oder nichts, und nicht darum, einen Fuß bei Gott und einen Fuß noch auf meinem eigenen Weg zu haben. Ich war geschaffen worden, um ihm zu dienen und seine Herrlichkeit sichtbar zu machen. Seit ich aus Haiti zurückgekommen bin, versuche ich mich jeden Tag wieder diesem Ziel zu unterstellen.

Mein halbherziges, erlahmtes Glaubensleben hatte sich auch in meiner Ehe niedergeschlagen. Auch wenn ich meiner Frau die gesamten 17 Jahre unserer Ehe die Treue gehalten und versucht hatte, ihr meine Liebe zu zeigen, war unsere Beziehung in vielem nachlässig geworden war. Eine kühle Distanz war still und leise zwischen uns gekommen, aber wir wussten nicht, was wir dagegen tun sollten. Vielleicht waren wir auch nicht motiviert genug, es herauszufinden.

In den ersten Minuten nach dem Erdbeben fand ich diese Motivation plötzlich wieder. Ich realisierte, wie traurig es mich machte, dass ich vielleicht starb, ohne dass Christy wusste, wie sehr ich sie liebte. Auch wenn ich versuchte, das durch Tagebucheinträge wettzumachen, die sie nach meinem Tod finden würde, wusste ich, dass die Worte auf einer Seite Papier nicht die Fülle meiner Gefühle ausdrücken oder sie davon überzeugen konnten, dass ich sie immer noch liebte. Ich nahm mir selbst das Versprechen ab, dieses Problem anzugehen, falls ich überleben sollte.

Christy und ich hatten es zugelassen, dass uns unser geschäftiger Alltag keinen Raum ließ zu überprüfen, ob unsere Beziehung so war, wie wir sie haben wollten. Seit meiner Rettung haben wir Dinge verändert, um unsere Partnerschaft wieder zu vertiefen. Wir wollen verhindern, dass unsere Müdigkeit am Ende eines Tages nur noch gemeinsames Fernsehen erlaubt und uns glauben macht, dass wir auf diese Weise verbunden sind.

Stattdessen haben wir uns bewusst neue Praktiken angewöhnt, die große Veränderungen mit sich bringen. Jeden Tag, ohne Ausnahme, nehmen wir uns jetzt die Zeit – manchmal nur ein paar Minuten, manchmal mehr –, uns aufeinander zu konzentrieren und miteinander zu reden. Wir sprechen darüber, was uns im Kopf und im Herzen umtreibt. Wir lassen uns nicht von irgendetwas unterbrechen, und wenn möglich versuchen wir uns dabei auch tatsächlich in die Augen zu schauen. Für manche klingt das vielleicht etwas simpel; aber wir waren in unserer Ehe an einen Punkt gelangt, wo wir oft tagelang, sogar wochenlang nebeneinanderher gelebt hatten, ohne in solch eine grundlegende und vertraute Verbindung zu treten.

Am Ende dieser Unterhaltungen fragt Christy immer: „Sind wir jetzt in Kontakt miteinander getreten, wie er uns guttut? Bewegt dich noch etwas, über das wir reden müssen?" Auch wenn diese Fragen vielleicht unbeholfen oder förmlich klingen, hat dieses neue Ritual zu entscheidenden Veränderungen in unserem Leben geführt und den Weg für eine reichere Partnerschaft geebnet.

Zusätzlich zu dieser Praxis nehmen wir uns jetzt regelmäßig Abende zu zweit (ohne Kinder!) und beten auch häufiger miteinander. Und wenn wir Probleme haben und uns doch wieder streiten, haben wir uns angewöhnt, nicht bis zum nächsten Morgen zu warten, um eine Lösung zu finden.

Dank Gottes Gnade führe ich jetzt kein halbherziges Leben mehr, sondern ein ganz neues, das mehr dem ähnelt, was Jesus meinte, als er sagte: „Ich bringe Leben – und dies im Überfluss." Für mich bedeutet das, jeden Moment als kostbares Geschenk zu genießen, ganz bewusst meine Ehe zu pflegen und meinen Glauben zu leben.

Während ich auf Haiti war, sind viele Dinge aufgerüttelt worden, auch das Bild, das ich von mir selbst hatte, von meiner Ehe und meinem Glauben. Aber das Beben hat auch ein paar Dinge wegbrechen lassen, die nicht so wichtig waren, sodass mir ein solides Fundament geblieben ist, auf das mein Leben sich gründet: mein Glaube und meine Familie. Es birgt eine gewisse Ironie, dass ich nach Haiti gegangen bin, um das Compassion-Programm zur Rettung von Kindern zu unterstützen – *und am Ende war ich derjenige, der gerettet werden musste.* Das Erdbeben in Haiti war nicht das erste in meinem Leben und wird auch nicht das letzte sein. Trotzdem hat mir diese Erfahrung gezeigt, dass es egal ist, was sich mir in den Weg wirft.

Ich kann durchhalten, bis die Erschütterung vorbei ist, *weil mein Gott unerschütterlich ist.*

32

Was ich heute zum Thema Rettung denke

Rettung – ich habe viel über dieses Wort und seine Bedeutung nachgedacht, in den drei Tagen, in denen ich verschüttet war, aber auch jetzt, in den Jahren danach. Wenn wir in Not geraten, dann rufen wir Gott natürlich um Hilfe an – aber was für eine Art Rettung wünschen wir uns eigentlich von ihm?

Zunächst mal bin ich voller Ehrfurcht, wenn ich darüber nachdenke, dass Gott überhaupt so konkret in Situationen hineinkommt. Immer wenn ich über Gottes Rettungsaktionen in meinem Leben schreibe oder spreche – entweder in Haiti oder bei weniger dramatischen Vorfällen –, bin ich sehr dankbar und demütig. Denn wenn Gott rettend eingreift, ist das immer Ausdruck seiner Gnade – ein unverdientes Geschenk, und dieses Geschenk ist viel größer, als wir je verstehen werden.

Während ich unter dem Schutthaufen gefangen saß, konzentrierte ich mich in Gedanken oft auf meine physische Rettung. Ich hatte eine ziemlich klare Vorstellung davon, wie eine Rettung in meiner Situation auszusehen hätte: Gott sollte eingreifen und die Rettungshelfer dazu bringen, mich rechtzeitig herauszuziehen, damit ich ohne große Schäden zu meiner Familie zurückkehren konnte. Ich erinnerte Gott regelmäßig an diesen Wunsch.

Wenn ich jetzt über mein Erdbeben-Erlebnis nachdenke, erkenne ich, dass Gottes Rettungsmaßnahmen sofort einsetzten und viele Formen annahmen, und vielleicht war die physische Rettung, die mein gesamtes Denken bestimmte, sogar die unwichtigste von allen. Wenn Gott mich nur körperlich gerettet hätte, hätte ich ein paar der tief greifendsten spirituellen Erfahrungen meines Lebens verpasst.

Mittlerweile habe ich ein etwas komplexeres Verständnis davon, auf welche Art und Weise Gott seinen Kindern in Zeiten der Not hilft, und auch durch meine Erlebnisse auf Haiti lerne ich auf diesem Gebiet immer wieder Neues dazu.

Rettung und Gottes Gegenwart

Das erste Zeichen von Gottes Hilfe kam schon ein paar Minuten nach dem ersten Beben, als ich mich in völliger Dunkelheit wiederfand und aus meinem tiefsten Innern zu Gott schrie. Es war eine Art ungefilterter Urschrei, ein Flehen um sein Eingreifen.

Ich erlebte, wie Gott Bibelverse in mein Ohr flüsterte – Verse, die ich meines Wissens nach nie auswendig gelernt hatte, die aber trotzdem auf die tiefsten Ängste meines Herzens antworteten. Ich war überwältigt, als ich erkannte, wie Gott ganz offensichtlich auf wundersame Weise dabei war, mein Leben zu retten, und mich fürs Überleben ausrüstete.

In diesen ersten Momenten begriff ich, dass Gott bei mir war – egal wie isoliert ich mich fühlte. Ich war nicht allein.

Jeder Versuch, das in Worte zu fassen, kommt mir unzureichend vor. Gott, der Schöpfer der Erde, der Sterne und des Universums, der Eine, der alle Dinge in seinen Händen hält, mein Schöpfer und mein Erlöser war *bei mir*: in der Dunkelheit, unter den Schuttbergen, in der staubigen Luft, in dem schmerz- und angsterfüllten Fahrstuhl, auch in dieser fehlerhaften Welt, die immer wieder bebt und stöhnt, weil der Mensch sich gegen Gott auflehnt. Dieser Gott liebt mich so sehr, dass er jede Sekunde meiner Qualen bei mir war.

Die Wahrheit, die Psalm 139 ausdrückt, stand mir immer vor Augen: „Wohin könnte ich fliehen, ohne dass du mich siehst? Wollte ich mich im Totenreich verbergen – auch dort bist du!"

Manchmal frage ich mich, ob Schadrach, Meschach und Abed-Nego, wenn sie die Geschichte ihrer Rettung aus Nebukadnezars Feuerofen erzählt haben, nicht viel beeindruckter davon waren, dass Gott in den Flammen bei ihnen gewesen war, als dass sie schließlich unbeschadet wieder herausgekommen sind: „Klar, Gott hat uns aus dem Ofen gerettet, aber lass uns lieber mal erzählen, wie das war, als er da neben uns stand!"

So geht es mir jedenfalls – das ist die Geschichte, die ich erzählen will.

Mit der Zeit merkte ich, dass Gottes Rettungsplan sich auch noch in anderer Weise in meiner scheinbar ausweglosen Situation offenbarte.

Rettung und Erlösung

Teil der Erfahrung von Gottes Gegenwart war das Bewusstsein, dass ich zu bestimmten Zeiten von Gottes Geist zum Handeln getrieben wurde und dass ich etwas von ihm lernte, wenn sein Geist durch mich redete. Als ich Lukeson in der Dunkelheit von Gottes Liebe für uns und von seinem Erlösungsplan erzählte, ließ ich ihn an der größten Rettungsmission der ganzen Menschheitsgeschichte teilhaben, die bereits durch Jesus' Tod am Kreuz erfüllt worden ist. Gottes Geist machte mir wieder neu klar, welche unschätzbare Kraft seine Gnade besitzt.

Egal was an diesem schlimmen Ort passierte oder was wir in einer anderen schweren Situation noch erleben werden: Die Rettung, die wir mehr als alles andere brauchen, ist die, dass die Verurteilung abgewendet wurde, die wir verdienen. Wir sind erlöst und in Gottes Familie aufgenommen. Wir müssen nicht länger mit der Scham leben, dass unser Leben voller Fehler, Blamagen und Enttäuschungen ist. Vielmehr können wir ein Leben führen, dass sich durch Liebe, Frieden und Bedeutsamkeit auszeichnet. Es ist das Leben eines von Gott adoptierten Kindes.

Ewigkeit und Rettung

Aufgrund dieser Erlösungstat ist uns noch eine weitere Form der Rettung sicher: die letztendliche, ewige Rettung. Lukeson und ich wussten nicht, ob wir je aus unserer unterirdischen Hölle befreit werden würden. Dank der Erlösung durch Jesus konnten wir jedoch sicher sein, dass – selbst wenn unsere Körper nicht gerettet werden würden – unser Tod uns trotzdem an Jesus' Seite ins Paradies bringen würde. Garantiert. Welche Rettung könnte größer sein als diese?

Viele Male, als ich in der Dunkelheit unter dem zusammengefallenen Hotel Montana begraben lag, und auch ein paarmal danach, habe ich fast trotzig gefragt: „Tod, wo ist dein Stachel?" Jesus' Sieg über den Tod ist eine Form von Gottes Gnade, die uns auch jetzt und hier Hoffnung schenken kann, selbst in den schwierigsten Umständen.

Rettung und Transzendenz

Auch wenn ich wusste, dass meine letztendliche, finale Rettung außer Frage stand – egal ob mein Körper gerettet wurde oder nicht –, wünschte ich mir sehr oft eine zeitweise Erlösung oder einen Ausweg aus dem Schmerz, der Angst und dem Grauen um mich herum. Meine Erfahrung von Gottes Gegenwart brachte mir Trost, Stärke und einen Frieden, der all meine Umstände überwand. Ich erlebte „Frieden, der den Verstand übersteigt", sogar so weit, dass ich zeitweise das Gefühl hatte, dass Gott mich an einen anderen Ort gebracht hätte – in eine Zuflucht mitten im Sturm. Während ich geduldig (und oft ungeduldig) auf das Eingreifen Gottes wartete, „holte er mich aus der Grube" und „setzte mich auf einen Felsen" aus Trost und Sicherheit. Diese Rettung durch unterschiedliche Augenblicke, die über meinen Verstand hinausgingen, trösteten mich zutiefst und halfen mir, neues Vertrauen in Gottes Fürsorge und Autorität zu finden.

Der Höhepunkt meiner Geschichte ist nicht meine physische Rettung. Der Höhepunkt meiner Geschichte ist der Moment, der auf mein zweieinhalbtägiges Ringen mit Gott in der Dunkelheit folgte. Eigentlich hatte ich schon mein ganzes Leben lang in der Dunkelheit meines Herzens mit ihm gerungen. In jenem Moment war ich schließlich bereit, mich ihm ganz hinzugeben und endlich zu sagen: „Dein Wille soll geschehen, Herr, egal was das bedeutet. Dein Wille soll geschehen, auch wenn es meinen Tod bedeutet. Ich vertraue dir."

Ich konnte ihm vertrauen, weil ich nicht nur daran glaubte, dass er meinen Tod erträglich machen und dass meine Familie damit klarkommen würde. Ich war überzeugt, dass er – wenn das sein Wille war – meinen Tod gebrauchen und meine Tragödie in etwas Gutes verwandeln würde, um für alle das Bestmögliche daraus zu machen.

Ich klammerte mich an die schwierige Wahrheit des Bibelverses aus Römer 8,28: „Wer Gott liebt, dem dient alles (selbst dies, die schlimmste Vorstellung überhaupt), was geschieht, zum Guten. Dies gilt für alle, die Gott nach seinem Plan und Willen zum neuen Leben erwählt hat."

Wenn wir in eine Notsituation geraten, dann bitten wir Gott um unsere physische Rettung; damit hat es sich dann oft auch schon. Aber die Rettung, die Gott für uns vorsieht, hat viele Facetten und ist auf die himmlische Perspektive ausgerichtet, die Priorität hat.

Rettung und ihre Erfüllungsgehilfen

Nachdem ich zu meiner Familie zurückgekehrt war und wieder mein normales Leben aufgenommen hatte, merkte ich, dass sich mir immer neue Möglichkeiten boten, meine Geschichte und mein Zeugnis zu benutzen, um anderen auf verschiedene Weise zu helfen. Als ich wieder anfing, für Compassion zu arbeiten, wurde mir klar, dass – so wie Gott sich entschieden hatte, mit den Suchtrupps und Rettungshelfern zusammenzuarbeiten, um mich aus meiner physischen Lage zu befreien – er auch uns, seine Nachfolger, benutzt, um andere von dem physischen und spirituellen Schutt zu befreien, der sie gefangen hält.

Wir sind dazu aufgerufen, Erfüllungsgehilfen dieser Rettung zu sein – Gottes Rettungstrupp –, weil wir von Menschen umgeben sind, die unter Problemen begraben wurden: Armut, Krankheit, zerbrochene Beziehungen, Süchte, spirituelle Armut. Gott greift ein, manchmal direkt und manchmal durch seine Mitarbeiter, die auf seine Anweisungen warten. Warum Gott uns für seine Rettungsaktionen gebrauchen will, unperfekt und zögerlich, wie wir sind, ist mir ein Rätsel; aber ich versuche trotzdem auf seine Anweisungen zu hören, jeden Tag, den er mich weiterleben lässt.

Mit dieser neuen Sichtweise auf lebensgefährliche Situationen zu reagieren, das musste ich nicht nur auf Haiti lernen. Auch danach gab es noch einige Gelegenheiten dazu: einen schweren Autounfall, Angst einjagende Turbulenzen während eines Fluges, Verdacht auf Krebs und sogar ein heimtückischer Bonbon, der sich trotzig weigerte, sich aus meiner Luftröhre zu entfernen. (Ich stellte mir schon die Schlagzeile vor: „Bonbon vollbringt, was Erdbeben der Stärke 7 nicht geschafft hat.")

Aber diese Momente waren nicht alle negativ. Mehr als ein Mal spürte ich in den letzten Jahren bei dem Gedanken „Vielleicht ist heute der Tag, an dem ich heimgehe!" einen Wonneschauer über meinen Rücken laufen. Daran zeigt sich eine erfrischende Veränderung meiner Perspektive – ganz im Gegensatz zu dem, was ich vor dem Erdbeben über den Tod gedacht habe.

Mit meiner Familie gab es noch weitere Herausforderungen: finanzielle Probleme, Beziehungsprobleme, die Depression und dann noch die Angelegenheiten von Freunden und Familie, die wir mitgetragen haben. Wir versuchen immer wieder neu zu lernen, wie wir Gottes Fürsorge in Zeiten der Not verstehen und es schaffen können, anders auf schlechte Nachrichten und beängstigende Umstände zu reagieren. Hier sind ein paar der Dinge, die wir gelernt haben:

Um Hilfe rufen und neue Sichtweisen suchen

In Schwierigkeiten sollte man früh und oft um Hilfe schreien. In der Bibel werden wir immer wieder dazu aufgerufen, unsere Probleme, Sorgen und tiefsten Herzensnöte vor Gott zu bringen. Unglaublicherweise kümmert sich der Schöpfer des Universums auch um unsere kleinsten Sorgen. Also tue ich das, aber ich versuche mir dabei vor Augen zu halten, dass mein Bild von meiner Situation, meine Sichtweise auf die Rettung, die ich mir wünsche, sehr begrenzt ist. Und ich bitte Gott, dass ich die vielen Zeichen seiner unterschiedlichen Rettungsaktivitäten erkennen kann und mich nicht entmutigen lasse, wenn die Rettung (so wie ich sie mir vorstelle) auf sich warten lässt.

Auch Josef hat Gott in den schwierigen Jahren seines Lebens unzählige Mal um Rettung angebettelt – in der Grube, in die ihn seine Brüder geworfen hatten, inmitten der Sklavenkarawane, die ihn nach Ägypten verschleppte, bis zur Gefängniszelle, in die er zu Unrecht gesperrt wurde. Und jedes Mal wurde er nicht gerettet – jedenfalls nicht so, wie jeder vernunftbegabte Mensch sich eine Rettung vorstellt. Trotzdem hat ihn Gott versorgt und seinen Glauben erhalten oder sogar noch gestärkt. Und am Ende konnte er erkennen, dass selbst die schwersten Schicksalsschläge irgendwie Teil von Gottes Rettungsplan für Josefs Familie waren und auch für Tausende, vielleicht sogar Millionen Menschen in der gesamten Gegend.

Ich habe verstehen gelernt, dass wir – obwohl wir bei Problemen immer als Erstes nach greifbaren, physischen Lösungen Ausschau halten („Rette mich, Vater!") – in schwierigen (und auch weniger schwierigen) Situationen am dringendsten Gottes spürbare Gegenwart brauchen. Wenn das Leben hart wird, muss uns bewusst sein, dass Gott mit uns ist. Er ist von unseren Umständen und Nöten nicht überrascht oder überfordert. Wenn er noch nicht so eingegriffen hat, wie wir es erwarten, heißt das nicht, dass er uns vergessen hat oder nichts tun kann, sondern dass er ein größeres Ziel vor Augen hat als wir und seinen perfekten Plan in seinem eigenen Tempo durchsetzt.

Lobpreis

Wenn eine neue Sichtweise, Vertrauen und das Bewusstsein für Gottes Gegenwart das ist, was ich am meisten brauche, dann bereitet Lobpreis den Weg, um diese Dinge in der Finsternis meiner Qualen zu finden. Und, was noch viel wichtiger ist, Lobpreis ist die Geisteshaltung, die Gott uns als Orientierung für unser Leben ans Herz legt. In schwierigen Momenten erinnere ich mich immer an meine eindrücklichen Anbetungserfahrungen auf Haiti und nehme mir Zeit, Gott anzubeten. Und wenn ich gerade keine Krise durchmache, arbeite ich daran, auch dann den Lobpreis in meine täglichen Rituale und Termine mit einzubeziehen.

Hingabe und Vertrauen

Nachdem ich aus Haiti wiederkam, sagte meine Frau einmal halb im Scherz: „Egal, was Gott dir durch diese Erfahrung beibringen wollte, sieh zu, dass du die Botschaft auch wirklich verstehst." Ich habe mir diese Mahnung zu Herzen genommen und bin auch heute noch kontinuierlich dabei, daraus zu lernen, sowohl von meiner Begegnung mit Gott damals unter den Hoteltrümmern, als auch durch die jetzigen Begegnungen und Unterhaltungen mit Gott in meiner Stillen Zeit und anderen lehrreichen Momenten.

Ich finde es frustrierend, wie leicht die Sorgen der Welt, die Tyrannei der dringenden Termine, meine Ängste und die Bedürfnisse meiner Arbeit und Familie die geistliche Perspektive überdecken, die Gott in mir wachsen lassen will. Ich bin mehr denn je überzeugt davon, dass der Böse unermüdlich versucht, mich davon abzubringen, Gott zu vertrauen (war das nicht auch schon im Paradiesgarten seine Strategie?), und dass meine fehlerhafte Natur dadurch immer wieder in Zweifel gerät.

Um diesem natürlichen Sog entgegenzuwirken, gehe ich in Gedanken oft zum Höhepunkt meiner Rettung damals zurück: die neue Sichtweise, die ich auf einmal bekam, als ich mich ganz Gottes Willen übergab, seiner Gnade, seiner Autorität über mein Leben. Als ich ihm in allen Dingen vertraute.

Ich versuche mich immer wieder an diese Wahrheiten zu erinnern: Gott ist gut (zu jeder Zeit). Er sieht das große Ganze und hat alles in der Hand. Ich gehöre ihm und er liebt mich. Ich bin in seinen Händen sicher. Meine Familie ist in seinen Händen sicher. Ich kann ihm vertrauen – auch wenn meine Erde mal bebt.

Ich bete dafür, dass Sie auch immer mehr auf seine Rettung vertrauen lernen, egal wie sie aussehen mag und egal wie Ihre Umstände im Leben gerade sein mögen.

Epilog

Am 12. Januar 2010 erschütterte ein Erdbeben der Stärke 7 die Gegend westlich von Port-au-Prince auf Haiti, verwüstete die Stadt und ihre umliegenden Ortschaften und lähmte die Regierung von Haiti. Man schätzt, dass etwa 230 000 Menschen umgekommen sind. Über 188 000 Häuser wurden vollkommen zerstört, und mehr als fünf Millionen Menschen waren durch Verletzungen und den Verlust von Angehörigen, Wohnungen und Arbeitsplätzen sowie andere Folgen von der Naturkatastrophe direkt betroffen. Mein Leiden war so gering im Vergleich zu dem, was andere durch diese Tragödie erdulden mussten. Bitte beten Sie weiter für die Menschen auf Haiti, vor allem für die Kinder und Bedürftigen.

Am Schluss möchte ich noch kurz erzählen, wie es den Menschen ergangen ist, denen ich auf Haiti begegnet bin.

Ephraim und Johnnie

Mein haitianischer Landesführer von Compassion, Ephraim, wurde nicht verletzt. Nachdem ich wieder zu Hause war, erhielt ich eine E-Mail von ihm, in der er mir seine Geschichte erzählte. Sein Auto stand etwa drei Meter vom Hoteleingang entfernt, als das Hotel zusammenbrach. Auf den Autoscheiben hatte sich so viel Staub gesammelt, dass er mehrere Minuten lang nicht aussteigen konnte. Sein Auto wurde von herabfallendem Geröll beschädigt, das den Zugang zur Straße blockierte, die vom Hotel Montana wegführte.

Ephraim wartete eine Stunde, um zu sehen, ob er irgendwelche Hinweise auf David oder mich entdecken konnte, aber er sah nur einen Mann mit gebrochenem Fuß, der aus einer kleinen Höhle im Schutthaufen kroch. Als der Himmel dunkler wurde, ging Ephraim den Berg zur Hauptstraße hinunter. Erst als er das Chaos am Fuß des Berges entdeckte, begriff er, dass es ein Erdbeben gegeben hatte. Sofort machte er sich auf, um seine Familie zu suchen.

Auch wenn einige entfernte Verwandte und Freunde von Ephraim verletzt oder getötet wurden, hat seine eigene Familie überlebt, und alle sind wohlauf. Seine 23-jährige Tochter Taliana war in einem Universitätsgebäude, als das Erdbeben losbrach, und sie war eine der zwanzig Studierenden (von zweihundert), die sich lebend retten konnten. Ephraims Kirche war das einzige Gebäude in seinem Viertel, das stehen blieb. Nach dem Erdbeben nahm er viele Leute in sein Haus auf und kümmerte sich um die, die Hilfe brauchten. Er schrieb mir: „Gerade habe ich dein Interview im Internet gesehen, und ich bin mehr als glücklich, dein Gesicht wiederzusehen, mein Freund. Vor allem anderen haben wir die Gewissheit, dass wir uns eines Tages im Himmel wiedertreffen werden, wo Tragödien und Leid keinen Platz mehr haben."

Unser Übersetzer Johnnie wurde ebenfalls nicht verletzt, und auch seine Familie nicht, aber einige seiner Freunde und Nachbarn sind umgekommen. Johnnie ist als Übersetzer sehr gefragt. Er setzt seine sprachlichen Fähigkeiten ein und hilft damit Compassion und anderen Hilfsorganisationen, die jetzt in Port-au-Prince tätig sind.

Missoul und andere Mütter und Kinder des Compassion-Programms

Die Kirche, die wir am Dienstag besucht hatten, lag etwa 50 Kilometer vom Epizentrum in Port-au-Prince entfernt, also wurde hier sehr viel weniger Schaden verursacht. Missoul und ihre Kinder überlebten das Erdbeben. Auch ihr Haus und das der Kirche blieben intakt.

In den Tagen und Monaten nach dem Erdbeben suchten die Mitarbeiter von Compassion und anderen Partnergemeinden gründlich die ganze Gegend, die Zeltstädte und Notunterkünfte nach jedem der 65 000 Babys, Mütter und Kinder ab, die in Haiti in das Compassion-Programm aufgenommen worden waren.

Compassion hat den Tod von 58 Babys und Kindern aus ihrem Programm zu beklagen sowie 854 Verletzte. Viele Kinder von Compassion haben ihre Eltern oder Geschwister verloren. Dank der großzügigen finanziellen Hilfe ihrer Spender war es den Partnergemeinden vor Ort möglich, Zehntausende Familien mit Essenspaketen, medizinischer Hilfe und Notunterkünften ganz entscheidend zu unterstützen und Strategien zu erarbeiten, wie eine Langzeiterholung der Betroffenen möglich ist.

Jim und die andere Verschütteten

Jim Gulley, Ann Varghese, Rick Santos und Sarla Chang schafften es alle lebend ins Freie und wurden sicher zurück in die USA gebracht. Mittlerweile arbeiten sie wieder für die humanitären Hilfsorganisationen, für die sie auch vor dem Beben tätig waren.

Jim hat seitdem mehrere Reisen zurück nach Haiti gemacht und Vorträge über seine Erlebnisse gehalten. Wir stehen weiter über Telefon und E-Mail in Kontakt zueinander und konnten uns in einer Kirche in Colorado Springs wiedersehen, in der wir beide als Gastredner eingeladen waren.

Leider überlebten die beiden verletzten Männer, die zusammen mit Jim eingeschlossen waren, ihre Verletzungen nicht. Pastor Clinton Rabb wurden beide Beine amputiert, bevor er aus dem Hotel Montana herausgeholt wurde. Am 17. Januar starb er in einem Krankenhaus in Miami. Pastor Sam Dixon starb, noch während die Rettungshelfer versuchten, ihn zu befreien.

Lukeson

Ein paar Wochen, nachdem ich wieder zu Hause war, nahm ich per E-Mail Kontakt zu Lukeson auf. Wir mailen und chatten auch weiterhin, und so weiß ich, dass es ihm gut geht. Weder seine Verlobte noch seine Mutter wurden durch das Erdbeben verletzt. Er hat eine Gemeinde gefunden und liest jeden Tag in seiner kreolischen Bibel. Vor Kurzem schrieb er: „Jesus alles ist für mich." Er hat immer noch vor, seine Verlobte zu heiraten, auch wenn sie noch kein Datum festgelegt haben.

Die Rettungshelfer

Ich habe nie herausfinden können, was mit dem französischen Team passiert ist, nachdem sie Jim, Sarla und die anderen befreit hatten. Am wahrscheinlichsten ist wohl, dass die Liste mit unseren Namen nicht an die nächste Rettungsmannschaft weitergegeben wurde. Eine andere Erklärung ist, dass, während die Helfer noch dabei waren, Sam Dixon und Clinton Rabb zu befreien, es innerhalb des Teams Missverständnisse gab. Als jemand sagte: „Hier sind noch zwei", haben andere Helfer vielleicht gedacht, dass damit Sam und Clint gemeint waren, statt Lukeson und ich.

Mir ist nicht ganz klar, ob es tatsächlich eine Capitaine gegeben hat. Verschiedene Gespräche in der letzten Zeit deuten darauf hin, dass es vielleicht Ann gewesen ist, die für das französische Team übersetzt hat, und ich sie für eine französische Rettungshelferin gehalten habe. Mein Verstand war in diesen letzten Stunden vor meiner Rettung recht verwirrt.

Der amerikanische Teamleiter, der gerufen hatte: „Ich habe zwei neue Kontakte hier. Ich brauche neue Leute!", stammte aus Fairfax, Virginia. Er initiierte den Einsatz, der schließlich zu meiner Rettung durch den Fahrstuhlschacht führte. Nachdem sein Team es nicht schaffte, mich von Jims Quartier aus zu erreichen, versuchte man einen anderen Zugang zu mir zu finden, was Sam schließlich zum Fahrstuhlschacht führte.

Sam kehrte am 28. Januar zu seiner Frau und seinen zwei Töchtern zurück. Er und sein Team verbrachten etwa zweieinhalb Wochen auf Haiti und waren an vielen Rettungsaktionen beteiligt, unter anderem in einem Waisenhaus und einer Universität.

Am 5. Juni 2010 hatten Christy und ich die wunderbare Gelegenheit, einen Abend mit den mutigen Männern des Fairfax-Rettungsdienstes zu verbringen. Wir tauschten Geschichten aus und schlossen unsere neuen Freunde in die Arme.

David

Als ich in Miami war, gab ich Fotos und alle vorhandenen Hinweise auf Davids Identität weiter, um seine Rettung voranzutreiben, falls er noch am Leben war. Es dauerte fast einen Monat, bis sein Leichnam geborgen und identifiziert wurde. Man stellte fest, dass er tatsächlich innerhalb der ersten paar Sekunden gestorben war, gleich als das Hotel Montana zusammenstürzte.

Noch heute inspiriert es mich, wie David gelebt hat: sein Dienst, seine Beziehungen und seine Hingabe an Gott. Wir beten weiter für seine Familie. Das Videomaterial, das David auf unserer Reise filmte, wurde nie wieder gefunden.

Zurück auf Haiti

Zum einjährigen Jahrestag des Erdbebens hatte ich die wunderbare Möglichkeit, wieder nach Haiti zu fliegen. Christy hatte mich eigentlich begleiten wollen; sie musste die Reise aber aus gesundheitlichen Gründen absagen, als wir erfuhren, dass sie mit unserem dritten Sohn schwanger war. Die Reise war sehr wichtig für mich und mit tiefen Gefühlen verbunden. Gleichzeitig versuchte ich sie dafür zu nutzen, die Aufmerksamkeit der Medien noch stärker auf die Not in Haiti zu lenken und damit Menschen zum Helfen zu motivieren.

Das Ausmaß der Zerstörung mit eigenen Augen zu sehen, war ernüchternd und machte mich sehr demütig. Wie durch viele Berichte zu erfahren war, lag auch noch ein Jahr nach dem Erdbeben überall Schutt herum, und es schien einfacher zu verzweifeln als die Hoffnung zu bewahren.

Es war eine große Freude, Ephraim, Johnnie und den Rest von Haitis Compassion-Mitarbeitern wiederzusehen, und ich war einmal mehr beeindruckt von ihrem selbstlosen Dienst, den sie inmitten vieler persönlicher Nöte leisten. Ich lernte Kinder, Teenager und College-Studenten aus dem Compassion-Hilfsprogramm kennen, die damals entweder verletzt wurden oder Familienangehörige verloren hatten. Es bewegt mich sehr, wie stark und widerstandsfähig sie in ihrem Glauben stehen. Gott ist ihnen durch das Leid begegnet, das sie erfahren mussten. ER ist wirklich auf Haiti am Werk!

Am 12. Januar 2011 kehrte ich an den Ort zurück, an dem einst das Hotel Montana gestanden hatte. Jim Gulley war ebenfalls gerade auf Dienstreise in Haiti, und auch Lukeson gesellte sich für ein kleines Treffen zu uns. Wie heilsam es doch war, ein wenig über unsere Erlebnisse zu reden, gemeinsam zu beten, aber auch zu hören, was seitdem in anderen Lebensbereichen passiert war, und unsere Freundschaft zu vertiefen.

Um 16.53 Uhr – also genau als das Erdbeben vor einem Jahr einsetzte – saß ich ungefähr drei Meter entfernt von der Stelle, wo „mein" Fahrstuhl gewesen sein musste, und sang im Rahmen eines Gedenkgottesdienstes „Du großer Gott" („How Great Thou Art"). Gemeinsam dachten wir an die Tragödie und an all die, die wir dabei verloren hatten. Ich kniete nieder und lobte Gott, als ich mich daran erinnerte, wie ich dasselbe Lied ein Jahr zuvor unter den Trümmern gesungen hatte.

Christy und ich haben durch unsere Erfahrung die Liebe des Leibes Christi auf neue Art und Weise erlebt. Dustin, mein Vorgesetzter bei Compassion, und Brent, ein Pastor unserer Gemeinde, sind nach Miami geflogen, um ihre Liebe und Anteilnahme mit uns zu teilen, während ich im Krankenhaus lag. Als wir nach Colorado zurückkamen, warteten die Mitarbeiter von Compassion International und unsere Familien und Freunde aus der Gemeinde am Flughafen auf uns, um unsere Rückkehr zu feiern.

Meine beiden Söhne Josh und Nathan am nächsten Morgen wiederzusehen, war ein Höhepunkt meines Lebens, den ich nie vergessen werde. Die Jungs wollten gleich mit mir herumtoben, aber ich musste noch ein paar Wochen warten, bis meine Wunden so weit verheilt waren, dass ich wieder mit ihnen spielen konnte.

Mein Körper ist wieder fast vollständig gesund, aber ich werde am Bein und am Hinterkopf immer meine Kriegsnarben behalten. Sie sind spürbare Erinnerungen an die Lektionen, die ich gelernt habe, und ich bin dankbar dafür. Ab und zu plagen mich Albträume, aber die meiste Zeit über habe ich das Gefühl, mich emotional und körperlich wieder gut in den Alltag eingefunden zu haben.

Ich arbeite immer noch für Compassion, erstelle Websites und versuche über soziale Netzwerke auf die Arbeit von Compassion für „die Geringsten unter ihnen" aufmerksam zu machen. Meine Erfahrungen auf Haiti haben mir die Möglichkeit gegeben, meine Geschichte durch Vorträge, Artikel oder andere Medienauftritte zu erzählen. Mehr Informationen in englischer Sprache gibt es auf www.DanWoolley.net.

Christy wurde ebenfalls nachhaltig von diesem Ereignis verändert, und sie entdeckt jeden Tag Neues auf ihrem Heilungsweg von dieser Krise. Unser Leben wird nie wieder so „normal" sein wie vor dem 12. Januar, aber das möchten wir auch gar nicht.

2011 hat Gott uns ein weiteres Kind geschenkt: unseren dritten

Sohn Samuel Jordan. Er macht uns viel Freude und bringt uns alle zum Lachen. Christy unterrichtet die Jungs noch zu Hause und führt weiterhin unser kleines Unternehmen, www.MyKidsWeek.com.

Wir hatten bisher noch keine Möglichkeit, als Familie nach Haiti zu reisen, wollen das aber nachholen, sobald unser Jüngster etwas älter ist. Unsere Herzen werden immer auf ganz besondere Weise mit den Menschen in Haiti verbunden sein – und diese Verbundenheit wird sich mit der Zeit hoffentlich noch vertiefen.

Den Jungs geht es gut. Sie verstehen nur zum Teil, was mir auf Haiti passiert ist. Nathan erzählt überall, dass „Jesus die Steine festgehalten hat, damit sie nicht auf Papa fallen, und Mama ist nach Haiti gefahren, um ihn zu retten".

Obwohl das Erdbeben auf Haiti unser Leben auf unerwartete Weise durcheinandergebracht hat, kann ich mit Gewissheit sagen, dass das Trauma, das ich in Haiti durchlebt habe, nicht so schlimm war wie Christys, die sechs lange Jahre versucht hat, ihre starke Depression zu überwinden. Etwa einer von zehn Erwachsenen erkrankt im Laufe eines Jahres an einer starken Depression. Wenn Sie oder jemand, den Sie kennen, Symptome einer Depression aufweist, dann suchen Sie bitte professionelle Hilfe auf. Es ist möglich, auch dieser Dunkelheit zu entkommen.

Und schließlich möchte ich Sie ermutigen, Compassion zu unterstützen. Unsere Hilfsorganisation war schon Jahrzehnte vor dem Erdbeben auf Haiti tätig, und unser Einsatz dort und in anderen armen Ländern auf der ganzen Welt war nie wichtiger als heute. Wenn Sie mehr über die Arbeit von Compassion auf Haiti und in anderen Teilen der Welt erfahren wollen und wie Sie dazu beitragen können, das Leben von Müttern, Babys und Kindern zu verändern, die von Armut betroffen sind, dann besuchen Sie uns im Internet unter www.compassion-de.org.

Dan Woolley
August 2012

Nachwort für die deutsche Ausgabe

Hoffnung im Land der Hoffnungslosigkeit

Es ist eine andere Welt, in die ich im Frühjahr 2007 eintauche. Zum ersten Mal besuche ich ein sogenanntes Entwicklungsland – und dann gleich Haiti. Zugleich ist es mein erster Kontakt mit der Arbeit von Compassion. Ich wohne im selben Hotel in Port-au-Prince, in dem Dan drei Jahre später beim Erdbeben verschüttet wird.

Ein Viertel der Gesamtbevölkerung von Haiti lebt in der Hauptstadt. Hier scheinen 98 Prozent der Bewohner arm zu sein. Von Häusern kann man nicht wirklich sprechen, eher von Hütten. Und selbst wenn mal gemauerte Gebäude auftauchen, gibt es daran weder Türen noch Fenster, sie sind oftmals nicht verputzt und haben kein Dach – oder nur eines aus Blech. Wenn ein Regensturm kommt, dann sind alle Familienmitglieder auf den Beinen, tragen ihr weniges Hab und Gut auf den Armen und lassen ihre Füße von den Flutwellen umspülen, in der Hoffnung, dass der Regen nicht zu viel Schlamm in die Hütten trägt.

An den Straßen bauen unzählige Haitianer jeden Tag aufs Neue ihre Verkaufstische auf – wobei der Begriff Straßen reichlich übertrieben ist. Viele Wald- und Feldwege in Deutschland sind besser ausgebaut als das, was auf Haiti Hauptstraße genannt wird. Hier haben die Straßen auch keinen Namen, das gesellschaftliche Leben kennt keine Uhr, und die Kinder spielen und leben auf den Straßen – wo sollen sie auch sonst hin? Und das war die Situation vor dem schweren Erdbeben.

Eine wirkliche Perspektive bieten die Kirchen an. Ich spreche mit vielen Kindern, die ich in Projekten verschiedener Gemeinden treffe. Ohne sie wäre das Leben auf Haiti noch unerträglicher. Doch viele Christen setzen sich dafür ein, die Armut zu lindern und manchmal sogar zu besiegen.

Einen wichtigen Anteil daran hat das christliche Hilfswerk Compassion. Durch seine Arbeit haben aktuell 70 000 Kinder und Jugendliche auf Haiti die Möglichkeit, rundum gut versorgt zu werden. Durch Patenschaften wird ihr Leben nachhaltig verändert. Zielgerichtet Kinder zu fördern, ihnen nicht das Blaue vom Himmel zu versprechen, ihnen aber trotzdem eine Perspektive zu geben, ein Ziel, das sie verfolgen können – das gehört zum Kern der Hilfe, die nachhaltig wirkt und nicht wie ein Strohfeuer verbrennt.

Durch 1-zu-1-Patenschaften kümmert sich Compassion derzeit um mehr als 1,3 Millionen Kinder in 26 der ärmsten Länder der Erde. Dabei arbeitet das Hilfswerk exklusiv mit Kirchen und christlichen Gemeinden vor Ort zusammen. Dadurch werden nicht nur die kulturellen Gegebenheiten respektiert, sondern auch die Langlebigkeit und Nachhaltigkeit der Arbeit gesichert.

Armut ist vielschichtig. Sie geht weit über den Mangel an Kleidung oder Nahrung hinaus. Arme müssen oft isoliert und einsam ums Überleben kämpfen. Ihnen fehlt Bildung, Ausbildung, eine Gesundheitsversorgung und die Möglichkeit, emotional, geistig und auch geistlich zu wachsen. Besonders Kinder haben an den Folgen schwer zu tragen. Compassion vertritt daher den Ansatz: Wenn Kindern positive Werte vermittelt werden, wenn sie erkennen, dass sie Begabungen haben und dass sie gefördert werden, wenn sie Chancen bekommen, von denen sie nicht zu träumen gewagt hätten, dann können sie ihre Zukunft selbst positiv gestalten.

Dan Woolley setzt sich mit seiner Arbeit für Kinder aus ärmsten Verhältnissen ein. Wir freuen uns, dass er dabei nicht allein ist, sondern dass viele Menschen auch in Deutschland sein Anliegen teilen und durch eine Patenschaft das Leben eines Kindes im Namen Jesu verändern. Der erste Schritt, die Welt zu verändern. Und das nicht nur auf Haiti.

Steve Volke, Direktor Compassion Deutschland
August 2012

Kinder aus Armut befreien
Compassion®
im Namen Jesu

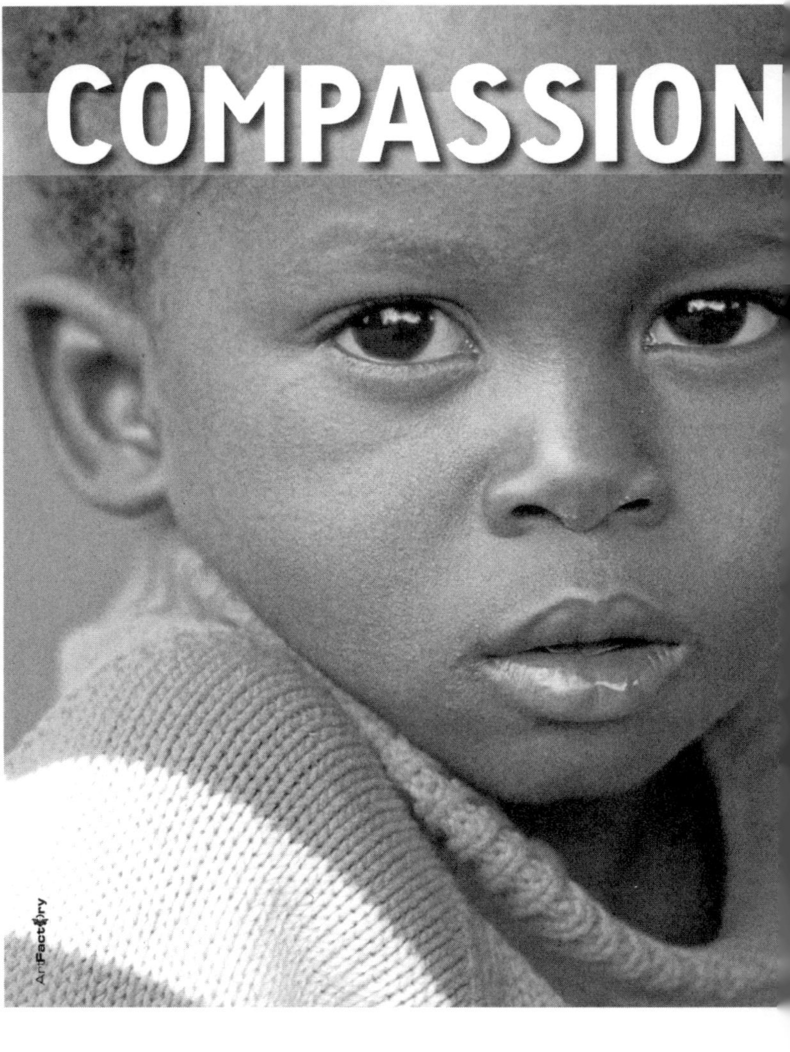

COMPASSION

GLAUBT:

Genelle Guzman-McMillan

Engel gibt's wirklich

Eine wahre Geschichte

192 Seiten + 4 Seiten Fotos, gebunden
ISBN 978-3-7655-1221-6

Am 11. September 2001 verlässt Genelle Guzman morgens wie immer ihre New Yorker Wohnung. Ihre Arbeit im World Trade Center macht ihr viel Spaß. Doch dieser Tag verläuft völlig anders als erwartet. Sie erlebt den Terror-Anschlag im 63. Stock und wird verschüttet. 27 Stunden harrt sie eingeklemmt unter den Trümmern aus. In der Angst und Verzweiflung findet sie schließlich im Glauben Halt. Die letzten Stunden übersteht sie nur, weil jemand ihre Hand hält und mit ihr spricht. Auf ihre Frage, wie er heiße, sagt er: „Paul." Als die Helfer da sind, verabschiedet sich Paul von ihr und ist spurlos verschwunden. Die Helfer sagen, dass sie ihn nicht gesehen haben. Erst nachdem sie ihren Retter monatelang vergeblich gesucht hat, geht ihr auf, dass es ein Engel war.

BRUNNEN VERLAG GIESSEN
www.brunnen-verlag.de